Stalking

Hans-Georg W. Voß

Stalking

Aufklärung und Hilfe für Betroffene

 Springer

Hans-Georg W. Voß
Bolsward, The Netherlands

ISBN 978-3-658-41936-3   ISBN 978-3-658-41937-0   (eBook)
https://doi.org/10.1007/978-3-658-41937-0

Die Deutsche Nationalbibliothek verzeichnet diese Publikation in der Deutschen Nationalbibliografie; detaillierte bibliografische Daten sind im Internet über http://dnb.d-nb.de abrufbar.

Planung/Lektorat: Lisa Bender
Springer ist ein Imprint der eingetragenen Gesellschaft Springer Fachmedien Wiesbaden GmbH und ist ein Teil von Springer Nature.
Die Anschrift der Gesellschaft ist: Abraham-Lincoln-Str. 46, 65189 Wiesbaden, Germany

Das Papier dieses Produkts ist recyclebar.

Inhaltsverzeichnis

Part I Aufklärung

1 Einleitung und Überblick   3
   Literatur   12

2 Wann ist es Stalking – wann nicht?   13
   2.1   Eine Definition von Stalking   16
   2.2   Falsches Stalking?   20
   Literatur   24

3 Stalking und verwandte Phänomene   25
   3.1   Das „klassische" Stalking   26
   3.2   Ex-Partner-Stalking   30
   3.3   Stalking-by-proxy   34
   3.4   Cyberstalking   37
   3.5   Sonderformen und stalkingähnliche Phänomene   43
          3.5.1   Erotomanie   43
          3.5.2   Mobbing   47
          3.5.3   *Bullying* (Mobbing in der Schule)   50
          3.5.4   Stalking durch eine Gruppe
                   (*gang-stalking*)   53

3.5.5   Gaslighting   54
3.5.6   Münchhausen-Stellvertreter-Syndrom
         (MSS)   56
3.5.7   Verfolgung durch staatliche Organe und
         weltweite Überwachung: Ein Fall von
         Cyberstalking?   58
Literatur   61

4   Zur Person des Stalkers: Typologien und Klassifikationen   63
4.1   Typologie und Klassifikation: kurz erläutert   66
4.2   Zur Klassifikation von Stalkern   67
4.3   Die Beziehung zwischen Stalker und Zielperson   68
4.4   Zwei Motivklassen: Beziehungswunsch –
       Vergeltung/Rache/Kontrolle   70
4.5   Sind Stalker psychisch „krank"?   75
4.6   Ein dreidimensionales Modell zu Stalking   79
       4.6.1   Die erste Dimension: Soziale Nähe (SN)   80
       4.6.2   Die zweite Dimension: Motivatoren   84
       4.6.3   Die dritte Dimension: Realitätsbezug und
                Pathologie   87
4.7   Zur Bedeutung der Situation   97
4.8   Einige typische Stalker-Profile   98
Literatur   107

5   Kultur und Stalking   109
5.1   Zwei Fallbeispiele   112
Literatur   117

Part II   Hilfe

**6   Noch nicht Stalking, aber schon lästig: lässt sich
      Stalking vorhersagen?   121**
Literatur   133

7   Wie gefährlich ist *mein* Stalker?   135
7.1   Allgemeine Risikofaktoren und das Risiko
       für körperliche Gewalt   137
7.2   Zwei Verfahren zur Risikoanalyse   145

7.3   Eine *Check*-Liste zur Stalking Risikoeinschätzung
       (CLSR)   148
7.4   Risikostufen und Klassifikation von Stalkern   150
Literatur   156

8   Was kann ich tun – wo bekomme ich Hilfe?   159
8.1   Hemmnisse auf dem Weg zur Bewältigung von
       Stalking   161
8.2   Was kann ich tun?   167
Literatur   176

9   Prävention und Bewältigung von *Cyberstalking*   177
Literatur   187

10   Welche Gesetze gibt es?   189
10.1   Das Gewaltschutzgesetz (GewSchG)   191
10.2   Der Anti-Stalking Paragraf 238 im Strafgesetzbuch
       (§ 238 StGB)   195
Literatur   203

11   Wie verhalte ich mich am besten gegenüber der Polizei?   205
Literatur   212

12   Hilfe für Stalker   213
12.1   Voraussetzungen   218
12.2   Ziele 1: Die personale Ebene   222
12.3   Ziele 2: Die interpersonelle Ebene   229
12.4   Ziele 3: Die kulturell-normative Ebene   233
12.5   Beratung und Therapie   235
Literatur   243

Anhang I   245

**Eine *Check*-Liste zur Stalking
Risikoeinschätzung (CLSR)**   245

Anhang II   253

Stichwortverzeichnis   257

Part I
Aufklärung

1

Einleitung und Überblick

Zusammenfassung Das Nachstellen und Verfolgen einer Person – auch gegen deren Willen – war schon immer und über alle Kulturen hinweg ein Mittel, um bestimmte Ziele zu erreichen. Es bedurfte wohl erst einiger spektakulärer Fälle von Nachstellung – mit tödlichem Ausgang für das Opfer – damit *Stalking* auch als ein kriminelles Verhalten in den Blickpunkt der Öffentlichkeit geriet. Seitdem – etwa gegen Ende der 80ger Jahre des letzten Jahrhunderts – gibt es eine lebendige Diskussion darüber, was Stalking eigentlich ausmacht, wer die Verfolger sind und was sie antreibt, und vor allem auch, welche Risiken an „Leib und Leben" für die Opfer damit verbunden sind. Inzwischen gibt es eine Vielzahl von Publikationen zu Stalking, allerdings tritt die Anzahl an wissenschaftlich fundierten Beiträgen gegenüber einer Flut von eher romanhaft oder autobiographisch angelegten „Berichten" zu Stalking weit zurück. In diesem Buch geht es im ersten Teil darum, den aktuellen Wissensstand zu Stalking auf wissenschaftlicher Basis darzustellen *(Aufklärung)*. Im zweiten Teil *(Rat und Hilfe).* werden die Möglichkeiten einer Bewältigung von Stalking aufseiten der Opfer erörtert und es wird schließlich auch berücksichtigt, dass etliche Täter gleichfalls einer Hilfe bedürfen.

Das Nachstellen und Verfolgen einer Person – auch gegen deren Willen – war schon immer und über alle Kulturen hinweg ein Mittel, um bestimmte Ziele zu erreichen. Es bedurfte wohl erste einiger spektakulärer Fälle von Nachstellung – mit tödlichem Ausgang für das Opfer – damit *Stalking* auch als ein kriminelles Verhalten in den Blickpunkt der Öffentlichkeit geriet. Seitdem – etwa gegen Ende der 80ger Jahre des letzten Jahrhunderts – gibt es eine lebendige Diskussion darüber, was Stalking eigentlich ausmacht, wer die Verfolger sind und was sie antreibt, und vor allem auch, welche Risiken an „Leib und Leben" für die Opfer damit verbunden sind. Inzwischen gibt es eine Vielzahl von Publikationen zu Stalking, allerdings tritt die Anzahl an wissenschaftlich fundierten Beiträgen gegenüber einer Flut von eher romanhaft oder autobiografisch angelegten „Berichten" zu Stalking weit zurück. In diesem Buch geht es im ersten Teil darum, den aktuellen Wissensstand zu Stalking auf wissenschaftlicher Basis darzustellen *(Aufklärung)*. Im zweiten Teil *(Rat und Hilfe)*. werden die Möglichkeiten einer Bewältigung von Stalking aufseiten der Opfer erörtert und es wird schließlich auch berücksichtigt, dass etliche Täter gleichfalls einer Hilfe bedürfen.

Warum *noch* ein Buch zu *Stalking?* Das Thema ist auf dem Büchermarkt bereits gut vertreten: ein bekannter Internet–Buchhändler bietet dazu ca. 752 Titel an, darunter viele Romane, anekdotische Berichte, Erlebnisberichte, Krimis oder auch Anleitungen zu Jagd und Verfolgung mit Titeln wie *Highland Deer Stalking* oder *Stalking Jack the Ripper* – jedoch bemerkenswert wenige wissenschaftlich fundierte Beiträge. Allen gemeinsam ist die Thematik von Verfolgung, Nachstellung, Sich-Anschleichen, heimliches Auskundschaften, mit mehr oder weniger schwerwiegenden Folgen für das Zielobjekt. Auch die Frage „Wie wird man selbst zu einem erfolgreichen Stalker" findet Gehör (Titel und Autorin sollen hier jedoch nicht genannt werden – aus naheliegenden Gründen). In vielen dieser Beiträge geht es um die Leiden und Nöte der verfolgten Personen – zum Teil Selbstberichte – und um das Bemühen, die Hintergründe für das Phänomen Stalking aufzuklären; sie werden zumeist in der Persönlichkeit des Stalkers gesehen, wobei dieser in der Regel als „krank" oder „gestört" oder als Psychopath eingeordnet wird. Die Wahrheit ist, dass über 90 % aller Stalker in klinisch-psychiatrischer Hinsicht *nicht* krank und auch nicht unzurechnungsfähig sind und für ihr Handeln sehr wohl zur Verantwortung zu ziehen sind. Auch andere

Mythen zu Stalking haben sich hartnäckig gehalten. Jens Hoffmann zählt dazu in seinem lesenswerten Buch u. a.auf:" Stalking ist gleich Liebeswahn" und „Der Stalker ist immer der Fremde [2]."[1] Tatsächlich lassen sich nur höchstens 10 % „liebeskranke" Stalker (dafür gibt es den Fachausdruck *Erotomanie*) zu einem gegebene Zeitpunkt finden (*Prävalenzrate;* [5]) und völlig fremde Stalker sind gleichfalls mit um 8 % eher selten – im Unterschied zu den Ex-Partnern, deren Anteil am gesamten „Stalkingaufkommen" um 50 % liegt. Weniger Mythos und auch nicht ganz falsch ist es, Stalking als ein überwiegend „männliches Phänomen" zu bezeichnen. Zwar lässt sich angeben, dass die Opfer in 80 % aller Fälle weiblich sind und es dementsprechend männliche Täter im gleichen Umfange gibt – es wird dabei jedoch übersehen, dass eine allein auf heterosexuelle (biologische) Unterschiede abzielende Betrachtungsweise der Diversität unterschiedlicher Geschlechtsidentitäten *(gender)* nicht gerecht wird. Es gibt bisher nur wenige Forschungsergebnisse zu einem Stalking, bei welchem Täter und Opfer demselben *gender* angehören.[2] Allein diese Tatsache spricht dafür, sich dem Phänomen Stalking weiter wissenschaftlich zu nähern – im Sinne überprüfbarer Forschungsergebnisse und in Absehung von zahlreichen, in der Literatur vorfindlichen romanhaften und eher episodischen (teilweise leider auch irreführenden) Darstellungen.

Versteht man unter Stalking zunächst nur das systematische Verfolgen einer Person – wobei deren Beweggründe dafür recht unterschiedlich sein mögen -, so ist mit Sicherheit anzunehmen, dass Stalking sowohl historisch, als auch querschnittlich über verschiedene Gesellschaften und Kulturen hinweg betrachtet, ein universelles Phänomen und in

---

[1] Ziffern in eckigen Klammern verweisen in diesem Buch auf das Literaturverzeichnis am Ende jedes Kapitels

[2] Eine australische Forschergruppe fand in einer Gruppe von 163 Stalkern einen Anteil von 18 % *same-gender*-Stalking, überwiegend weiblich identifiziert und häufig Arbeitskolleginnen, wobei – im Unterschied zu „heterosexuellem Stalking" - die sexuelle Komponente bei der Verfolgung keine Rolle spielte, sondern Stalking eher durch *Ressentiments* (Abneigung, Vorurteile, Überzeugungsmuster) motiviert war [5, S. 171]

der „Natur" des Menschen tief verwurzelt ist [4]. Verhaltensweisen, die wir heute mit Stalking bezeichnen würden, finden sich bereits in der griechischen Mythologie (so etwa die Nymphe Daphne, welche der Verfolgung durch Apoll nur dadurch entgehen konnte, indem sie sich in einen Lorbeerbaum verwandeln ließ), in den folgenden Jahrhunderten, wo es üblich war, die günstigsten Bedingungen für einen Brautraub auszukundschaften und schließlich zur Tat zu schreiten, sowie auch in der Lyrik des Mittelalters (Dante, Petrarca), wenn die angebetete und zugleich unerreichbare Geliebte mit unzähligen Liebesgedichten verfolgt wurde. Auch Shakespeare wird – sozusagen posthum – unterstellt, ein Stalker gewesen zu sein, wie durch seine *dark-lady*-Sonette, in welchen ein „obsessiv fixierter" Stalker agiert, nahegelegt [7].

Verfolgung und „Nachstellung" wurde somit als ein weitgehend legitimes Mittel zur Beziehungsanbahnung gesehen. Demgegenüber ist die Kriminalisierung des Stalking-Täters eher ein Produkt der neueren Zeit. Dabei kommt es weniger auf die einzelne Tathandlung an. Sie ist, für sich alleine genommen, entweder als „sozialverträglich" einzuschätzen (z. B. ein Telefonat, ein Brief, ein Geschenk), oder es handelt sich um einen zerstörerischen oder aggressiven Akt wie zum Beispiel einen körperlichen Angriff oder eine beleidigende Äußerung im Internet. Entscheidend ist eher, ob die Handlung gegen den Willen der Person ausgeführt wird, auf die sie sich richtet (im Falle einer schädigenden Handlung wird dies unterstellt) und vor allem, dass sie wiederholt ausgeübt wird und den Adressaten nicht unerheblich in seiner Lebensführung beeinträchtigt. Es wird somit deutlich, dass für eine Klassifikation von Verhalten als *Tathandlung* sowohl *formale* (Wiederholung) als auch *funktionale* Voraussetzungen (Beeinträchtigung der Lebensgestaltung) gegeben sein müssen. Gerade die historisch Perspektive zeigt, dass bezüglich der Lebensgestaltung sehr unterschiedliche Vorstellungen bestehen bzw. in der Vergangenheit als „verbindlich" oder als Norm gegolten haben. Solche Vorstellungen, Überzeugungsmuster, Einstellungen oder „Haltungen" bestimmen wesentlich die Art und Weise, wie Menschen zusammen leben und kommunizieren. Auf der Ebene von Gesellschaft und „Kultur" legen Sie fest, was erlaubt ist und was nicht. Auf der individuellen Ebene verpflichten sie dazu, sich konform und in Übereinstimmung mit solchen kulturellen Normen zu verhalten. Stalking – in der heutigen, modernen Fassung – stellt sicherlich eine Verletzung dieser Regeln dar, hält aber Individuen nicht unbedingt davon ab, eine bestimmte Person wiederholt zu belästigen, zu verfolgen und zu schädigen. Das Problem wird besonders dann offenbar, wenn entweder Menschen unterschiedlicher ethnischer oder kultureller Herkunft zusammenleben und die jeweiligen kulturellen Überzeugungsmuster konfligieren oder einander ausschließen – oder wenn historisch „gewachsene" Überzeugungsmuster *innerhalb* einer Kultur auf der individuellen Ebene nicht mehr mit der Wirklichkeit übereinstimmen. Der erstgenannte Gesichtspunkt (kulturelle Diversität und Inkongruenz) führt im Einzelfall zu sogenannten „kulturellen Missverständnissen" oder – im Extremfall – zu einer schwerwiegenden Verletzung ethischer und rechtlicher Normen (Beispiel: die auch in Deutschland immer noch vorkommenden sogenannten *Ehrenmorde*); der zweite Gesichtspunkt, den man mit *anachronistischen* Einstellungen gleichsetzen kann, betrifft u. a. solche Überzeugungen, die sich auf das Geschlechter- oder *gender*-Verhältnis auswirken, und beispielsweise es dem männlichen Part erlauben, Frauen oder Personen mit einer als normabweichend wahrgenommenen Geschlechtsidentität zu diskriminieren und zu stalken. Letzteres drückt sich dann in solchen Überzeugungen und Ideen aus wie „Frauen darf zum Zwecke der Beziehungsanbahnung nachgestellt werden" oder „Man muss es nur immer wieder versuchen, dann wird sie nachgeben." Dergleichen „männlich" geprägte Verhaltensmuster gehören häufig zu dem Inventar an Rechtfertigungen des Stalkers; sie unterliegen einer bemerkenswerten „Trägheit" gegenüber Veränderungen und es bedarf zumeist einer nachhaltigen öffentlichen Empörung und „Demaskierung" des Einzeltäters, um diese offenbar zu machen (man denke etwa an die *Me-Too*-Bewegung aus neuerer Zeit). Auf den kulturellen Rahmen von Stalking wird in diesem Buch in **Kap. 5** eingegangen.

Bis etwa Anfang der achtziger Jahre des letzten Jahrhunderts noch nicht gebräuchlich, trat der Begriff Stalking erst im Gefolge einer Reihe von spektakulären Fällen im Zusammenhang mit der Verfolgung und Bedrohung von Personen mit Prominenten-Status in das Bewusstsein der Öffentlichkeit.

Zwei Fälle: Stalking wird in der Öffentlichkeit wahrgenommen

Im März 1981 verübte *John Hinkley* ein Attentat auf den damaligen Präsidenten *Reagan* und verletzte diesen schwer. Es war der Endpunkt einer längeren Verfolgung der Schauspielerin *Jody Foster*. Er hatte vergeblich versucht, mit ihr Kontakt aufzunehmen und griff schließlich zu dem Mittel des Attentats, um ihre Aufmerksamkeit auf sich zu lenken. Er äußerte dazu: „Jodie, ich hätte die Idee, Reagan umzubringen in einer Sekunde aufgegeben, wenn ich nur Dein Herz hätte gewinnen und Dir hätte sagen können, dass mein Tötungsversuch ein Akt der Liebe war – es tut mir leid, Liebe muss so schmerzhaft sein" [3].

1988 ermordete der damals 19-jährige *Robert Bardo* die Schauspielerin *Rebecca Schaeffer*. Er hatte diese zuerst 1986 in der Fernsehserie *My Sister Sam* wahrgenommen. Er fühlte sich von ihrer „jugendlichen Unschuld" angezogen und begann damit, ihr Fanbriefe zu schicken. Sie schickte ihm eine handschriftlich signierte Karte und ein Bild von ihr, was er als Beweis gegenseitiger Zuneigung ansah. Er beschloss, Schaeffer am Ort ihrer Show in Los Angeles aufzusuchen, wurde aber vom Sicherheitspersonal zurückgewiesen, desgleichen bei einem zweiten Versuch. Bem dritten Versuch trug er ein Messer mit sich und in sein Tagebuch schrieb er „Ich werde nicht verlieren". Wiederum scheiterte er mit seinem Versuch. Zwei Jahre später sah er Schaeffer in einer Liebesszene in einem anderen Film, in dem sie eine eher unbedeutende Rolle spielte. Bardo fühlte Wut in sich aufsteigen und seine Fanbriefe bekamen einen drohenden Ton. In einem seiner Briefe bezeichnete er Schaeffer als *Miss Nudity* und später äußerte er gegenüber dem Gerichtspsychiater „Da sie eine Hure war, hat Gott mir befohlen, sie zu bestrafen." Bardo engagierte einen Privatdetektiv und fand über diesen die Adresse von Scheaffer heraus. Er kaufte ein Gewehr und Munition. Auf eine von ihm angefertigte Skizze trug er Xe und Os ein, um zu lokalisieren, wo er Schaeffer treffen würde. In Los Angeles angekommen, rief er seine Schwester an uns teilte ihr mit, er würde jetzt seine Mission erfüllen. Er ging zu ihrem Appartment, klingelte und Schaeffer öffnete die Tür. Nach einer kurzen Konversation, bei welcher Bardo stolz ihre Karte und ihr Bild vorzeigte, erklärte Schaeffer, er solle nicht wieder an ihre Tür kommen. Bardo schüttelte ihr die Hand und ging weg. Er ging die Straße hinunter, lud ein Projektil in sein Gewehr, kehrte zum Apartment zurück und klingelte wiederum. Schaeffer kam zur Tür und öffnete. Sie hatte etwas, was Bardo später als „kalten Blick in ihrem Gesicht" beschrieb. Er schoss Schaeffer in die Brust. In einer Videoaufnahme seines Geständnisses gab er an, Schaeffers letzte Worte seien „warum, warum" gewesen [6]

Beide Stalkingfälle übten einen bedeutenden Einfluss auf die damalige
öffentliche Diskussion von Verfolgungstaten aus und führten schließlich –
nach der Ermordung von Rebecca Schaeffer – zu dem ersten Anti-
Stalking-Gesetz in Kalifornien und wohl auch weltweit. Es waren
nicht die ersten Fälle dieser Art, doch aufgrund der Prominenz der
Opfer und der multiplikativen Wirkung der Medienberichterstattung
fungierten diese als eine Art Katalysator für die Einordnung von Stalking
als schweres Vergehen und führten zugleich zu einer Intensivierung
von entsprechenden Forschungsaktivitäten. Auch in Europäischen
Ländern, allen voran in England, wurden gesetzliche Grundlagen
für die Verfolgung von Stalking als Verbrechen geschaffen und die
Kompetenzen der Verfolgungsorgane (Polizei, Staatsanwaltschaft)
wurden entsprechend erweitert. In Deutschland wurde Stalking –
man sprach lieber von *Nachstellung* – erst im Jahre 2007 entsprechend
§ 238StGB zu einem Strafdelikt. Die Strafrechtsnorm hat dann noch zwei
Änderungen erfahren und gilt nun in der Version vom 1. Oktober 2021.[3]

Auch die *wissenschaftliche* Einordnung und Aufarbeitung von
Stalking setzte in Deutschland relativ – verglichen mit anderen Ländern
– spät ein. Als eine der ersten Publikationen ist ein Übersichtsartikel
im „Themenheft Stalking" der Zeitschrift *Polizei & Wissenschaft* aus
dem Jahre 2002 zu nennen [8], sowie die in Buchform veröffentlichten
Ergebnisse der ersten deutschlandweiten Umfrage unter Opfern *und*
Tätern – die *Darmstädter Stalking Studie* [9], und – etwa zeitgleich –
die repräsentative Online-Umfrage unter potentiellen Stalkingopfern in
Mannheim [1].

Die Tatsache, dass Fälle von Stalking bei prominenten Personen bzw.
bei *Celebrities* eine besondere mediale Aufmerksamkeit genießen, darf
nicht darüber hinwegtäuschen, dass es sich dabei um sehr seltene Fälle
handelt und damit das tatsächliche Ausmaß an Stalking in der Gesellschaft verschleiert wird. So wurden im Jahr 2022 insgesamt 23.082
Fälle von Stalking bei der Polizei angezeigt. Davon waren „nur" 367
als „schwerwiegend" eingestuft entsprechend der Vorschrift des § 238

---

[3] In diesem Buch wird die Gesetzeslage in **Kap. 10** dargestellt und erläutert.

StGB (Abs. 2) und es gab 2 Stalkingfälle mit Todesfolge (Abs. 3).[4] Es zeigt dies eindringlich, dass es sich bei Stalking in der Regel um Tathandlungen von eher geringer bis mittlerer Brisanz („Schwere") handelt und etwa Eingriffe in die körperliche Unversehrtheit – auch mit Todesfolge – sehr selten sind. Im Übrigen kann man davon ausgehen, dass den hier angegebene Zahlen im „Hellfeld" kriminalpolizeilicher Ermittlungen ein beachtlicher Umfang an Fällen im „Dunkelfeld" zur Seite steht. Stalking wird vom Opfer oftmals nicht angezeigt (aus verschiedenen Gründen; vgl. dazu die Ausführungen in **Kap. 8** in diesem Buch)[5]. Hinzu kommt, dass das Opfer – dem zusätzlichen Druck ausgesetzt ist, sich als „Stalkingopfer" qualifizieren zu müssen – in seinem Anzeigeverhalten entweder gehemmt wird oder schließlich mit seinem Anspruch bei der Polizei scheitern kann (dazu **Kap. 11** zum Umgang mit der Polizei).

Die hier gemachten Ausführungen zur rechtlichen Einordnung von Stalking und die Probleme, welche sich hinsichtlich einer praxisgerechten und opferfreundlichen Auslegung der einzelnen Vorgaben des § 238 StGB ergeben, unterstreichen nochmals die Tatsache, dass es sich bei Stalking um ein sehr komplexes Phänomen handelt und dabei auch die Frage einer Abgrenzung zu vergleichbaren Formen einer „Nachstellung" in den Mittelpunkt der Betrachtung rückt. In **Kap. 2** wird somit der Frage *Wann ist es Stalking – wann nicht?* nachgegangen und **Kap. 3** widmet sich der verschiedene Formen von Stalking (eischließlich das sog. *Cyberstalking*[6]) und der davon abzugrenzenden „stalkingähnlichen" Phänomene (z. B. das *Münchhausen-Stellvertreter-Syndrom* oder *Gaslighting*).

---

[4] Bundeskriminalamt: *Polizeistatistik 2022.*

[5] **Kap. 8**, betitelt mit *Was kann ich tun – wo bekomme ich Hilfe,* behandelt Maßnahmen gegen Stalking sowohl seitens des Opfers, als auch im Rahmen von externer Beratung und Hilfe. Im **Anhang II** des Buches finden sich Hinweise (Webadressen) einiger Beratungs- und Hilfeeinrichtungen in Deutschland, überregional und geordnet nach Bundesländern.

[6] Dazu auch, unter dem Aspekt einer Bewältigung von *Cyberstalking*, **Kap. 9**).

In vielen Buchpublikationen zu Stalking – soweit diese einen wissenschaftlichen Anspruch erheben – steht vor allem die Person des Täters im Mittelpunkt der Betrachtung, insbesondere seine Beziehung zum Opfer, seine Tatmotive und die im Einzelfall wirksamen Eigenschaften, welche zusammengenommen die Persönlichkeit des Täters ausmachen. Diese drei Aspekte werden – in unterschiedlicher Gewichtung und z. T. auch einzeln – in den sogenannten *Täter- Typologien* zusammengeführt und ermöglichen damit die in der Regel erwünschte rasche Einordnung des speziellen Stalkingfalles nach Art und Umfang der jeweiligen Tathandlungen, nach dem damit verbundenen Gefahrenrisiko und nicht zuletzt nach den zu ergreifenden Abwehrmaßnahmen. Dies stellt den Idealfall dar, welcher leider eher selten erreicht wird. Kritisch zu sehen ist dabei vor allem die bereits im Wortsinne vorgegebene Beschränkung auf „typische" Merkmale von Stalking, womit die Möglichkeiten einer „Anwendung" bei sich ändernden Randbedingungen wie z. B. die jeweilige Situation, in welcher Stalking stattfindet, aber auch bei einer Änderung der Motivationslage und sogar der Persönlichkeit des Stalkers (Menschen können sich ändern!) eben auch eingeschränkt sind. Der Sachverhalt wird in **Kap. 4** näher erläutert und es werden anhand eines dreidimensionalen Modells („Würfelmodell") alternative Klassifikationsmöglichkeiten von Stalking aufgezeigt.

Stalking/Nachstellung entspricht einem Verhaltenssystem, welches die jeweilige Zielperson schädigt bzw. geeignet ist, deren psychische und körperliche Unversehrtheit zu gefährden und zu beeinträchtigen – wenn nicht bereits geschehen. Für die betroffene Person steht dann die Frage *Wie gefährlich ist „mein Stalker"* i. d. R. an erster Stelle. Maßnahmen gegen Stalking setzen somit als einen ersten Schritt voraus, das jeweils gegebene *Gefahrenrisiko* näher zu bestimmen. Dabei können Tätertypologien und Klassifikationen nützlich sein. Das Risiko für Gewalt ist Gegenstand der Erörterungen in **Kap. 7**.[7]

Stalker sind Täter und für ihr Verhalten voll verantwortlich (auch im rechtlichen Sinne), ausgenommen die wenigen Fälle, in denen die

---

[7] Im **Anhang I** des Buches findet sich eine sog. *screening*-Liste zur Selbsteinschätzung des vom Stalker ausgehenden Gewaltrisikos.

Voraussetzungen für eine Schuldunfähigkeit gegeben sind, wie sie etwa in den §§ 20, 21 des Strafgesetzbuches aufgeführt sind *(Schuldunfähigkeit wegen seelischer Störungen* und *Verminderte Schuldunfähigkeit)*. Die Achtung vor der Würde des Menschen gebietet es jedoch, auch dem voll verantwortlichen Täter Hilfe anzubieten, zumal nicht wenige Täter unter einem erheblichen Leidensdruck stehen. Es setzt dies natürlich ein gewisses Einverständnis des Täters voraus *(compliance)*. **Kap. 12** wendet sich deshalb an Menschen, die stalken und die (noch) „erreichbar" und bereit sind, ihr Verhalten zu reflektieren und zu ändern.

Literatur

1. Dreßing, H., Kuehner, Chr., & Gass, P. (2006). Stalking in Deutschland. In J. Hoffmann & H.-G. W. Voß (Hrsg.), *Psychologie des Stalkings: Grundlagen – Forschung – Anwendung* (S. 27–43). Verlag für Polizeiwissenschaft.
2. Hoffmann, J. (2006). *Stalking*. Springer.
3. Low, P. W., Jeffries, J. C., & Bonni, R. J. (1986). *The trial of John W Hinkley Jr.: A case study in the insanity defence.* Foundation Press.
4. Meloy, J. R. (1999). Stalking: An old behavior- a new crime. *Psychiatric Clinics of North America, 22*, 85–99.
5. Mullen, P. E., Pathé, M., & Purcell, R. (2000). *Stalkers and their victims.* Cambridge University Press.
6. Saunders, R. (1998). The legal perspective on stalking. In J. R. Meloy (Hrsg.), *The Psychology of Stalking* (S. 28–51). Academic Press.
7. Skoler, G. (1998). The archetypes and the psychodynamics of stalking. In J. R. Meloy (Hrsg.), *The Psychology of Stalking* (S. 88–114). Academic Press.
8. Voß, H.-G. W., & Hoffmann, J. (2002). Zur Phänomenologie und Psychologie des Stalkings. *Polizei & Wissenschaft, 4 (Themenheft Stalking)*, 4–14.
9. Voß, H.-G. W., Hoffmann, J., & Wondrak, I. (2006). *Stalking in Deutschland.: Aus Sicht der Betroffenen und Verfolger.* Nomos.

2

Wann ist es Stalking – wann nicht?

Zusammenfassung Es liegt „in der Natur" von wissenschaftlicher Forschung, dass die im Mittelpunkt des Interesses stehenden Phänomen mit fortschreitenden Erkenntnissen sowohl begrifflich als auch inhaltlich Veränderungen unterliegen. Stalking macht da keine Ausnahme. Definitionsversuche berücksichtigen einerseits die universelle Natur von Stalking als ein „menschliches" Verhalten mit negativen Folgen, andererseits ist dabei den unterschiedlichen „Bedürfnissen" der von Stalking betroffenen Opfer wie auch der mit Stalking befassten Verfolgungsorgane (Polizei, Staatsanwaltschaften, Gerichte) zu entsprechen. Es erscheint deshalb sinnvoll, Stalking möglichst *praxisnah* zu bestimmen, in Anlehnung an die dazu vorhandene rechtliche Situation. Für eine „Diagnose Stalking" sind u. a. die Angaben der betroffenen Person mit ausschlaggebend. Als subjektive Äußerungen sind sie oftmals schwer zu überprüfen und in einigen wenigen (!) Fällen liegt das sog. *Falsche-Stalking-Syndrom* vor. Einige Kriterien zu Überprüfung dieses Sachverhaltes werden im zweiten Abschnitt dieses Kapitels erörtert.

H.-G. W. Voß, *Stalking*, https://doi.org/10.1007/978-3-658-41937-0_2

Es liegt „in der Natur" von wissenschaftlicher Forschung, dass die im Mittelpunkt des Interesses stehenden Phänomen mit fortschreitenden Erkenntnissen sowohl begrifflich als auch inhaltlich Veränderungen unterliegen. Stalking macht da keine Ausnahme. Definitionsversuche berücksichtigen einerseits die universelle Natur von Stalking als ein „menschliches" Verhalten mit negativen Folgen, andererseits ist dabei den unterschiedlichen „Bedürfnissen" der von Stalking betroffenen Opfer wie auch der mit Stalking befassten Verfolgungsorgane (Polizei, Staatsanwaltschaften, Gerichte) zu entsprechen. Es erscheint deshalb sinnvoll, Stalking möglichst *praxisnah* zu bestimmen, in Anlehnung an die dazu vorhandene rechtliche Situation. Für eine „Diagnose Stalking" sind u. a. die Angaben der betroffenen Person mit ausschlaggebend. Als subjektive Äußerungen sind sie oftmals schwer zu überprüfen und in einigen wenigen (!) Fällen liegt das sog. *Falsche-Stalking-Syndrom* vor. Einige Kriterien zu Überprüfung dieses Sachverhaltes werden im zweiten Abschnitt dieses Kapitels erörtert.

Für eine von Stalking unmittelbar Betroffene[1] stellt sich diese Frage in der Überschrift zu diesem Kapitel wohl erst dann, wenn es um eine rechtliche Einordnung von Stalking geht, da die Bestätigung, dass es sich um Stalking handelt, entsprechende Konsequenzen – etwa eine strafrechtliche Verfolgung des Verursachers – zur Folge haben kann. Im Vordergrund steht aber wohl zunächst eher das persönliche Erleben und hier ganz besonders die Verletzungen (seelische wie körperliche), welche dem Opfer durch das Verhalten einer anderen Person zugefügt wurden oder noch werden. Zu fragen wäre dann eher nach den konkreten Verhaltensweisen, welche auch von anderen Personen in derselben Situation beobachtet werden können. Eine Betroffene sagt: "Es ist mir ganz egal, ob es Stalking ist oder nicht – ich will nur, dass es aufhört." So berechtigt dieser Wunsch ist – er wird nicht in Erfüllung gehen,

---

[1] Da laut wissenschaftlichen Schätzungen Stalking in bis zu 85 % der Fälle von Männern gegenüber Frauen ausgeübt wird (manche Autoren sprechen sogar von einem "männlichen Delikt"), wird in diesem Buch für die geschädigte Person die weibliche Form, für den Verursacher die männliche Form verwendet.

wenn wir nicht auch nach den Beweggründen für das schädigende Verhalten fragen, um diesem schließlich mehr oder weniger erfolgreich durch bestimmte Maßnahmen begegnen zu können – man könnte auch sagen, das beste "Gegengift" auszuwählen. Um schließlich das Ausmaß an Bedrohung durch Stalking und die Gefahr eines tatsächlichen Eingriffs in die körperliche und psychische Unversehrtheit der Zielperson angemessen einschätzen zu können, bedarf es einer möglichst treffenden Kenntnis der dem Verhalten zugrunde liegenden Motivation. Und damit beginnen erst so richtig die Probleme. Denn ein Motiv oder eine Motivation sind ungleich einem Verhalten nicht direkt beobachtbar, sie müssen aus den Verhaltensweisen und aus zusätzlichen Erkenntnisquellen – etwa die jeweilige Situation, in welcher das Verhalten auftritt – erschlossen werden. In der Psychologie nehmen wir an, dass ein Verhalten fast immer durch ein Motiv, eine „Absicht" oder durch eine Zielvorstellung veranlasst wird (Körperreflexe oder Reaktionen auf Schmerz einmal ausgenommen). Wir sprechen deshalb statt von Verhalten lieber von *Handlung* und betonen damit den zielgerichteten Aspekt von Verhalten. Im Falle von Stalking wird damit auch deutlich, dass dieses als *absichtsvolle* Handlung aufzufassen ist.

Aus alldem folgt, dass wir, wenn wir Stalking verstehen (nicht rechtfertigen!) wollen, dabei sowohl die (beobachtbaren) Handlungen als auch die „dahinterliegenden" Motive berücksichtigen müssen. Stalking als eine Form von „absichtsvollem Handeln" – mit negativen Konsequenzen für die Zielperson – aufzufassen, hat noch eine weitere, nicht zu unterschätzende Funktion: indem viele Stalker sich darauf berufen, mit ihrem „Verhalten" doch nur auf Zurückweisung durch die Zielperson zu „reagieren" und ihr Verhalten damit rechtfertigen, verweist demgegenüber der Begriff Stalking*handlung* auf die Verantwortlichkeit des „Angreifers" und stellt die Zielperson von einer solchen frei. Es ist deshalb auch richtig, bei Definitionsversuchen von Stalking den Blick eher auf die jeweilige Befindlichkeit der Zielperson zu richten und dabei ihrem Verständnis von Stalking als das *unerwünschte* Handeln einer anderen Person, von welcher sie sich belästigt, verfolgt, bedroht oder geschädigt fühlt, zu begreifen.

2.1   Eine Definition von Stalking

> *Stalking bezeichnet Handlungen einer Person (Stalker), welche geeignet sind, die psychische und körperliche Unversehrtheit einer anderen Person (Zielperson) zu verletzen, indem dadurch deren Lebensgestaltung* nicht unerheblich beeinträchtigt wird und häufig Gefühle wie Angst, Besorgnis oder Panik hervorgerufen werden.[2]

Die vorstehende Umschreibung von Stalking lässt sich wie folgt näher ausführen:

- Belästigung und Verfolgung im Rahmen von Stalking umfasst eine große Anzahl von *Handlungen*. Die häufigsten sind nachfolgend aufgeführt.[3]

    - Telefonanrufe (84)
    - Herumtreiben in der Nähe (66)
    - Kontaktaufnahme über dritte Personen (61)
    - Im Umfeld nach der Betroffenen fragen (53)
    - Vor der Haustür stehen (52)
    - SMS (50)
    - Briefe (49)
    - Nachlaufen (42)
    - Unerwünschte Geschenke (41)
    - E-Mails (37)
    - Wortloses Dastehen/Dasitzen (36)
    - Verfolgen mit dem Auto (35)
    - Nachrichten am Auto/an der Haustür o.ä. (32)

---

[2] Die Umschreibung entspricht weitgehend dem entsprechenden Passus im § 238 StGB (vgl. auch Kap. 10).

[3] Die Liste ist einer Internetbefragung im Rahmen der ersten deutschlandweiten Studie zum Phänomen Stalking aus den Jahren 2003 bis 2005 entnommen [4; S. 41]. Die Prozentangaben in der Klammer geben die Häufigkeit an, mit der die betreffende Handlung von den insgesamt 543 befragten Personen genannt wurde. Es waren Mehrfachantworten möglich.

– Beschädigung von Eigentum (24)
– Eindringen in die Wohnung (17)
– Zusenden von schockierenden/obszönen Gegenständen (13)
– Bestellungen oder Abbestellungen von Waren, Zeitschriftenabonnements, Dienstleistungen usw. im Namen der Betroffenen (11).

- die Handlungen müssen *geeignet* sein, negative Folgen beim Empfänger hervorzurufen, sie müssen nicht bereits zu einer Schädigung oder Beeinträchtigung geführt haben. Der Unterschied ist insofern wichtig, als damit die geschädigte Person deutlich entlastet wird, wenn es zu einer Anzeige oder einer Gerichtsverhandlung kommt.[4]

- Die Verletzung oder Beeinträchtigung der körperlichen und psychischen Unversehrtheit reicht von Rufschädigung, sexuellen Andeutungen und Übergriffen bis hin zu körperlichen Angriffen, Morddrohungen, Erpressungen, Vergewaltigung und Angriffen mit Todesfolge. Die betroffenen Personen berichten über Ängste, Unruhe, Schlaflosigkeit, Ängste um das Wohl von Familienmitgliedern und Freunden, ein permanentes Gefühl des Beobachtetwerdens, Konzentrationsschwierigkeiten, gestörtes Essverhalten, Niedergeschlagenheit und Erschöpfung, Suizidgedanken bis hin zu Panikattacken und Weinkrämpfen;

- die *nicht unerhebliche Beeinträchtigung der Lebensgestaltung* betrifft Veränderungen im Leben der Betroffenen, insbesondere

  – *private Veränderungen:* soziale Isolation, nicht ans Telefon oder vor die Haustüre gehen, sich verbarrikadieren, sozialer Rückzug, Schutzmaßnahmen wie das Ändern von Telefonnummern, die Beschaffung von Waffen, andere Parkplätze wählen, Ängste vor Nähe und Bindungen, insbesondere auch vor einer neuen Beziehung, Umzug in eine andere Gegend, Konflikte in Partnerschaft oder Verlust des Partners;
  – *berufliche Veränderungen:* Wechsel der Arbeitsstelle;

---

[4] In der neueren Rechtsprechung ist dies entsprechend berücksichtigt. Dazu mehr im Kap. 10.

- Veränderungen im *Freizeitverhalten:* Vermeidung von Orten, die mit Stalking in Verbindung stehen, abendliches Ausgehen vermeiden oder nur noch in Begleitung, nicht mehr aus dem Haus gehen;
- Veränderungen im *Verhalten zu anderen Menschen:* neue Bekanntschaften vermeiden, Misstrauen gegenüber Fremden, aber auch gegenüber Vertrauten und Bekannten;
- Veränderungen in der *Wahrnehmung der Umwelt:* die Betroffenen berichten, dass sie wachsamer, vorsichtiger im Verhalten sind und dass sie unter ständiger Alarmbereitschaft stehen bzw. ihrer Umgebung aufmerksamer beobachten;
- *Verfolgungsängste:* Betroffene berichten, dass sie sich ständig umdrehen müssen, da sie das Gefühl haben, beobachtet oder verfolgt zu werden.

Ein besonderes Problem bei der „Diagnose Stalking" betrifft die Abgrenzung von noch *sozialverträglichen* Handlungen zu einem Handlungskomplex, welcher bereits Merkmale eines inkriminierten Handelns aufweist. So sind etwa Telefonanrufe, Briefe und das gelegentliche Aufsuchen körperlicher Nähe für sich allein genommen noch nicht als unerwünschte Nachstellung zu bewerten. Es sind dies Handlungen und Ereignisse, wie sie im Alltagsleben von Menschen ständig vorkommen und in der Regel nicht besonders beachtet oder nicht als Belästigung empfunden werden. Erst durch ihre Wiederholung und durch die *Beharrlichkeit,* welcher der Täter an den Tag legt, und mit dem dadurch anwachsenden Bedrohungspotenzial, wird eine ansonsten (noch) unbedenkliche Handlungsweise zum Stalking.

Aus rechtlicher Sicht ist Stalking eine Deliktform, welche sich erst über die *Chronizität* der Einzelereignisse herstellt. Die Frage ist dann, an welcher Stelle der zeitlichen Erstreckung die Grenze überschritten wird und die Kontaktaufnahmen nicht mehr nur lästig, sondern bereits bedrohlich und verletzend sind. Genügt eine einmalige Wiederholung, oder müssen es zwei oder drei zu unterschiedlichen Zeitpunkten sein? Müssen sich die Handlungen über eine Woche, einen Monat oder mehrere Monate erstrecken? Diese Fragen sind in der Forschungsliteratur durchaus unterschiedlich beantwortet worden. Während einige

Autoren bereits nach einmaliger Wiederholung von Stalking sprechen, sehen andere die Grenze bei mindestens fünf Wiederholungen und die Angaben zu dem für die Diagnose Stalking benötigten Zeitintervall reichen von einer Woche bis zu mehreren Monaten. Dabei spielt sicherlich eine Rolle, ob der Stalker dem ehemaligen Bekanntenkreis der Betroffenen angehört, oder ob es sich um eine fremde Person handelt. Im letzten Fall wird man die Häufigkeit der Handlungen wie auch deren zeitliche Erstreckung niedriger bzw. kürzer ansetzen, als bei einer Person, zu welcher man einstmals häufige Kontakte oder eine engere Beziehung hatte.

Die Verhältnisse sind hier kompliziert. So lassen sich vielleicht dem Stalking ähnliche Handlungsweisen beim verlassenen Ex-Partner, welcher sich mit der Trennung noch nicht abgefunden hat, noch für eine gewisse Zeit tolerieren und als Versuche zu einer Wiederherstellung der ehemaligen Beziehung „verstehen", allein in der Hoffnung, diese Zeit möge möglichst bald vorübergehen. Auch gehört es in gewisser Weise zu einer Art von sozialem Spiel, einer begehrten Person für eine gewisse Zeit zum Zwecke einer Kontaktanbahnung nachzustellen *(dating)*. Der Wendepunkt ist aber spätestens dann erreicht, wenn die betroffene Person klar zu erkennen gibt, dass die Annäherungsversuche unerwünscht sind. Auch hier muss – oder sollte – ein klares Nein ausreichen, so wie dies auch in einem anderen Bereich, dem partnerschaftlichen und/oder ehelichen Zusammenleben (insbesondere im sexuellen Bereich), zu fordern ist.

Eine verbindliche Lösung des Problems (ab wann ist es Stalking?) gibt es nicht. Man wird hier am besten den Gefühlen der verfolgten Person entsprechen und klar zum Ausdruck bringen, dass sie es ist, welche bestimmt, ab wann ein Eindringen in ihre private Sphäre bereits zu einer unerträglichen Belästigung – und mehr – geführt hat. Es hängt dies ab – einerseits – von der (psychischen) Robustheit der Zielperson, ihrer Resistenz gegenüber Stress *(Resilienz)* oder aber ihrer Verletzlichkeit *(Vulnerabilität)*, – andererseits von der Heftigkeit der Eingriffe *(Intrusionen)*, deren Qualität (das *Gefahrenpotential*), sowie der bereits erwähnten *Beharrlichkeit* – und wohl auch von der *Einsichtsfähigkeit* des Verfolgers.

2.2   Falsches Stalking?

Die Regel, wonach die geschädigte Person selbst maßgeblich zu der Diagnose von Stalking beiträgt, steht unter dem Vorbehalt, dass es aufweisbare Stalkinghandlungen gibt und dass diese tatsächlich auch gegen die betroffene Person gerichtet sind. Ist dies nicht der Fall – keine Regel ohne Ausnahme! - spricht man von einem *falschen Stalking-Syndrom*.

Mit einem *Syndrom* bezeichnet man in der klinischen Psychologie und der Psychiatrie eine Gruppe von Merkmalen, welche zusammengenommen das Bild einer psychischen Störung oder Erkrankung ergeben – hier nur auf die „mutmaßlich" geschädigte Person bezogen. Ungeachtet der Tatsache, dass Stalker zu ihrer Entlastung nicht selten vorbringen, die angeblich verfolgte Person „bilde sich das alles nur ein"[5], bedarf es vor allem im Hinblick auf eine polizeiliche und gerichtliche Würdigung und „Behandlung" des Einzelfalles eines Ausschlusses von fälschlich erhobenen Anschuldigungen – gleich ob bewusst und absichtlich, oder auf Täuschung und somit tatsächlich auf „Einbildung" beruhend.

Im Unterschied zu Falschbeschuldigungen, welche sich auf ein einzelnes Ereignis beziehen (beispielsweise ein körperlicher Angriff, eine sexuelle Handlung bzw. eine Vergewaltigung), handelt es sich hier um eine Serie von Einzeltaten über einen längeren Zeitraum – gemäß der allgemeinen Definition von Stalking. In beiden Fällen kann der Verursacher als anonym oder – seltener – als bekannt angegeben werden. Als häufigste Gründe für eine Falschbeschuldigung sind zu nennen: das Bedürfnis nach Aufmerksamkeit und Sympathie, das Erzwingen von bestimmten Maßnahmen oder Veränderungen im eigenen Lebensraum, Rache gegenüber Jemanden, von welchem man zurückgewiesen wurde, oder das Verschleiern eines eigenen Verhaltens, welches nicht öffentlich werden darf („Alibifunktion").

Ein eklatantes Beispiel für das Falsche Stalking-Syndrom ist das folgende:

---

[5] Darunter finden sich Stalker, welche sich selbst als Opfer bezeichnen.

Blutgetränkte Teddybären

Eine Frau, verheiratet, ein Kind, machte insgesamt 60 Anzeigen bei der Polizei über einen Zeitraum von 6 Monaten. Die Beschwerden umfassten eine breite Palette von Vorkommnissen, darunter mehrfach Einbrüche in ihr Haus, mit einem Lippenstift gemalte Herzen auf ihren Panties und – besonders spektakulär – blutgetränkte Teddybären, die auf der Garagentür so angebracht waren, dass sie beim Öffnen der Tür auf die darunter stehende Person fielen. Sie gab auch an, jemand habe ihr Auto vom Straßenrand auf die Fahrbahnmitte geschoben. Schließlich fand sich ein blutgetränkter Teddybär auch in der Krippe ihres Babys. Die Frau wandte sich an die Medien, trat in Nachrichtensendungen auf und beschwerte sich über die Interesselosigkeit der Polizei an dem Fall. Im Laufe der Untersuchungen wurde sie schließlich per (versteckter) Videoaufzeichnung dabei erwischt, wie sie einen Teddybär am Garagentor anbrachte. Als Motiv gab sie zunächst an, dass ihr Mann gezwungen werden sollte, seine Arbeitsstunden zu ändern; später kam heraus, dass sie nicht mehr in dem Haus habe bleiben und habe umziehen wollen. Die Frau wurde zur Behandlung in die Psychiatrie überwiesen. Da sie – in Zuspitzung der Vorkommnisse – schließlich auch ihr Kind mit einbezogen hatte, wurde ihr das Sorgerecht entzogen.[6]

Der Fall konnte relativ einfach durch eine Überwachungsmaßnahme aufgeklärt werden. Auch in solchen Fällen, bei denen eine schwere psychische Erkrankung des „falschen Opfers" vorliegt, lassen sich in der Regel schnell Hinweise auf eine Verfälschung der Realität finden. Infrage kommen hier Persönlichkeitsstörungen und – seltener – psychotische Erkrankungen wie die paranoide Schizophrenie oder die sog. bipolare Störung. Im Bereich der Persönlichkeitsstörungen treten solche hervor, welche sich auf der Handlungsebene durch manipulatives Verhalten und „dramatische" Versuche, Aufmerksamkeit zu bekommen und im Mittelpunkt zu stehen, auszeichnen. Sie sind fast immer der sog. *histrionischen Persönlichkeitsstörung* zuzuordnen.[7]

---

[6] Zit. n. [2, S. 240–241].

[7] Der Ausdruck ersetzt die früher gebräuchliche Bezeichnung *hysterische Persönlichkeit*. Personen mit dieser Störung neigen u. a. zur Dramatisierung eigenen Verhaltens, zu theatralischem Verhalten (mit *Histrone* wurden im antiken Rom die Schauspieler bezeichnet), übertriebenem

Schwieriger ist der Nachweis einer nur vorgetäuschten Verfolgung, wenn es sich um Berichte über Nachstellungen zu unterschiedlichen Zeiten, Herumstehen im Sichtfeld der angeblich Geschädigten, Sachbeschädigung oder Verleumdung und Belästigung per Internet (sog. *Cyberstalking*) handelt. Es lassen sich allerdings einige Merkmale anführen, welche auf das Vorliegen eines falschen Stalking-Syndroms hinweisen. Dazu gehören:

- Wenig differenzierte Berichte, Mangel an „Lebendigkeit" der Darstellung.
- Der angebliche Verfolger ist fast immer unbekannt/anonym.
- Die Übergriffe finden fast immer statt, wenn die betroffene Person allein ist, es gibt keine Zeugen.
- Die kritischen Ereignisse sind anfänglich oftmals unbedenklich und steigern sich dann rasch zu kriminellen Akten.
- Die Angaben entsprechen teilweise anderen Berichten in den Medien (oftmals Filme) zu ähnlichen Vorkommnissen, „typisches Opferverhalten" wird imitiert.
- Es werden wenige oder keine „echten" Gefühlsäußerungen wie Angst oder Besorgtheit gezeigt, an ihre Stelle tritt ein übertriebener Leidensausdruck (v. a. bei den histrionischen Typen).
- Maßnahmen zur Aufklärung des Falles wie z. B. Überwachungskameras, Telefonfangschaltungen u. dgl. werden als zwecklos zurückgewiesen oder nur sehr zögerlich angenommen.
- Es finden sich bereits ähnliche Verhaltensmuster in der Biographie, z. B. unaufgeklärte Opfererfahrungen in der Vergangenheit;
- Es werden überdurchschnittlich viele Hilfs- und Beratungsangebote wahrgenommen, teilweise mehrere gleichzeitig und unabhängig voneinander; eine Beratung wird sofort beendet, wenn die Schilderungen angezweifelt werden [1].

Gefühlsausdruck, andauerndem Verlangen nach Aufregung, Anerkennung durch andere und Aktivitäten, bei denen sie im Mittelpunkt der Aufmerksamkeit stehen. Sie wirken unangemessen verführerisch in Erscheinung und Verhalten und zeigen ein übermäßiges Interesse an körperlicher Attraktivität [5].

- Tatsächlich in der Vergangenheit gemachte Erfahrungen als Stalking-Geschädigte bewirken eine erhöhte Sensibilität gegenüber Handlungen einer anderen Person, welche dann voreilig und unangemessen mit Stalking in Zusammenhang gebracht wird. Eine Absicht ist dann oftmals nicht zu unterstellen.

Aus kriminologischer Sicht sind Betroffene von Stalking *Opfer-Zeugen.* Ihre Berichte lassen sich mit Mitteln der Aussagepsychologie überprüfen. Dabei geht es in der Regel nicht so sehr um die Glaubwürdigkeit einer Person, sondern zunächst allein um die Glaubhaftigkeit der Aussage. Die Problematik eines Nachweises von erfundenen Stalking-Berichten überschneidet sich hier mit der aussagepsychologischen Forschung und der dort entwickelten Vorgehensweise bei der Prüfung auf Glaubhaftigkeit [3].

Das *Falsche-Stalking-Syndrom* gleicht bei erster Annäherung und angesichts der Prominenz „echter" Stalkingfälle in der Forschungsliteratur und in der öffentlichen Wahrnehmung eher einem Randphänomen. Die Angaben zur relativen Häufigkeit des Vorkommens (Anteil an allen Stalkingfällen insgesamt) schwanken – je nach Art der Bezugsgruppen und der jeweiligen Definition von Stalking – zwischen 2 und 18 %. In einer Studie von Julia Bettermann wurden von insgesamt 112 Personen, welche bei der *Beratungsstelle für Stalkingopfer* in Bremen anriefen und mit denen ein telefonisches Erstgespräch geführt werden konnte, 24 als Falsche-Stalkingopfer identifiziert (21,4 %, mit einer Ausnahme Frauen). Interessant hier: bei fast 71 % der Fälle wurden „wahnhafte Züge" registriert und das Durchschnittsalter war mit mehr als 60 Jahren relativ hoch. Da es sich um ein Beratungsangebot handelte und *Falsche-Stalkingopfer* im Vergleich zu *de-facto*-Opfern („wahre Opfer") häufiger eine Beratungsstelle kontaktieren, dürfte die Häufigkeit des Vorkommens in einer unausgelesenen Normal-Stichprobe deutlich geringer ausfallen [1].

Ungeachtet eines eher geringen Anteils von Falschen-Stalking-Opfern an der Gesamtgruppe der Betroffenen ist zu betonen, dass die Auswirkungen eines fälschlich als „wahr" angenommenen Falles sehr gravierend sein können, insbesondere für die zu Unrecht beschuldigte

Person – angefangen mit sozialer Ächtung bis hin zu Strafverfolgung, Inhaftierung und Strafverbüßung.

Literatur

1. Bettermann, J. (2005). *Falsche Stalking-Opfer? Das Falsche–Opfer-Syndrom in Fällen von Stalking.* Verlag für Polizeiwissenschaft.
2. Mohandie, K., Hatcher, Ch., & Raymond, D. (1998). False victimization syndromes in stalking. In J. R. Meloy (Hrsg.), *The psychology of stalking. Clinical and forensic perspectives* (S. 225–256). Academic Press.
3. Volbert, R., & Dahle, K.-P. (2010). *Forensisch-psychologische Diagnostik im Strafverfahren.* Hogrefe.
4. Voß, H.-G., W. Hoffmann, J., & Wondrak, I. (2006). *Stalking in Deutschland. Aus Sicht der Betroffenen und Verfolger.* Nomos.
5. WHO (Hrsg.). (1993). *ICD-10* (2. Aufl.). Huber.

3

Stalking und verwandte Phänomene

Zusammenfassung Als ein sozialpsychologisches Phänomen erscheint Stalking als eine Art „gestörte Kommunikation" zwischen zwei Personen oder – aus erweiterter Perspektive betrachtet – zwischen einer Person und einer Gruppe von Personen (z. B. das sog. *Mobbing*). Die Frage stellt sich dann einerseits nach den unterschiedlichen Erscheinungsformen von Stalking (z. B. die *Erotomanie*) – andererseits nach einer Abgrenzung von stalkingähnlichen Phänomenen im Bereich von Verfolgung und Beeinträchtigung, wie z. B. *Mobbing, Bullying* oder das wenig bekannte *Gaslighting*. Angesichts der rasanten Verbreitung informations-technologischer Medien und einer jährlich ansteigenden Rate an sog. Cyberkriminalität kommt dem relativ neuen Phänomen *Cyberstalking* besondere Bedeutung zu; es ist von anderen Deliktformen in diesem Bereich abzugrenzen. Am Schluss des Kapitels wird der Frage nachgegangen, ob nicht auch „Nachstellung" durch staatliche Einrichtungen und überstaatliche Organisationen einer Form des Stalkings zuzurechnen ist, wenn damit eine Person und ihre Privatsphäre ausspioniert werden.

© Der/die Autor(en), exklusiv lizenziert an Springer Fachmedien Wiesbaden GmbH, ein Teil von Springer Nature 2023
H.-G. W. Voß, *Stalking*, https://doi.org/10.1007/978-3-658-41937-0_3

Als ein sozialpsychologisches Phänomen erscheint Stalking als eine Art „gestörte Kommunikation" zwischen zwei Personen oder – aus erweiterter Perspektive betrachtet – zwischen einer Person und einer Gruppe von Personen (z. B. das sog. *Mobbing*). Die Frage stellt sich dann einerseits nach den unterschiedlichen Erscheinungsformen von Stalking (z.B. die *Erotomanie*) – andererseits nach einer Abgrenzung von stalking-ähnlichen Phänomenen im Bereich von Verfolgung und Beeinträchtigung, wie z. B. *Mobbing, Bullying* oder das wenig bekannte *Gaslighting*. Angesichts der rasanten Verbreitung informations-technologischer Medien und einer jährlich ansteigenden Rate an sog. Cyberkriminalität kommt dem relativ neuen Phänomen Cyberstalking besondere Bedeutung zu; es ist von anderen Deliktformen in diesem Bereich abzugrenzen. Am Schluss des Kapitels wird der Frage nachgegangen, ob nicht auch „Nachstellung" durch staatliche Einrichtungen und überstaatliche Organisationen einer Form des Stalkings zuzurechnen ist, wenn damit eine Person und ihre Privatsphäre ausspioniert werden.

3.1   Das „klassische" Stalking

Vielleicht verbinden viele Menschen Begriffe wie Stalking, Nachstellung oder (permanente) schwere Belästigung zuallererst mit der Vorstellung, von einer fremden Person verfolgt zu werden, die ihnen auflauert, sich unmerklich „anschleicht" oder einfach nur in bedrohlicher Nähe verweilt – oder durch nächtliche Anrufe terrorisiert. Solche Situationen erzeugen bereits in der bloßen Vorstellung Angst. Vielleicht erinnern sich ältere Leser und Leserinnen dieses Buches des Schlagertextes *„Pst, Pst, hinter Ihnen steht einer- hinter Ihnen geht einer, drehn' se sich nicht um"*, welcher recht treffend den hier gemeinten Gefühlszustand umschreibt.[1] Angst und Furcht gehören zu den „starken" Emotionen; sie sind für Stalking bestimmend und eventuell gehört die „Furcht vor dem Fremden" allgemein (Personen wie Situationen) zu jenen Grundformen menschlichen Erlebens, welche den Angstaffekt in Stalking-situationen zusätzlich verstärken – und damit möglicherweise zu einer

---

[1] Der deutsche Schlager wurde gesungen von *Bully Buhlan* (1929–1982) und war im Jahre 1951 ein großer Erfolg. Der Text stammt von dem Sänger und Schlagzeuger *Ilja Glusgal* (1921–1983).

Überbewertung der Schwere und der Häufigkeit des Auftretens – beiträgt.

Stalking durch einen Fremden kommt jedoch nur in etwa 9 bis 10 Fällen von 100 vor. „Fremd" bedeutet hier, dass zu der betreffenden Person vor Beginn des Stalkings keinerlei Beziehung oder Bekanntschaft bestanden hat; der Täter agiert aus der Anonymität heraus und diese bleibt auch erhalten, wenn – situationsbedingt – kurze Kontakte (zumeist aus der Ferne) erfolgt sind. Eine Sonderform des anonymen Stalkings stellt das (anonyme) *Cyberstalking* dar. Auch hier bleibt der Täter in der Regel unerkannt, es sei denn, er lässt sich eventuell über Aufdeckungsmethoden im Internet (u. a. Verfolgung der sog. Ip-Nummer) ermitteln.[2] (*Cyberstalking* kann natürlich auch von bekannten Personen ausgeführt werden).

Wie bereits angedeutet, ist die Verfolgung durch eine fremde Person in besonderer Weise angstinduzierend, da die Zielperson hierbei über keine oder nur wenige Informationen zur Person des Täters verfügt und es ihr somit erschwert wird, Gegenmaßnahmen zu ergreifen. Bei unbekanntem Täter wird Stalking von den Verfolgungsorganen (Polizei, Staatsanwaltschaft, Gerichte) oft weniger ernst genommen als in solchen Fällen, in denen der Täter benannt und eventuell eine polizeiliche Ansprache (die sog. *Gefährderansprache*) erfolgen kann.

Geht man auf die ursprüngliche Bedeutung des Begriffes *Stalking* zurück, nämlich das Anpirschen/Auflauern/Verfolgen des Wildes bei der Jagd, so kennzeichnet dies am besten den aus der Anonymität heraus handelnden Fremden. Es handelt sich dabei zum einen um den „schüchternen, heimlichen Verehrer", zum anderen um den (wirklich gefährlichen) Angreifer und Vorbereiter einer schweren Straftat mit eventuell tödlichem Ausgang. Der letztgenannte Fall – auch *Jagd-Stalker* genannt – kommt äußerst selten vor, erlangt aber medial besondere Aufmerksamkeit, wenn das Opfer eine prominente Person oder Berühmtheit ist *(celebrity stalking)*.

---

[2] Dazu mehr im Kap. 9.

Weitaus die meisten Stalkingfälle sind der Kategorie *Stalking durch Ex-Partner* zuzuordnen (um 50 %). Auch die übrigen Fälle betreffen Täter, welche dem unmittelbaren privaten Umfeld der verfolgten Person zuzurechnen sind, wie z. B. Familienangehörige, Freunde, Nachbarn, Bekannte (zusammen etwa 25 %). Der Rest (noch etwa 15 %) entfällt auf Personen, zu denen eine Arbeitsbeziehung oder eine andere professionelle Beziehung besteht (Firmenangehörige, Kunde, Patient); in einigen Fällen handelt es sich bei dem Täter um den ehemaligen Partner des aktuellen Partners (3,4 %) [16].

Bekanntschaften entwickeln sich nach einem Erstkontakt auf der Basis eines wiederholten Zusammentreffens aufgrund verschiedener Anlässe (formell wie informell). In den für Stalking thematischen Fällen handelt es sich zunächst um Kontakte im Vorfeld eines später beginnenden Stalkings, in welchem von der Zielperson noch keine Beeinträchtigung erlebt wird. Auch wenn man davor warnen muss, jede Person, mit welcher man in Kontakt kommt, gleich als „potentiellen Stalker" zu betrachten – das gliche einem (paranoiden) Verfolgungswahn -, so kann ein „waches Auge" doch von Vorteil sein, wenn es darum geht, möglichst frühzeitig und vorbeugend in das Geschehen einzugreifen. Es geht dann darum, den Zeitpunkt festzulegen, bei welchem „die Alarmglocken zu läuten beginnen."

Schwierig ist hier eine Abgrenzung zu „normaler" Kommunikation, bei welcher es zu wiederholten Begegnungen mit einer anderen Person kommt und die Anlässe eher dem Alltagserleben zuzuordnen sind, etwa auf dem Weg zur Arbeit oder bei Freizeitunternehmungen. Da die Gelegenheiten und Formen einer Beziehungsanbahnung vielfältig und unüberschaubar sind, sind die von einer zunächst unbekannten Person empfangenen Interessensbekundungen nicht gleich als „feindselige Akte" einzuordnen und zuweilen durchaus nicht unerwünscht (man denke etwa an das sog. *Dating*). Entscheiden ist hier, einerseits, wie in der Folge die Annäherungsversuche vom Adressaten „beantwortet" werden und andererseits, ob darauf eine sozial angemessene Reaktion des Gegenparts erfolgt. Dazu das folgende Beispiel:

„Ich habe jetzt genug gebettelt – ich kann auch anders"

Im Bus, auf dem Weg zur Arbeit, begegnet Frau S. erstmalig einem Mann ungefähr gleichen Alters, welcher sich neben sie auf den freien Platz setzt. Es entwickelt sich ein unverbindliches Gespräch ohne Bezug zu privaten Dingen. Frau S. hat das Gefühl, den Mann schon einmal irgendwo gesehen zu haben, kann den Ort aber nicht genau bestimmen. Es häufen sich Gelegenheiten, bei denen der Mann scheinbar zufällig auftaucht, auch außerhalb der Fahrt zur Arbeit, beim Einkaufen und bei Freizeitaktivitäten. Frau S. weiß jetzt, dass sie ihn früher einmal in dem von ihr regelmäßig besuchten Fitness-Center gesehen hat. Zunächst nicht besonders unangenehm, wird sich Frau S. allmählich bewusst, dass sie sich auf eine neue, feste Beziehung – sie hat sich erst kürzlich von ihrem Partner getrennt – nicht einlassen möchte. Als der Mann ihr deutlicher seinen Wunsch nach Aufnahme einer engeren Beziehung zu verstehen gibt (sie hatte sich auf ein gemeinsames Abendessen in einem Restaurant eingelassen), weist sie dieses Ansinnen mit den freundlichen Worten „Ich fühle mich jetzt dafür nicht offen" zurück und erklärt, gerade aus einer beendeten Beziehung zu kommen. Bei ihrer Erklärung, künftige Kontakte nicht mehr zu wollen, bleibt sie freundlich im Ton, aber nachdrücklich und bestimmt. Herr B. – er hatte sich zwischenzeitlich namentlich vorgestellt und auch seine Wohnanschrift mitgeteilt – wirkt einsichtig und die Verabschiedung erfolgt in freundschaftlicher Atmosphäre. Etwa 4 Wochen vergehen, ohne jeglichen Kontakt. Dann erhält Frau S. eine Mail von Herrn B., in welcher dieser ihr vorwirft, ihn zunächst habe gewähren lassen mit seinen Annäherungsversuchen, ihn dann aber plötzlich und ohne wirklichen Grund „fallen gelassen" zu haben. Er könne das nicht einfach so hinnehmen. Frau S. weist die Vorwürfe zurück und erneuert ihren Wunsch nach keinen weiteren Kontakten. Am nächsten Tag liefert ein Service einen Blumenstrauß bei ihr ab, auf der beigefügten Karte stehen nur die Worte „in Liebe". Frau S. fühlt sich bedrängt, sie weiß nicht so recht, was sie tun soll, und entscheidet sich dafür, nichts zu tun und abzuwarten in der Hoffnung, dass sich die Sache von alleine erledigen wird. Das ist nicht der Fall, die Übergriffe häufen sich und beinhalten jetzt auch nächtliche Telefonanrufe und weitere Mails und SMS, welche jetzt auch teilweise als bedrohlich einzuschätzen sind („das wird Dir noch leidtun"). Frau S. ändert ihre Telefonnummer und ihre Mail-Adresse – ohne wirklichen Erfolg, indem sie nun gehäuft Briefe und kurze Mitteilungen erhält. Auf einer dieser Mitteilungen steht „Ich hab jetzt genug gebettelt, ich kann auch anders." An diesem Punkt wird sich Frau S. bewusst, dass sie ernstlich in Gefahr ist und geht zur Polizei. Sie kann die Briefe und Zettel,

> sowie die von ihr angefertigten Protokollen der Telefonanrufe vorweisen. Die Polizei macht eine *Gefährderansprache,* mit welcher Herr B. u. a. auf die Strafbarkeit seines Verhaltens nach § 238 StGB hingewiesen und im Wiederholungsfall die Einschaltung der Staatsanwaltschaft angedroht wird.[3]

Der geschilderte Fall ist typisch in zweierlei Hinsicht: er ist nach Intensität und Schwere der Beeinträchtigung eher dem großen Mittelbereich zuzuordnen und er lässt sich auf ein relativ einfaches Schema von Annäherung/Zurückweisung/Strafandrohung – anfängliches Tolerieren der Kontakte, verstärkte/fordernde Zuwendung, Zurückweisung, Stalking, Androhung strafrechtlicher Konsequenzen – reduzieren. Hätte Frau S. die Weiterentwicklung der zunächst eher lockeren Beziehung zum Stalking hin frühzeitiger erkennen und unterbinden können? Das ist, von außen betrachtet, schwer zu entscheiden. Möglicherweise hätte Frau. S. die Einladung zu einem gemeinsamen Abendessen nicht annehmen dürfen, da hier – aus Sicht des Stalkers – eine Schwelle überschritten war. Vielleicht wäre auch eine frühere und deutlichere Distanzierung vonnöten gewesen. Man kann dies Frau S. selbstverständlich nicht vorwerfen. Die wichtigste Maßnahme – ein klares „Nein" -wurde von ihr schließlich erbracht; die alleinige Verantwortung liegt beim Verfolger.

3.2   Ex-Partner-Stalking

Stalking nach Abbruch oder Beendigung einer intimen Beziehung ist mit etwa der Hälfte aller Fälle die weitaus häufigste Form der Verfolgung und Bedrohung. Auch hier sind es – unabhängig vom *gender* beider Partner – weit überwiegend die Ex-Partner, welche Gewalt ausüben. Gegenüber Stalking durch Fremde oder Bekannte weist Expartnerstalking einige Besonderheiten auf:

---

[3] Quelle: Verfasser.

- Das Gewaltrisiko ist hier am höchsten, physische und psychische Gewalt sind besonders heftig (jedoch: nicht alle Expartner werden gewalttätig).
- Das Motiv für Stalking und Gewalt wurzelt in der Intim-Beziehung und deren Geschichte.
- Die Vorgeschichte ist häufig durch *häusliche Gewalt* charakterisiert, bei welcher der spätere Stalker die Kontrolle ausgeübt hat.
- Expartnerstalking wird somit häufig als eine „Verlängerung" häuslicher Gewalt in der Nachtrennungsphase (und darüber hinaus) gesehen [1, 17];
- Der Ex-Beziehungspartner wird häufig von Gefühlen der Verbitterung und des Hasses geleitet, welche aus dem Kontrollverlust über das Opfer resultieren. Wut und geringe Impulskontrolle bestimmen sein Handeln.
- „Tiefere" Gründe liegen eventuell in einer *narzisstischen Kränkung*, wenn die Trennung – wie in den meisten Fällen – vom verfolgten Partner ausgegangen ist und der Täter sich gedemütigt und abgewertet fühlt.
- Häufigste Stalkinghandlungen sind Beschuldigen und Bedrohen, Sachbeschädigung, wiederholtes Eindringen in die ehemals gemeinschaftliche Wohnung, physische Angriffe, Hineinziehen von Familienangehörigen, von denen Loyalität eingefordert wird.
- Bei neuer Beziehung des Opfers sind eifersuchtsgetriebene Racheaktionen zu erwarten; auch der neue Partner wird oftmals verfolgt und bedroht.
- Die Anwesenheit von gemeinsamen Kindern erhöhte die Frequenz gewalttätiger Ausschreitungen.
- Häufig führt „der Kampf ums Kind" zu intensiven und langanhaltenden Sorgerechtsstreitigkeiten; sie führen dann zu einer weiteren psychischen und physischen *Viktimisierung* desjenigen Elternteils, bei welchem die Kinder leben.
- Ist der Stalker umgangsberechtigt, bieten die Übergabesituationen anlässlich der Umgänge mit dem Kind die Gelegenheit zu verbalen und anderen Angriffen.
- Unmittelbar nach der (räumlichen) Trennung kann es eine Phase milden Stalkings geben, wenn der verlassene Teil noch Chancen für

eine Wiederherstellung der Intimbeziehung sieht. Werden diese ent-
täuscht, sind gewaltvolle Stalkinghandlungen umso heftiger und
treffen die Ex-Partnerin oftmals völlig unerwartet.

Der Befund, wonach Stalking intensiver auftritt, wenn Kinder in der
Beziehung vorhanden sind, mag vielleicht überraschen. Denn es könnte
doch angenommen werden, dass eine Rücksichtnahme auf das Erleben
des Kindes sich hemmend auf Äußerungen von Gewalt auswirkt. Die
Befunde einer Studie zu Stalking und häusliche Gewalt zeigen das
Gegenteil: es kommt zu mehr physischer Gewalt, wenn die Ex-Partner
gemeinsame Kinder haben. Aber bereits vor der Trennung geht deutlich mehr Gewalt vom späteren Ex-Partner aus, wenn (biologisch)
gemeinsame Kinder vorhanden sind. Sind Kinder vorhanden, welche
aus einer früheren Beziehung der (später verfolgten und bedrohten
Partnerin) stammen, so wird sowohl im häuslichen Rahmen als auch
nach der Trennung weniger Gewalt ausgeübt [18]. Möglicherweise
gilt hier, dass das Geschehen in der Nachtrennungsphase von Sorgerechtsstreitigkeiten überlagert wird und es einen kumulativen Effekt
auf Gewaltausübung im Rahmen von Stalking gibt. Es erscheint aber
auch plausibel, dass bereits die (räumliche) Trennung des aus dem
gemeinsamen Haushalt ausgezogenen Partners, sowie Einschränkungen
im Umgang mit den Kindern, zu einem erhöhten Gefährdungspotential
führen. Eine Umgangsregelung bietet für den Stalker immer eine gute
Gelegenheit, die Kontakte zu Stalkinghandlungen zu nutzen. Familien-
gerichte regeln dementsprechend bei stark konfliktbeladenen Eltern den
Umgang in einer Weise, welche es erlaubt, insbesondere die persönlichen Kontakte der Eltern bei den Übergabesituationen weitgehend
auszuschließen, z. B., wenn der umgangsberechtigte Elternteil das
Kind am Freitag von der Schule oder dem Kindergarten abholt und am
Montagmorgen zurückbringt.

Gegen den Befund, wonach Stalking durch den Ex-Partner besonders
häufig auftritt, lässt sich kritisch einwenden, dass Nachstellen,
Beobachten, häufige Telefonate, gehäuft „Liebesbeteuerungen", aber
auch Androhung von Gewalt und anderer negativen Konsequenzen
eventuell als „normal" in einer Übergangsphase nach der Trennung
gesehen werden können und sich dann irgendwann einmal von allein

erledigen.[4] Sollte dann Stalking nicht eher auf entsprechende Handlungen bezogen werden, welche erst nach einer ersten Phase der Nachtrennungszeit auftreten? Für den betroffenen Ex-Partner dürfte das eher eine „akademische Frage" sein, denn für diesen zählt allein das Ausmaß an erlebter Beeinträchtigung. Vielleicht ist die beste Lösung hier, generell von Stalking zu sprechen, wenn die entsprechenden Verhaltensweisen vorliegen, und dabei eventuell zu berücksichtigen, dass diese mit der Zeit deutlich abflachen und schließlich aufhören können (nicht müssen) – als Zeichen dafür, dass der Partner die Trennung „verarbeitet" hat. Doch wie lange dauert das? Darauf gibt es – leider – keine verbindliche Antwort. Da Expartnerstalking in der Regel nur dann auftritt, wenn einer der beiden Partner mit der Trennung nicht einverstanden ist und sich persönlich verletzt fühlt, oder aufgrund eines Streites über die Kinder oder die Verteilung des „Nachlasses" tätig wird, hängt es im Wesentlichen von mehreren Faktoren ab, wie rasch eine „Beruhigung" in der Nachtrennungsphase eintritt:

- Persönlichkeitsfaktoren (z. B. das Ausmaß an „narzisstischer Kränkung", Impulskontrolle, pathologische Veranlagung),
- Dauer der vormaligen Intimbeziehung und des Zusammenlebens (auch in der Form eines heutzutage zuweilen als „modern" geltenden *living apart together*),
- äußere Umstände (Kinder, Sorge- und Umgangsregelung,
- Einigung über finanzielle Forderungen und Verteilung der sächlichen Güter,
- Inanspruchnahme von Hilfe und Unterstützung wie z. B. eine Nachtrennungs-Paar-Therapie.

In der Trennungs- und Scheidungsforschung gibt es verschiedene Ansätze und Lösungsversuche (sie können hier nicht weiter ausgeführt werden). Eventuell lassen sich zur Festlegung einer kritischen Zeitspanne, mit deren Beendigung eine Trennungsverarbeitung in ein

---

[4] Ein forensischer Psychiater bemerkte einmal gegenüber dem Verfasser „Das ist doch normal, dass die nachher noch streiten, das erledigt sich doch von selbst nach einiger Zeit."

längerfristiges Stalking übergeht, die Vorgaben zur Diagnostik einiger psychischer Störungsbilder und Erkrankungen heranziehen. So wird beispielsweise für einige affektive Störungen ein Zeitraum von einem bis fünf Monaten angegeben, für die *oppositionell-streitbare* Persönlichkeitsstörung bzw. für *Störungen des Sozialverhaltens* etwa 6 Monate; es ist diejenige Zeitspanne, innerhalb derer die spezifischen Symptome auftreten müssen, damit eine entsprechende Diagnose gestellt werden kann. Setzt man somit als kritische Schwelle für eine Beendigung der relativ „normalen" Verarbeitung der Trennung (und dementsprechend des „Trennungs-Stalkings") etwa ein halbes Jahr an, so sollte erwartet werden, dass danach eine Beruhigung eintritt.

Ex-Partner kennen einander. Die Phase nach Trennung und Scheidung wird – bei konfliktreichen Trennungen – im Wesentlichen dadurch bestimmt, in welchem Ausmaß „Altlasten" der Beziehung und/oder eher aktuelle Ereignisse noch nachwirken und die Kommunikation weiter belasten. Für den gefährdeten Ex-Partner wird das im Zusammenleben erworbene „Beziehungswissen" möglicherweise dazu beitragen können, vorbeugende Maßnahmen zu ergreifen, welche im Kern eine Kontaktvermeidung mit dem potentiellen Stalker und eine Absicherung durch begleitende Maßnahmen wie z. B. Änderungen in der Lebensführung oder Hilfe und Unterstützung durch Dritte beinhalten.

3.3   Stalking-by-proxy

In Fällen von *stalking-by-proxy* delegiert der Täter Stalkinghandlungen an eine andere Person (auch Institution, Agentur, Gericht), wobei diese sich ihres „Auftrags" oftmals nicht bewusst ist. Das können enge Familienangehörige sein, die für die Zwecke des Verfolgers oftmals im guten Glauben, dieser werde selbst verfolgt, handeln und instrumentalisiert werden, aber auch Detektive, welche vom Stalker zur Überwachung und Ausspionierung der Zielperson angeheuert werden. Von den Autoren, welche den Begriff des *stalking-by-proxy* erstmalig verwendet haben, wird dessen Anwendungsbereich recht breit angesetzt, indem auch Stalking über Printmedien, das Internet und über sog. Messenger-Dienste mit einbezogen wird [10]. Letzteres hat sich jedoch sowohl in der Forschung als auch im öffentlichen Bewusstsein weitgehend unter der Bezeichnung *Cyberstalking* verselbständigt. So wird man *stalking-by-proxy* eher auf solche Personen beziehen, zu denen der Stalker entweder gezielt einen Kontakt hergestellt hat (z. B. Detektive, Rechtsanwälte), zu denen der Kontakt schon länger bestanden hat (z. B. Familienangehörige, Freunde, Bekannte) oder die als Repräsentanten einer Institution und in Ausführung ihrer Aufgaben den Kontakt zum Stalker herstellen (z. B. Polizei, Gerichte, Staatsanwaltschaften). Stalker gehen dabei oftmals sehr geschickt vor, indem sie der Kontaktperson gegenüber ihre wahren Absichten völlig verschleiern können, wie die folgenden Beispiele zeigen:

Unbestelltes

Die Bestellung von Waren, welche durch einen Lieferservice dem Opfer ausgehändigt werden, ist ein weit verbreitetes Mittel bei der Verfolgung einer Person. Besonders beliebt: mitternächtliche Pizzabesorgung oder an die Adresse des Opfers gesandte Blumensträuße. In einem Fall wurde der Überbringer vom Stalker vorher instruiert, möglichst laut an die Tür zu klopfen (nachts um Eins), da die Dame ziemlich taub sei (was natürlich nicht stimmte) In einem anderen Fall wurde ein pornographisches Magazin im angeblichen Auftrag der verfolgten Person abonniert. Es erzeugte beim Empfänger Scham und Ängste und es führte schließlich dazu, dass die Freundin des Opfers sich von diesem trennte, da sie das Ausmaß des Problems nicht erkannte und den Freund verdächtigte, ein „geheimes Doppelleben" zu führen.[5]

Weitere spektakuläre Fälle von *stalking-by-proxy* betreffen die Verfolgung von prominenten Personen *(celebrity stalking)*. Berühmt geworden ist der Fall der Sängerin Madonna Louise Ciccone:

---

[5] Zitiert nach [10] S. 175.

Einmal im Leben Madonna hautnah

Madonna wurde von Robert Dewey Hoskins massiv gestalkt und im Falle, dass sie ihn nicht heiraten werde, mit dem Tode bedroht („slice her throat from ear to ear"). Hoskins wurde schließlich festgenommen. Anlass war nicht das Stalking, sondern der Umstand, dass es bei einem früheren Versuch einer Kontaktaufnahme zu einem Vorfall gekommen war, in dessen Verlauf Hoskins vom Leibwächter der Sängerin angeschossen worden war. Madonna wehrte sich erfolglos gegen eine Vorladung bei der Gerichtsverhandlung (die Ladung wurde ihr von einem Detektiv beim Jogging überreicht, der angewiesen worden war, ihr aufzulauern und zu folgen). Die Gerichtsverhandlung war schon für den Folgetag angesetzt. Madonna folgte der Vorladung nicht und es wurde ihr daraufhin Arrest angedroht und wegen der Missachtung des Gerichts eine Strafe von 5 Mio. Dollar auferlegt, die aber zurückgenommen werde, wenn sie vor Gericht erscheine. Sie erschien vor Gericht und wurde als erste Zeugin vernommen. Der Täter hatte eines seiner Ziele erreicht, nämlich wenigstens einmal Madonna persönlich gegenüberzusitzen. Ihr Kommentar: *„Ich fühlte mich schrecklich beeinträchtigt (disturbed), indem der Mann, der mich fortgesetzt mit dem Leben bedroht hat, nun vor mir sitzt und man nun seinen Fantasien entsprochen hat, indem ich vor ihm sitze und es genau das war, was er gewollt hat"*[6]

Das zuletzt angeführte Beispiel zeigt die besonderen Probleme auf, die sich bei einer Konfrontation des Täters mit dem Opfer im Rahmen einer gerichtlichen Verfolgung des Tatbestandes ergeben, nicht allein bei prominenten Personen. Vielfach reagiert auch die Polizei bei den Vorermittlungen nicht immer sensibel, indem Informationen, die das Opfer betreffen (z. B. der neue Wohnort oder die Telefonnummer) nicht unter Verschluss gehalten werden. Auch Schriftsätze, die im Rahmen einer gerichtlichen Verhandlung von Rechtsanwälten ausgetauscht werden, enthalten oftmals „sensible Daten", die es dem Stalker ermöglichen, nach Beendigung des Verfahrens mit eventuell neuen und noch durchtriebeneren Maßnahmen vorzugehen. Ein persönliches Zusammenführen von Opfer und Täter im Rahmen von polizeilichen, staatsanwaltschaftlichen und gerichtlichen Ermittlungen

---

[6] Zit. n. [12, S. 37–39], aus dem Englischen vom Verfasser.

leistet einer *sekundären Opferwerdung (Viktimisierung)* Vorschub, welcher im günstigsten Fall durch gesetzliche Vorgaben vorgebeugt werden kann.

3.4 Cyberstalking

Cyberstalking ist das systematische Verfolgen und Belästigen einer Person mit den Mitteln der Informationstechnologie. Das gilt entsprechend auch für *Cybermobbing* und *Cyberbullying*. Alle drei stellen Äußerungsformen von *Cyberkriminalität* dar, ein umfassendes Gebiet krimineller Betätigung, vermittelt über Computernetzwerke wie das Internet, das sog. *Darknet* oder eher lokalen Netzwerken (*Intranet*). *Cyberstalking* entspricht einer Teilmenge aus dem breiten Spektrum von Stalkinghandlungen (auch das Offline-Stalking miteinschließend), indem hier vor allem elektronische Formen der Nachrichtenübermittlung (E-Mails, SMS, MMS, sog. Messengerdienste) im Vordergrund stehen. Auch wenn man vermuten könnte, dass die negativen Auswirkungen der „Botschaften" auf das Befinden der Zielperson aufgrund des Fehlens von persönlichen Kontakten im sozialen Nahfeld geringer ausfallen, unterscheidet sich *Cyberstalking* hinsichtlich Intensität, Schwere und Nachhaltigkeit kaum vom sog. Offlinestalking. Auch die *Prävalenzraten*[7] für *Cyberstalking* entsprechen etwa denen des Offlinestalkings in der realen Welt; sie betragen – nach neueren Befunden – 6 bis 12 %, je nachdem, ob man *Cyberstalking* großzügig auslegt (wenige Wiederholungen), oder ob man eine restriktivere Festlegung wählt (mehrfaches Stalking, länger als zwei Wochen, Auslösung von Angst und Bedrängnis) [3]. Da Untersuchungen zur Motivationslage von Stalkern im Internet weitgehend fehlen, ist man auf Angaben der Stalkingopfer angewiesen. Werden die unerwünschten Kontakte als Vergeltung oder Rache gesehen, so erweckt dies in den Opfern deut-

---

[7] Die Prävalenzrate gibt an, bei wievielen Individuen in der zugrunde gelegten Gesamtgruppe (Stichprobe) zu einem bestimmten Zeitpunkt – also zum Zeitpunkt der Befragung – das Merkmal oder das Phänomen auftritt.

lich mehr Furcht als in solchen Fällen, in denen als Motiv Zuneigung (*affection*) vermutet wird (in etwa 47 % der Fälle) [5].

> **Fazit**
>
> Das Internet bzw. soziale Medien werden mehr und mehr zu einem Ort, in dem ehrverletzende Äußerungen und ähnliche Delikte sich häufen. Der Grund hierfür ist darin zu sehen, dass dieses Medium ein leicht zugängliches Forum für Information und Kommunikation bietet und die Nutzer in dem Glauben lässt, sie würden sich völlig anonym durch den virtuellen Raum bewegen können [6, S. 84].

Die (relative!) Anonymität des Internets mag den Eindruck erwecken, dass es vor allem Stalker sind, welche unerkannt bleiben möchten, die sich des Mediums bedienen. Das ist aber nicht durchgängig der Fall. So wie im Offline-Modus sind es auch hier weit überwiegend Personen, welche dem Opfer bekannt sind, vor allem wiederum die Ex-Partner (etwa zu einem Drittel) oder Bekannte, Freunde und sogar – in seltenen Fällen – Familienmitglieder. Bei den Inhalten der Kommunikation stehen Beschimpfungen und Verunglimpfungen an erster Stelle, gefolgt von Verleumdungen und Rufschädigungen, Liebesbekundungen, Drohungen und Inhalten sexueller Art. [3].[8]

Wenn im vorhergehenden Abschnitt von einer „relativen Anonymität" die Rede ist, so ist damit gemeint, dass bekanntlich jede Kommunikation über Internet Spuren hinterlässt, die im günstigsten Fall zurückverfolgt und aufgedeckt werden können. Nutzer sind sich dessen nicht immer bewusst und hinterlassen oftmals großzügig Informationen privater Natur – bis hin zur Angabe der Adresse, der Telefonnummer und sogar private Fotos. Sie bieten damit eine gute Angriffsfläche für Stalking. Auch einige weitere Besonderheiten von *Cyberstalking* – gegenüber dem Stalking unter realen Bedingungen – sind zu nennen:

---

[8] Es handelt sich mit fast 6400 Teilnehmern einer Internetbefragung um die bisher umfangreichste Studie zu *Cyberstalking*. Fast 70 % der Befragten gaben an, dass der Täter männlich war.

- Die Möglichkeit, mittels ausgedehnter Internetrecherche umfassende Informationen über die Zielperson zu sammeln.
- Mit der Zielperson direkt (zeitgleich oder zeitlich versetzt) zu kommunizieren und diese somit „online" zu bedrängen und zu ängstigen; dabei kommen auch Messengerdienste zum Einsatz.
- Da es zunächst nicht zu einem direkten Kontakt mit der Zielperson kommt, fallen Hemmmechanismen weg und der Stalker kann seine Fantasien (häufig sind diese sexueller Natur) ungehemmt auf verbaler Ebene ausleben.
- Eine Kontaktaufnahme und ein weiteres Ausspionieren in sogenannten *Chatrooms* oder *Foren* erleichtern den Übergang zu einem Offline-Stalking.
- Der zurückgewiesene Stalker hat die Möglichkeit, die Medien weiter dazu zu nutzen, um eine regelrechte Kampagne loszutreten und das Opfer öffentlich zu diffamieren.
- Der Stalker kann eventuell in den Computer des Opfers „eindringen" und die Kontrolle über diesen übernehmen.
- *Cyberstalking* wird von Verfolgungsorganen wie Polizei und Staatsanwaltschaft oftmals weniger ernst genommen, was wiederum dazu beiträgt, dass Angriffe dieser Art gar nicht erst angezeigt werden.
- Insbesondere öffentlich bekannte Personen (Prominente, Politiker), zu denen eine direkte Kontaktaufnahme schwierig ist, können dennoch verfolgt werden; da deren jeweiliger Aufenthaltsort oftmals in den Medien mitgeteilt wird, können physische Angriffe entsprechend geplant und realisiert werden. Prominente sind für einen bestimmten Stalker-Typ besondere interessant und deshalb auch besonders gefährdet [7].

Die zunächst „neuen" Möglichkeiten einer Verfolgung und schweren Belästigung von Personen, welche mit der Nutzung von elektronischen Medien und Übertragungskanälen geschaffen wurden, haben inzwischen eine Anpassung der strafrechtlichen Normen erforderlich gemacht. So wurde bei der Neufassung des Anti-Stalking-Paragrafen 238 des Strafgesetzbuches mit Gültigkeit ab 01.10.2021 *Cyberstalking* in mehrfacher Hinsicht berücksichtigt: unter Strafe gestellt ist demnach

- die wiederholte Verbreitung einer „Abbildung [der] Person, eines Angehörigen oder einer anderen ihr nahestehenden Person,"
- die wiederholte Verbreitung eines „Inhalts, der geeignet ist, [die] Person verächtlich zu machen oder in der öffentlichen Meinung herabzuwürdigen [und diesen] unter Vortäuschung der Urheberschaft der Person verbreitet oder der Öffentlichkeit zugänglich macht,"
- der Einsatz eines Computerprogrammes, „dessen Zweck das digitale Ausspähen anderer Personen ist."[9]

Entscheidend für die „Diagnose Stalking" ist auch hier zunächst das Merkmal der *Wiederholung* der Tathandlung (heutige Gesetzgebung, früher: Beharrlichkeit), wobei es in der Praxis der Rechtsprechung weiterhin umstritten ist, ob die *einmalige* Wiederholung ausreicht, um den Verursacher zur Rechenschaft zu ziehen. Stalkinghandlungen sind auf Einzelpersonen gerichtet; pauschal an Angehörige einer Gruppe, Organisation, Firma, Partei usw. gerichtete Botschaften mit klar erkennbarer Tendenz, diese zu verunglimpfen, zu bedrohen, zu erpressen, auszuspionieren, oder auch „nur" deren Funktionalität einzuschränken – indem etwa das Computernetzwerk durch massenhaften Zugriff lahmgelegt wird – fallen nicht unter Stalking.[10] Dagegen lässt sich durchaus diskutieren, inwieweit ein *Gruppenstalking* – die Verfolgung einer Einzelperson durch eine Gruppe, Organisation oder sogar durch eine Einrichtung auf Staatsebene– als Stalking im üblichen Sinne bezeichnet (und somit auch strafrechtliche verfolgt) werden kann (vgl. unten Abschn. 3.5.4).

---

[9] *Artikel 1 – Gesetz zur Änderung des Strafgesetzbuches – effektivere Bekämpfung von Nachstellungen und bessere Erfassung des Cyberstalkings...* (Bundesgesetzblatt Jg. 2021 Teil I Nr.53, Bonn17. August 2021) [Auszug; Inhalte in den eckigen Klammern vom Verfasser; vgl. auch Kap. 9 in diesem Buch].

[10] *Die Volkswagen-AG* wehrte nach eigenen Angaben im Jahre 2016 wöchentlich (!) ca. 6000 Angriffe aus dem Internet ab (www.faz.net/aktuell/wirtschaft/unternehmen/jede-woche-6000-cyberangriffe-gegen-vw-14393188.html) (abgerufen am 14.05.2023). *Das Bundesamt für Sicherheit und Informationstechnik* berichtet von täglich mehr als 20 Angriffen auf das deutsche Regierungsnetz (http://www.zeit.de/digital/2016%2D09/cyberangriffe%2Dbsi%2Dbundesregierung) (abgerufen 14.05.2023).

Das Beispiel verweist auf das Problem einer *Abgrenzung* von Cyberstalking zu verschiedenen Formen der Internetkriminalität generell. (Weniger problematisch ist die Abgrenzung zu den anderen Kommunikationsmitteln wie SMS oder E-Mails: es genügen die Wiederholung und bedrohlicher oder sonstwie schädigender Inhalt). Im Unterschied zum Offlinestalking (dem „klassischen Stalking", vgl. oben Abschn. 3.1) bei welchem viele der Einzelhandlungen (noch) sozialverträglich sind (z. B. Telefonanruf, Brief, persönlicher Kontakt), handelt es sich bei Cyberstalking-Attacken in der Regel um Einzelphänomene, die – für sich genommen – bereits eine strafbare Handlung repräsentieren. Inzwischen umfasst die Liste solcher unerwünschter Interventionen eine größere Anzahl von Eingriffen in die Privatsphäre einer Person, in vielen Fällen unbemerkt. Nachfolgend sind einige der teilweise mit phantasievollen Namen belegten Phänomene aufgeführt:

- *Doxing.* Die Veröffentlichung und Verbreitung privater/persönlicher Informationen wie z. B. Name, Wohnanschrift, finanziell-wirtschaftliche Verhältnisse, kompromittierendes oder verunglimpfendes Material.
- *Swatting.* Falschmeldungen über angebliches Fehlverhalten (z. B. Meldung an die Polizei über den Einsatz einer Waffe mit hohem Gefahrenpotential).
- *Trolling.* Mutwillige Provokationen durch Verfassen von Nachrichten, um Empörung, negative oder abwertende Kommentare bei anderen Personen hervorzurufen. (Es gibt auch „freundliche Trolle", welche eine unterstützende Funktion haben. Dazu kann man u. a. die *Spin-Doktoren* zählen und deren Versuche, bei Wahlen die öffentliche Meinung für einen Kandidaten positiv zu beeinflussen).
- *Phishing.* Ausspionieren von Zugangsdaten für Online-Bankdienste z. B. mittels gefälschter E-Mails, SMS, WhatsApp etc.
- *Pharming* (oder *URL-Spoofing bzw. DNS-Spoofing*) bezeichnet eine Vorgehensweise, wonach sog. DNS-Abfragen von Webbrowsern so manipuliert werden, dass der Benutzer auf gefälschte Webseiten umgeleitet wird.
- *Skimming.* Der Magnetstreifen von Bankkarten, Geldkarten, Kreditkarten etc. wird ausgelesen und die Daten werden auf eine gefälschte

Karte kopiert. Das wird möglich, wenn der Angreifer zwischen zwei Kommunikationspartnern (z. B. Bank und Kunde) steht und die Kontrolle über deren Datenaustausch ausübt (auch *Man-in-the-Middle-Angriff*).

- *Computervirus einschleusen.* Computerprogramme, die in andere Programme eingeschleust werden und sich damit reproduzieren.
- *Hacking.* Das Eindringen in fremde Datensysteme.
- *Trojaner.* Unbemerkt sensible Daten ausspähen und stehlen.
- *Würmer.* Eigenständige Programme, die sich über ein Netzwerk ausbreiten und Speicherplatz belegen oder andere Ressourcen verbrauchen.
- *DOS*-Attacke. Überflutung von Datennetzen mit dem Effekt, dass Server „abstürzen".

Alle diese Phänomene (Auswahl) stellen strafbare Handlungen dar, wie in den Paragraphen des Strafgesetzbuches 202a (Ausspähen von Daten), 202b (Abfangen von Daten), 202c (Vorbereiten des Ausspähens und Abfangens von Daten) und 202d (Datenhehlerei) angegeben. Obwohl in hohem Maße belästigend – man denke etwa an die Flut täglich eigehender *Spam*-Nachrichten – mit häufig werbendem Inhalt -, ist deren Einordnung als Formen von *Cyberstalking* oder *Cybermobbing* in vielen Fällen dadurch erschwert, als der Nachweis einer Urheberschaft – im Sinne einer Identifikation des Absenders – in den meisten Fällen schwierig oder kaum möglich ist. Ein entsprechender Nachweis müsste in jedem Einzelfall geführt werden, wobei jeweils die „Geeignetheit" der Intrusionen für eine „schwerwiegend Beeinträchtigung der Lebensgestaltung" der Zielperson gegeben sein muss. Die „Phantasie" der „Betreiber" von Internetkriminalität erscheint unerschöpflich und die Gegenmaßnahmen – sowohl in rechtlicher Hinsicht als auch konkret im Rahmen von technischen Vorkehrungen – hinken zumeist hinterher. Wenn zunehmend technische Einrichtungen im Haushalt mittels elektronischer Einrichtungen gesteuert werden (z. B. über das Mobiltelefon) und die „Beschirmung" durch Sicherheitstools häufig noch in den Anfängen steckt, so darf man sich nicht allzu sehr darüber wundern, dass bei einer Rückkehr in die Wohnung alle Lichter brennen, die Fensterjalousien geöffnet sind, die Kühltruhe ausgefallen ist und die Klimaanlage abgeschaltet wurde.

3.5 Sonderformen und stalkingähnliche Phänomene

Sonderformen und Phänomene, die dem Stalking ähnlich sind, werden auch in der Fachliteratur zum Stalking häufig nur am Rande oder gar nicht erwähnt. Sie sind aber dennoch für die betroffenen Personen von großer Bedeutung, indem sie tief in die persönliche Lebensgestaltung eingreifen oder sogar im medizinischen Sinne profunde Schädigungen zur Folge haben können. In allen Fällen handelt es sich um besondere Täter-Opfer-Konstellationen: Stalking durch eine Gruppe, wahnhaft-obsessive Liebesbeziehung, krankmachender, von außen induzierter „Psychoterror", Hineinziehen und Instrumentalisieren von dritten Personen oder Institutionen (sogenanntes *Mobbing, Bullying* usw.).

3.5.1 Erotomanie

Bei der *Erotomanie* handelt es sich um eine pathologische und insofern realitätsferne, einseitige Liebesbeziehung, welche allein in der Fantasie der betroffenen Person existiert und unter der Bezeichnung *Liebeswahn*[11] bekannt geworden ist. Das Phänomen wurde erstmalig von dem französischen Arzt DeClérambault näher beschrieben. Dabei geht es um eine Person, in fast allen Fällen ist es eine Frau, die sich der Illusion hingibt, sie werde von jemandem – häufig eine Person mit höherem Sozialstatus – geliebt. DeClérambault beschrieb nur 5 Fälle der von ihm als „reine Erotomanie" bezeichneten Persönlichkeitsstörung. Später fügte er 9 Fälle hinzu, bei denen der Liebeswahn nicht mehr als vereinzelt *(pure)* dastehend gesehen wurde, sondern als Teil einer umfassenderen Pathologie, vor allem in Verbindung mit der Schizophrenie (Paranoia) oder

---

[11] Zugleich der Titel eines Buches der Journalistin *Susanne Schumacher* aus dem Jahre 2000 [13].

der Bipolaren Störung.[12] Hier eine Kurzfassung des von Clérambault beschrieben ersten Falles aus dem Jahre 1920:[13]

Nur Könige, Generäle und Offiziere: ein früher Fall von *Erotomanie*

Léa Anne B. war 53 Jahre alt, als sie im Jahre 1917 erstmalig ihrer Überzeugung Ausdruck verlieh, von einem amerikanischen General geliebt zu werden. Bei jeder ihrer Reisen fühlte sie sich als Objekt „heimlicher Avancen", welche ihr von Offizieren unterschiedlicher Ränge gemacht wurden, und sie bedauerte jedes Mal sehr, die Situation nicht zu ihrem Vorteil genutzt zu haben. Sie gab an, dass der belgische König ihr Briefe schrieb und sie war davon überzeugt, dass englische und russische Adlige unter ihren ehemaligen Liebhabern waren. Schließlich glaubte sie, dass König Georg der Fünfte sich in sie verliebt hatte, dass dieser sie unter Einsatz von geheimen Abgesandten überwache und dass alle in London über ihre Affäre Bescheid wüssten und wollten, dass sich diese weiterentwickle. Sie gab größere Mengen an Geld aus, um in England herumzureisen und sich in der Nähe von königlichen Residenzen aufzuhalten, oftmals in einem Zustand freudiger Erwartung. Léa Anne zweifelte allerdings gelegentlich ihre eigenen Ideen an und vermutete, dass der König ihre Hindernisse in den Weg legen oder ihr sonstwie Schwierigkeiten machen würde. Nach mehreren Monaten, in denen sie zunehmend von ihren Ideen besetzt wurde, dramatische Auftritte in der Öffentlichkeit hatte und auch übergriffig wurde gegenüber anderen Personen, zog sie die Aufmerksamkeit der Autoritäten auf sich und wurde schließlich in Gewahrsam genommen.

Das Beispiel ist insofern untypisch für Stalking, als hier offensichtlich kein direkter Kontakt mit dem „Liebesobjekt" stattgefunden hat und somit eine Belästigung der betreffenden Zielperson nicht oder nur in geringem Maße vorlag. Es ist aber insofern aufschlussreich, als bereits deutlich wird, dass „Liebeswahn" in Aggression umschlagen kann, wenn die angebetete Person keine aus Sicht der Verfolgerin adäquate Reaktion zeigt. So beschreibt DeClérambault einen dreistufigen Prozess, wonach das „Liebesobjekt" zunächst hoffnungsvoll und zuversichtlich

---

[12] Heutige Fassung des einstmals mit *manisch-depressiver Psychose* umschriebenen Phänomens, bei welchem sich zumeist Phasen starker Erregung (Manie) mit Phasen tiefer Depression abwechseln.
[13] Zit. n. [15] S. 1–2.

umworben wird, gefolgt von einer Phase der Enttäuschung und des Schmerzes über die ausbleibende Reaktion oder über die Zurückweisung und endend mit Wut und Aggression, sowie eventuell mit körperlichen Angriffen. Die Beobachtung, dass Phasen der Annäherung und des Umwerbens einer Person in solche mit aggressiv-gewalttätigem Verhalten umschlagen können, ist auch aus heutiger Sicht auf Stalking von Bedeutung, indem dies gegen eine verbreitete Annahme spricht, dass der Verfolger einem bestimmten Persönlichkeitstypus mit relativ festgelegtem, sich nicht änderndem Handlungsrepertoire (Stalking-Typen) zugeordnet werden kann.[14]

Den hier angeführten Fall mag man zugleich auch als Beispiel für ein *Prominentenstalking* – da schließlich auf keine geringeren als Könige und Generäle/Offiziere gerichtet – ansehen. Die Mehrzahl der Fälle betrifft dagegen Personen, welche im alltäglichen Umfeld des Verfolgers anzutreffen sind und bei denen Erotomanie eher diskret und ohne die für eine psychotische Form typischen Begleiterscheinungen (u. a. geistige Verwirrung, „gemachte Gedanken", Halluzinationen, Stimmungsschwankungen, „brennende" Eifersucht) auftritt. Die betreffenden Personen auf der Verfolgerseite erscheine dann auch als „relativ normal" und uneingeschränkt kommunikationsfähig, wenngleich bei näherem Hinsehen – etwa im Rahmen einer klinisch-psychiatrischen Diagnostik – sich häufig Hinweise auf eine bereits vorhandene erhöhte psychische Verletzbarkeit, eine erhöhte Bedürftigkeit nach liebevoller Zuwendung und eventuell eine Tendenz, abwehrende Äußerungen und Verhaltensweisen der Zielperson zu missinterpretieren, finden lassen.[15] Gewöhnlich setzt Erotomanie in diesen Fällen sozusagen urplötzlich, ohne längeren Vorlauf ein und wird dann zu einer alles bestimmenden *obsessiven Fixierung* und schwer zu erschütternden „Gewissheit", von der betreffenden Person geliebt zu werden. Auslöser können alltägliche und harmlose Ereignisse sein, wie beispielsweise in dem folgenden Fall, in welchem eine Frau (später

---

[14] S. weiter unten Abschn. 4.1

[15] Ein weiteres Beispiel für Erotomanie mit tödlichem Ausgang findet sich in diesem Buch weiter unten in Abschn. 5.1.

Patientin in einer Klinik) sich in jenem Moment der Tatsache bewusst geworden sei, von einem Mann geliebt zu werden, als dieser ihr an einem Morgen auf dem Weg zur Arbeit im Lift erzählte, er habe an diesem Morgen wegen des starken Verkehrs Probleme gehabt, rechtzeitig zur Arbeit zu kommen. Später erklärte sie, dass ihr Glaube an seiner Liebe zu ihr noch verstärkt wurde, als er ärgerlich forderte, sie möge mit ihren aufdringlichen und unangemessenen Liebesbriefen an ihn aufhören.

Das Beispiel ist dem Buch einer australischen Forschergruppe um Paul. E. Mullen entnommen [10].[16] Die Autoren sehen den pathologischen Glauben, von einer anderen Person geliebt zu werden, durch folgende Merkmale bestimmt:

1. Eine Überzeugung, geliebt zu werden, obwohl der betreffende angebliche Liebhaber dazu nichts beigetragen, oder die Person in ihrem Glauben nicht bestärkt hat. Im Gegenteil: deutlich zum Ausdruck gebrachtes Desinteresse, das Ausbleiben jeglicher Reaktion oder aber Zurückweisung wird als Bestätigung der eigenen Überzeugung gesehen [*Anmerkung:* zuweilen mit dem Hinweis, die Person dürfe sich zu ihrer Liebe nicht offen bekennen, denn es gebe Hindernisgründe oder sie müsse auf Familienangehörige Rücksicht nehmen].
2. Verbale Äußerungen und Handlungen des vermeintlichen Liebhabers werden umgedeutet und an das pathologische Überzeugungsmuster angepasst.
3. Ein starke „Besetzung" mit der Idee, geliebt zu werden, indem diese das Alltagsleben der betroffenen Person fast völlig einnimmt.
4. Häufig – nicht notwendigerweise – kommt hinzu, dass die Person davon überzeugt ist, ihre Beziehung werde vielleicht durch eine dauerhaft angelegte Liebesbeziehung gekrönt.
5. wiederholte Versuche, Nähe zur betroffenen Person herzustellen und mit dieser zu kommunizieren (an dieser Stelle setzt dann massives Stalking ein) [10, S. 136–137].

[16] Paul E. Mullen, Michele Pathé und Rosemary Purcell [10].

Die Auftretenshäufigkeit (Prävalenz) von Fällen mit Erotomanie ist unbekannt. Es kann aber angenommen werden, dass es sich um ein seltenes Phänomen handelt, vor allem, wenn man die schwereren pathologischen Formen (in Nähe zu oder in Übereinstimmung mit psychotischen Erkrankungen) betrachtet. Für Patientengruppen gibt es eine Schätzung von 3 auf 1000 Fälle (0,3 %); unter solchen, die generell wahnhafte Störungen aufweisen betrug der Anteil 3 % bis 10 % [10].

3.5.2 Mobbing

Mobbing gehört heutzutage zu den am häufigsten verwendeten Begriffen, um den „Psychoterror" zu bezeichnen, welcher von einer Gruppe von Personen auf eine einzelne Person ausgeübt wird. Es handelt sich um eine Wortschöpfung, welche zwar auf das englische Verb *to mob* zurückgeht, im englischen Sprachgebrauch jedoch allein als *mobbing* das Abwehrverhalten bestimmter Tiergesellschaften – Vögel und Säugetiere – gegenüber einem Fressfeind oder Eindringling mit Gefahrenpotential meint. Singvögel in Schwarmformation „mobben" eine Krähe, indem sie diese wild und ungeordnet umschwirren und somit keine Angriffsfläche – bezogen auf ein einzelnes Tier – ermöglichen (das gleiche Verhalten zeigen Fischschwärme). *Mobbing* erscheint hier als probates Mittel, um ein einzelnes Individuum aus einer Gruppe auszugrenzen oder zu vertreiben und die Parallele zum Humansektor ist durchaus plausibel, wenn man einmal davon absieht, dass es sich beim Empfänger um einen Angehörigen der gleichen Spezies handelt.

Ähnlich wie Stalking unterliegt auch der Begriff *Mobbing* einem inflationären Gebrauch, indem das Konzept relativ beliebig auf Situationen angewendet wird, in welchen es immer darum geht, eine missliebige Person auszugrenzen, zu schikanieren oder zu schädigen. Es erscheint deshalb sinnvoll, einer begrifflichen Verwirrung vorzubeugen und sich letztlich auf den Kern der ursprünglichen Bedeutung von *Mobbing* zu beziehen: Ausgrenzung/Zurückweisung und damit zugleich (implizit) die Fokussierung auf eine Gruppe, insbesondere in einem (betrieblichen) Arbeitskontext, zu welchem auch Institutionen in einem

weiteren Sinne (z. B. Schule, Ausbildungsinstitute, Vereine und Gefäng-
nisse) zu zählen sind.

Definition

Unter *Mobbing* wird eine konflikthafte Kommunikation am Arbeitsplatz unter Kollegen oder zwischen Vorgesetzen und Untergebenen verstanden, bei der die angegriffene Person unterlegen ist und von einer
oder einigen Personen systematisch, oft und während längerer Zeit mit
dem Ziel und/oder dem Effekt des Ausstoßens aus dem Arbeitsverhält-
nis direkt oder indirekt angegriffen wird und dies als Diskriminierung
empfindet [zit. n. 9, S. 18].

Mobbing ist das systematische Anfeinden, Schikanieren oder Diskriminieren von Arbeitnehmern untereinander oder durch Vorgesetzte [2,
S. 781].

Beide hier angeführten Definitionen betonen den Arbeitskontext
und eine Diskriminierung der angegriffenen Person, können
jedoch – nach Auffassung des Autors dieses Buches – nicht gänzlich
befriedigen. Die erste Umschreibung stammt von einem Pionier auf
dem Gebiete der Erforschung von *Mobbing* – dem schwedischen Arzt
Paul-Peter Leymann; die Definition wird bezüglich der Textpassagen
„konflikthafte Kommunikation…unter Kollegen" und „. als Diskriminierung empfindet" der in der Regel einseitigen (!) Gerichtetheit
der Anfeindungen (allein ausgehend von Gruppenmitgliedern) nicht
gerecht – und sie bleibt bezüglich der oftmals schweren Auswirkungen
eines *Mobbings* auf Gesundheit und psychische Verfassung der Zielperson indifferent. Die zweite Definition – sie stammt aus einer Urteils-
begründung des Bundesarbeitsgerichts – nennt gleichfalls nicht „Ross
und Reiter" und erweckt den Eindruck eines reziproken Austausches
von Anfeindungen zwischen gemobbter und mobbender Person/
mobbenden Personen.

Keine Schwierigkeiten bereitet dagegen die Berücksichtigung des
Vorgesetzen, soweit dieser als Repräsentant der jeweiligen Arbeitseinheit
oder des Betriebes gesehen werden kann. (Für den Chef als Mobber gibt
es bereits den Ausdruck *Bossing*). Das schließt natürlich nicht aus, dass
dieser auch zum Stalker werden kann, wenn es bei einer systematischen

Verfolgung nicht mehr um betriebliche, sondern eher um private Ziele geht (z. B. Vergeltung für eine Zurückweisung oder Abwertung).

Stalking wie auch Mobbing sind beide auf eine Einzelperson gerichtet. Der Unterschied besteht darin, dass der Stalker sozusagen auf eigene Verantwortung und Veranlassung handelt (begrenzt in jenen Fällen, in denen eine strafrechtliche Verantwortlichkeit aufgrund schwerer psychischer Erkrankung nicht mehr gegeben ist). Stalking zielt entweder auf Herstellung von physischer und/oder psychischer Nähe oder auf Vergeltung und Rache aus persönlichen Motiven ab. Mobbing erfolgt aus einer Personengruppe heraus, ausgeführt von einer oder von mehreren Personen, zwischen denen ein Konsens oder eine stillschweigende oder offene Billigung der schikanösen Handlungen besteht. Der Einzelne handelt dann aus dem Schutze der Gemeinschaft heraus. Das Ziel ist hier das Gegenteil von Nähe-Herstellen wie z. B. bei einem Stalking mit Erzwingen einer Beziehung.

Mobbing-Handlungen sind von verschiedenen Autoren in z. T. umfangreichen Katalogen aufgeführt worden. Der Erfindungsreichtum der mobbenden Person(en) erscheint dabei fast unerschöpflich. So haben z. B. *Esser* und *Wolmerath* 100 Einzelhandlungen aufgeführt – eine Liste mit offenem Ende – welche zu insgesamt 10 Kategorien zusammengefasst wurden, darunter *destruktive Kritik, Angriffe gegen die Arbeitsleistung, gegen das Ansehen im Beruf, auf die soziale Integration am Arbeitsplatz, auf das Selbstwertgefühl, gegen die Privatsphäre und gegen die Gesundheit* [4]. Zu den Handlungen gehören Sabotageakte (Beschädigung, Diebstahl, Manipulation von Arbeitsmitteln), „Unterschlagung von Arbeitsergebnissen (Unterlagen sind plötzlich verschwunden), Behauptungen von Fehlverhalten, demütigende, unsachliche, überzogene Kritik, Dauerkontrolle mit dem Ziel der Zermürbung, räumliche Isolation, Ignorieren von Fragen, demonstratives Aus-dem-Weg-Gehen, gezielte Verleumdung und Rufschädigung in der Öffentlichkeit, Gerüchte verbreiten, gezielte Ungleichbehandlung, übertriebene Kontrollen, Erzeugen von Angst, Schrecken und Ekel, sexuelle Belästigung, Sachbeschädigung an privaten und beruflich genutzten Gegenständen" etc. [4, S. 24 ff.].

Anzumerken ist, dass diese Handlungen überwiegend in einer „Sphäre der Heimlichkeit" erfolgen, da die „wahre" Urheberschaft verschleiert werden muss. Mobbing lässt sich somit am besten als ein sozialpsychologisches, gruppendynamisches Phänomen umschreiben – mit den entsprechenden dysfunktionalen sozialen Austauschprozessen zu Lasten einer einzelnen Person. Nicht selten dürfte dabei eine Rolle spielen, dass einzelne Mitglieder der Betriebseinheit sich selbst in eine unvorteilhafte Situation hineinmanövriert haben und dass Gefühle wie Schuld und Neid zu ihrer Entwicklung zum „heimlichen Meinungsführer" innerhalb der Gruppe beigetragen haben. Gemobbte Personen fungieren nicht selten als „Sündenböcke" für Missstände, die von anderen zu verantworten sind.

Zu der Auftretenshäufigkeit von Mobbing bei Erwerbstätigen liegen die Angaben bei 11,3 % (mindestens schon einmal eine Erfahrung mit Mobbing gemacht) und bei 16 % für den Zeitraum eines Jahres (vor Befragung) [9].

Wir sehen *Mobbing* als den Versuch, eine Person in einem Arbeitskontext bzw. in einem betrieblichen Rahmen zunehmend zu verunsichern, in ihrem Selbstbewusstsein zu schwächen und in ihrer Integrität als Person und als Betriebsmitglied zu schädigen. Mobbing wird ausgeübt von einer oder von mehreren Personen, zwischen denen eine zumeist informelle oder „stillschweigende" Übereinkunft besteht.

3.5.3 *Bullying* (Mobbing in der Schule)

Bullying entstammt dem englischen Verb *to bully* und bezeichnet Handlungen, durch welche eine Person gewaltsam in Angst und Schrecken versetzt wird. Das Phänomen ähnelt Mobbing weitgehend, da auch hier bestimmte Handlungen einer Person oder mehrere Personen aus einer Gruppe heraus dem Zweck dienen, eine andere Person einzuschüchtern und zu schädigen. In beiden Fällen werden die Angriffe wiederholt und über einen längeren Zeitraum ausgeführt. Beide Begriffe – Mobbing und Bullying – werden somit, besonders im angloamerikanischen Sprachgebrauch, synonym verwendet, in Deutschland wurde aufgrund erster Forschungsarbeiten zum Thema Mobbing dieses eher der Arbeitswelt zugerechnet, Bullying dagegen im schulischen Bereich verankert. Der typische „Bully" (etwa mit „brutaler Kerl" gleichzusetzen)

nutzt seine physische Kraft und Überlegenheit, seinen Zugang zu pein-
lichen Informationen oder auch seine Popularität in der Gruppe, um
einen anderen Schüler oder eine andere Schülerin zu attackieren, sei
es physisch oder verbal, sei es psychisch, indem er Gerüchte verstreut,
die andere Person schlecht macht oder bei Lehrern anschwärzt und
somit auch oftmals erfolgreich das betreffende Mitglied aus der Gruppe
ausschließt.

Bullying passiert am häufigsten in der Schule und in den Unterrichts-
pausen aber auch auf den Schulwegen, z. B. im Schulbus, außerhalb der
Schule auf Spielplätzen. Bullying im Internet firmiert unter dem Begriff
Cyberbullying und ähnelt auch hier dem *Cyberstalking* mit dem Unterschied, dass es sich bei den betreffenden Personen eher um Jugendliche
und Kinder handelt.

Die Häufigkeit des Auftretens von *Bullying* wurde in einer
amerikanischen Studie aus dem Jahre 2019 mit 22 % der Schüler im
Alter von 12 bis 18 Jahren angegeben. Die Schüler wurden u. a. gefragt,
wie oft sie im Laufe eines Schuljahres Opfer von Bullying geworden
sind. Am häufigsten traten Gerüchtebildung (15,3 %) und Lächerlich-
Machen und Beleidigungen (13,8 %) auf. Schubsen, ein Bein stellen,
Spucken war mit 6 % vertreten, Bedrohen mit Verletzung 4,5 % [11].

Eine umfangreiche (deutsche) Internet-Fragebogenerhebung bei
1997 Schülern der 1. bis 13. Klasse aus dem Jahre 2007 (hier wurde
nach „Mobbing in der Schule" gefragt)[17] kam u. a. zu dem Ergebnis,
dass 54,3 % der Befragten äußerten, vom „direkten Mobbing" betroffen
zu sein. Knapp 20 % waren vom Cybermobbing betroffen. Auch hier
stand Ärgern, Beschimpfen und Beleidigen an der Spitze der Aktionen.
Laut einer Studie aus dem Jahre 2007 haben 54,3 % der Erst- bis
13-Klässler angegeben, mindestens schon einmal gemobbt worden zu
sein. 19,9 % gaben an, Opfer von *Cybermobbing* geworden zu sein [8].

Auf internationaler Ebene ergab sich – für *Bullying* – eine Quote von
19 % und für *Cyberbullying* 6 %. Befragt wurden hier die Eltern der
Kinder und Jugendlichen in 26 Ländern der EU [11]. Möglicherweise

---

[17]Bullying wird in Deutschland zumeist unter dem Schlagwort „Mobbing an Schulen" statistisch
erfasst.

ist dies der Grund dafür, dass die Zahlen hier deutlich geringer ausfallen, aber auch unterschiedliche definitorische Vorgaben für Bullying/Mobbing könnten sich hier ausgewirkt haben.

Bullying oder Mobbing ist ein in Schulen verbreitetes Phänomen und viele Leserinnen und Leser dieses Buches (den Autor eingeschlossen) haben wohl in ihrer Schulzeit gleiche oder ähnliche Erfahrungen gemacht. *Alter Wein in neuen Schläuchen!* Lässt sich daran etwas ändern? Forschungen haben gezeigt, dass die Erfahrung *häuslicher Gewalt* in der Herkunftsfamilie ein Faktor ist, welcher Gewaltausübung in der Schule und in anderen Settings begünstigt. Häusliche Gewalt betrifft nicht nur Frauen bzw. Mütter. Kinder, welche Zeugen häuslicher Gewalt waren, zeigen später die gleichen Verhaltensweisen in ähnlichen Situationen, wie Kinder, welche selbst Opfer von Gewalt gewesen sind. Insbesondere Jungen, welche häusliche Gewalt selbst erfahren oder miterlebt haben, neigen später dazu, vermehrt aggressives und antisoziales Verhalten gegenüber ihren Mitschülern zu zeigen – verglichen mit Jungen, welche solche Erfahrungen nicht gemacht haben. In ihrer Familie mit häuslicher Gewalt haben sie die Erfahrung gemacht, keinerlei Einfluss und Kontrolle zu haben, sie fühlen sich isoliert und zurückgewiesen. In der Schule suchen sie sich jemanden aus, den sie als schwächer einschätzen, um diesen dann zu schikanieren und zu kontrollieren. Mädchen mit ähnlichen oder gleichen Erfahrungen neigen dagegen eher zu Anpassung und Unterordnung; sie werden dementsprechend auch eher Opfer von Bullying als Mädchen, welche in ihrer Herkunftsfamilie nicht diese Erfahrungen gemacht haben [9].

Es handelt sich hier um Langzeiteffekte, denen am besten durch frühzeitige Intervention und Kontrolle (hier sind Jugendämter in ihrer Wächterfunktion gefragt, aber auch Lehrer und Lehrerinnen, sowie aufmerksame Betreuer in Kindertagesstätten) und durch Stärkung von protektiven Faktoren – liebevolle Zuwendung durch eine Bezugsperson, Stärkung des Selbstwertgefühls, Achtung vor der Würde des Kindes etc.- vorgebeugt werden kann.

3.5.4 Stalking durch eine Gruppe (*gang-stalking*)

Die Bedeutung einer Gruppenzugehörigkeit wurde bereits im Zusammenhang mit Mobbing und Bullying angesprochen. Dabei handelt es sich um gruppendynamische Phänomene, bei denen Verfolger und Verfolgte der gleichen Gruppe angehören (z. B. Arbeits- oder Betriebseinheit, Schulklasse, Gruppe der Gleichaltrigen).

Beim *gang*-Stalking sieht sich die verfolgte Person einer Gruppe oder Organisation ausgesetzt, von deren anonymen Mitgliedern sie gestalkt wird und die – aus Sicht der Zielperson – mit durchweg übermächtigen Kräften und Möglichkeiten ausgestattet sind und im Geheimen operieren. Im Unterschied zu einer terroristischen Vereinigung kommt es dabei – in der Wahrnehmung der Betroffenen – nicht zu einem einzelnen zerstörerischen Akt (Terroranschlag), sondern zu einer Aneinanderreihung von Einzelhandlungen über einen längeren Zeitraum. Die folgende E-Mail einer Frau, welche sich Hilfe erbat, erreichte den Autor:

Es ist immer jemand anderes

Sie verfolgen mich überall hin. Neulich war ich in einem Supermarkt und ein Mann folgte mir ständig. An der Kasse stand er hinter mir und kam ganz nahe. Dann verfolgte er mich mit dem Auto. Das passiert oft, jetzt schon dreißigmal. Es ist immer jemand anderes. Sie sind vielleicht so fünfzig Leute. Mein Handy wird auch überwacht, sie können da reinkommen. Ich kann oft nicht einschlafen, denn sie machen draußen Geräusche und ich höre sie auch manchmal lachen. Jemand nicht schlafen lassen, gehört zu ihrem Plan, sie wissen, dass ich das nicht lange aushalten kann. Ich weiß, dass sie etwas vorhaben. Als ich neulich verreist bin und im Zug saß, setzte sich ein Mann im Abteil mir gegenüber. Er starrte mich nur an und sagte nichts. Sie wissen natürlich Bescheid, weil ich vieles mit dem Handy erledige. Auch meine Nachbarn schauen mich jetzt komisch an. Das kommt davon, dass sie Gerüchte über mich verbreiten, und ich eingeschüchtert werden soll.

Das Beispiel ist insofern typisch für *gang*-Stalking, als hier bereits der *wahnhafte* Charakter solcher Schilderungen deutlich wird. In einer der ersten wissenschaftlichen Studien gaben 12,3 % von 1040 befragten

Personen an, Betroffene von Gruppen-Stalking geworden zu sein. Bei all diesen Personen gab es deutliche Anzeichen für ein wahnhaftes Erleben. Zum Vergleich: bei individuellem Stalking beträgt dieser Anteil knapp 4 %. Geht man davon aus, dass etwa 8 % aller Frauen und 2 % aller Männer wenigstens einmal in ihrem Leben über Stalking-Erfahrungen berichten (eine eher konservative Schätzung), dann liegen die Quoten für eine subjektive Erfahrung von Gang- Stalking bei 0,66 % der erwachsenen Frauen und bei 0,17 % der erwachsenen Männer [14]. Überträgt man diese Werte, die zunächst als gering erscheinen, auf größere Populationen, so ist *gang*-Stalking im subjektiven Erleben recht vieler Menschen verankert. Dabei mag eine Rolle spielen, dass „moderne", dem Zeitgeist verpflichtete Verschwörungstheorien und deren mediale Weiterverbreitung den Boden bereiten für eine subjektive Gewissheit, Opfer einer Verfolgung durch Mitglieder einer Gruppe zu sein. Das Phänomen ist nicht zu verwechseln mit dem heutzutage im Netz praktizierten *shit-storm*, da dieser einerseits einen realen Hintergrund hat, andererseits die zumeist informelle Gruppe hier aus einer Vielzahl von Personen besteht, welche nur temporär und aus dem gegebenem Anlass in Erscheinung tritt.

3.5.5 Gaslighting

Gaslighting bezeichnet eine bestimmte Form von „Psychoterror", bei welchem eine Person allmählich und unmerklich durch entsprechende Aktivitäten einer anderen Person dazu gebracht wird, sich schließlich selbst als „verrückt" zu sehen und sich geistig wie emotional nicht mehr in der Lage sieht, ihr Alltagsleben angemessen zu bewältigen. Es handelt sich um eine subtile Form der Suggestion und Manipulation (aus Sicht des Verfolgers) bzw. um eine *fremdindizierte* Veränderung in der *Selbstwahrnehmung* als voll funktionsfähige Person (aus Sicht des Opfers).

Die im Deutschen etwas sperrige Bezeichnung entspricht dem Titel *Gas Light* eines Theaterstücks des britischen Autors Patrick Hamilton aus dem Jahre 1938. Es wurde erstmalig 1940 unter gleichem Titel in England verfilmt, wie auch 1944 in den USA (deutscher Titel *Das Haus der Lady Alquist*).

Das Haus der Lady Alquist

Paula, eine junge, empfindsame Sängerin (gespielt von *Ingrid Bergman*n, welche dafür den Oskar bekam) heiratet den älteren, charismatischen Gregory (gespielt von *Charles Boyer*). Was Paula nicht weiß: der von ihr geliebte Ehemann versucht, sie psychisch krank zu machen, um an ihr Geld/Erbe zu kommen. Er erzählt ihr fortlaufend, sie sei krank und leicht verletzbar, verändert die Lage von Haushaltsgegenständen und macht sie dafür verantwortlich usw. Besonders teuflisch, manipuliert er die Gaszufuhr der Beleuchtung, sodass Paula das Licht schwinden und wieder ansteigen sieht, ohne dass es dafür eine für sie nachvollziehbare Erklärung gibt. Gregorys Plan geht zunächst auf: Paula zweifelt zunehmend an ihrer Wahrnehmung und beginnt zu glauben, dass sie geisteskrank ist. Verwirrt und ängstlich reagiert sie zunehmend hysterisch und wird tatsächlich zu der fragilen und desorientierten Person, welche ihr von Gregory permanent vorgehalten wird. In einer Art Abwärtsspirale verschlimmert sich ihre psychische Lage weiter, je mehr ihre Selbstzweifel anwachsen. Verzweifelt versucht sie sich der Liebe ihres Ehemannes zu versichern, scheitert aber damit, indem dieser sie zurückweist und als krank deklariert. Die Rückkehr von Paula zu einer gesunden Psyche und zu Selbstvertrauen wird ermöglicht, als ein Polizeiinspektor ihr versichert, dass er auch die Gaslaternen flackern sieht.

Der Film behandelt die Thematik entsprechend seiner Mittel in dramatisierender Weise, wie dies in intimen Partnerschaften *realiter* wohl eher nicht der Fall ist. Subtilere Techniken der Verunsicherung und „inneren Terrorisierung" einer Person bestehen in gespielt liebevoller Zuwendung bei gleichzeitiger „verständnisvoller Würdigung" der angeblich mentalen Schwächen und Irrungen bei der verfolgten Person, angefangen mit einem *Das kann doch jedem mal passieren* bis hin zu einem *Jetzt spinnst Du aber total*.

Gaslighting setzt zweierlei voraus: Manipulation oder Suggestion auf der einen und ein gewisses Maß an Empfänglichkeit für suggestive Botschaften auf der anderen Seite. Das Phänomen bildet somit auch ein Machtgefälle ab, welches nicht allein auf heterosexuelle Beziehungen einzuschränken ist. Soweit Stalking hier ins Spiel zu bringen ist, betrifft dies vor allem den Prozess einer systematischen, zielgerichteten Manipulation der psychischen Befindlichkeit im Sinne einer Deformation der Realitätswahrnehmung durch Induktion und

Suggestion. Der Prozess des *Gaslightings* verbleibt somit auf der interpersonellen und kommunikativen Ebene, wobei einer der beiden Partner sich der „heimlichen Interventionen" nicht bewusst ist. Mit dieser Einschränkung lässt sich Gaslighting unter die weiter oben auf Seite 2 angeführte Definition von Stalking einordnen.

Von geringerer Prominenz eines *Gaslighting* im Rahmen der Betrachtung von Stalking dürften jedoch jene Versuche sein, das Phänomen auf alle möglichen Bereiche des Zusammenlebens von Menschen anzuwenden und sogar auf die gesellschaftliche und politische Ebene „anzuheben"- und zwar immer dort, wo Einzelne oder Gruppen von Menschen manipulierbar sind und dementsprechend auch manipuliert werden. Der inflationäre Gebrauch von *Gaslighting* in den Medien und im politischen Bereich geht zumeist nicht über eine bloße Konstatierung eines manipulativ-missbräuchlichen Aktionismus hinaus, erklärt diesen jedoch nicht. So mag nicht verwundern, wenn beispielsweise die von einem bekannten amerikanischen Ex-Präsidenten beschworenen „alternativen Fakten" mit *Gaslighting* in Verbindung gebracht wurden und – postwendend – dessen Sohn den Umgang vieler Medien mit der Rolle seines Vaters in der sog. Russland-Affäre gleichfalls mit *Gaslighting* bezeichnete.[18]

Demgegenüber erscheint es sinnvoller, den Begriff *Gaslighting* auch weiterhin in seiner ursprünglichen Bedeutung als eine Form von fremdinduzierter, hochgradig gestörter Selbstwahrnehmung in Beziehungen von miteinander vertrauten Personen – auch auf der Eltern-Kind-Ebene – beizubehalten.

3.5.6 Münchhausen-Stellvertreter-Syndrom (MSS)

Der berühmte „Lügenbaron" stand Pate für diesen Begriff, denn es handelt sich hier um ein vorgetäuschtes und eventuell auch selbst herbeigeführtes Krankheitsbild (in der Regel bei Kindern und

---

[18] Donald Trump Jr.: *A reminder for @CNN and the rest of those in the mainstream media gaslighting.* In: *Twitter,* 18.April 2019 [Quelle: Wikipedia, abgerufen 05.10.2022].

Jugendlichen), veranlasst durch einen nahestehenden Erwachsenen (einem *proxy*, zumeist die Mutter). Das MSS (auch *Münchhausen-by*-proxy) ist sehr selten und stellt immer eine schwere Kindesmisshandlung dar. Zusammen mit dem *Münchhausen-Syndrom* gehört es zu den sogenannten künstlichen *(artifiziellen)* Störungen; diese sind gekennzeichnet durch körperliche oder psychische Symptome, welche vorgetäuscht oder absichtlich erzeugt werden, um die Rolle eines Kranken einzunehmen – höchstwahrscheinlich, um die Aufmerksamkeit und Zuwendung von sozial geachteten Personen (Ärzte) zu erhalten, aber auch aufgrund der eigenen, schweren psychischen Störungen. Häufig handelt es sich bei den vorgetäuschten Erkrankungen um solche, deren Nachweis eher schwierig oder unsicher ist, wie z. B. Bauchschmerzen, Kopfschmerzen, Tinitus, Bewusstseinsstörungen, Schwindelanfälle). Selbstverletzungen (Hämatome, Kratz- und Schnittwunden, Vergiftungen u. ä.) erhöhen die Glaubhaftigkeit und damit die Intensität der medizinischen und sozialen Zuwendung.

Beim MSS simulieren in der Regel die Eltern, meist alleinerziehende Mütter aus medizinischen Berufen (Ärztinnen, Krankenschwestern, Pflegerinnen etc.) bei ihrem Kind oder einem nahen Angehörigen Erkrankungen, indem z. B. durch falsche Krankenberichte oder Vorberichte medizinische Interventionen herbeigeführt werden. Krankheitssymptome werden künstlich induziert, etwa durch körperliche Verletzungen, durch Mangelernährung, durch falsche Medikationen oder durch Vorenthaltung von Medikamenten bei bereits bestehenden Krankheiten. Das betroffene Kind wird dann oftmals zahlreichen, wiederholten und schmerzhaften medizinischen Prozeduren unterzogen. Somit werden Ärzte und Krankenhäuser quasi ungewollt und unbemerkt zu Mittätern und die persönlichkeitsgestörten Mütter erhalten dadurch massive Expertenzuwendung. Beides trägt zur Aufrechterhaltung des MSS bei.

Als Motive kommen infrage: neben der bereits erwähnten erhöhten Aufmerksamkeit durch Fachpersonal das Bedürfnis, die betreffende Person aufopferungsvoll und scheinbar liebevoll zu pflegen, eigene Unzulänglichkeiten auszugleichen, indem eine schwaches Selbstbild durch Ausübung von Macht und Kontrolle kompensiert wird, oder gar, um Wut und Aggression verdeckt auszuagieren. Vorgetäuschte

Gesundheitsstörungen können auch auf der Ebene zweier Erwachsenen erfolgen; zuweilen in Form einer übertriebenen, übermäßigen Hilfe und Pflege mit negativen Auswirkungen auf die davon betroffene Person.

Das *Münchhausen-Stellvertreter-Syndrom* beruht auf dem Agieren eines zumeist nahen Angehörigen des Opfers. Eine Überschneidung mit Stalking ergibt sich hierbei auf doppelte Weise: einmal sind es die vorgetäuschten oder tatsächlich herbeigeführten Krankheitssymptome bei der Zielperson; ähnlich wie beim *Gaslighting* erfolgen diese ohne Kontrolle und ohne ein Gewahrwerden durch das Opfer. Zum anderen kommt es zu einer *sekundären Viktimisierung* infolge der zahlreichen und oftmals schmerzhaften medizinischen Prozeduren bei der (häufig erschwerten) Diagnostik und bei der Therapie mit oftmals ungewissem Erfolg.

3.5.7 Verfolgung durch staatliche Organe und weltweite Überwachung: Ein Fall von Cyberstalking?

Die gesetzliche Regelung einer Strafverfolgung im Falle von Stalking setzt voraus, dass die vom Täter ausgehenden beeinträchtigenden Maßnahmen *unbefugt* erfolgen. Zu einer „Nachstellung" befugt (!) sind Personen und Organisationen, die im Rahmen der jeweils gesetzlichen Vorgaben handeln, also z. B. Polizei, Finanzbehörden, Militärischer Abschirmdienst, Verfassungsschutz. Mit der Aufnahme des Adjektivs „unbefugt" in den sog. Anti-Stalking-Paragrafen 238 im Strafgesetzbuch aus dem Jahre 2007 wurde zudem dem Einwand des *Deutschen Journalisten Verbandes* Rechnung getragen, dass andernfalls jegliche *investigative* journalistische Arbeit unter Strafe gestellt werden könnte. Ähnliches gilt für die Arbeit der Privatdetektive.

Die Frage in der Überschrift zu diesem Absatz erscheint dennoch berechtigt, wenn angenommen wird, dass Stalking – als das systematische Verfolgen und Ausspionieren einer Person – auch von einer „höheren" Ebene aus durch Staaten oder überstaatlichen Organisationen betrieben werden kann. Die Existenz solcher Organisationen ist wohlbekannt und allgemein – auf staatlicher Ebene

– akzeptiert. Es handelt sich um zumeist satellitengestützte Nachrichten-Netzwerke, deren Zielsetzung und Operation von den Mitgliedern des Verbunds festgelegt und gesteuert werden. Eines dieser weltweiten Netze, welches von den Nachrichtendiensten der USA, Großbritanniens, Australiens, Neuseelands und Kanadas betrieben wird, trägt den Namen *ECHOLON*.[19] In einem Bericht des *ECHOLON*-Ausschusses des Europäischen Parlaments wurde deutlich, dass es dabei um das Abhören von „privater und kommerzieller Kommunikation" gehe, dass jedoch „bei einer Verwendung des Systems ausschließlich zu nachrichtendienstlichen Zwecken kein Verstoß gegen EU-Recht" bestehe[20]. Ein Abhören – und Speichern – privater Kommunikation wird auch auf staatlicher Ebene in solchen Fällen als zulässig betrachtet, in denen es um die Früherkennung oder um die Abwehr von terroristischen oder anderen, das Gemeinwesen bedrohenden Akten, geht. Eine „anlasslose", routinemäßige Erfassung von Kommunikationsdaten (ausgenommen der Inhalt der Kommunikation) wurde allerdings durch das Urteil des Bundesverfassungsgerichts vom 2.März 2010 untersagt, da eine solche Praxis ein „Verstoß gegen das Grundrecht auf Schutz des Telekommunikationsgeheimnisses nach Artikel 10 Absatz 1 GG" beinhalte.[21]

Handelt es sich bei dieser Art der Überwachung um Stalking? Die Frage ist eventuell zu bejahen, wenn eine individuelle Person – im Unterschied zu einer „juristischen" Person (damit ist ein Unternehmen oder einer Organisation gemeint) systematisch und mit dem Ziel einer persönlichen Schädigung und eventuellen Zerstörung der bürgerlichen Existenz überwacht und aktiv durch schädigende Maßnahmen

---

[19] *Echolon* war in der Antike eine bekannte Form der Schlachtordnung („schiefe Schlachtordnung") und bezeichnet heute als *echolon formation* im englischen Sprachraum eine „gestaffelte Kampfanordnung" [Quelle: Wikipedia, abgerufen am 10.10.2022]

[20] *Gerhard Schmid: Abhörsystem „Echelon".* Dok.: A5–0264/2001 Verfahren: nicht-legislative Stellungnahme (Art. 47 GO); Aussprache und Annahme: 5. September 2001 abgerufen am 13. März 2012; [www.europarl.europa.eu/doceo/document/A-52001-0264_DE.htlm].

[21] Das Urteil mit der Kennung 1 BvR 256/08 ist im Internet unter http://bverfg.de/e/rs20100302_1bvr025608.html abrufbar.

gefährdet oder tatsächlich beeinträchtigt wird.[22] Der o.g. genannte Bericht weist auf die Gefahr hin, welche durch eine Tätigkeit globaler Spionagesysteme für die Privatsphäre (!) europäischer Bürger bestehe.[23]

Demgegenüber entspricht die zuweilen von einzelnen Personen als subjektive Gewissheit angeführte systematische und wiederholte Überwachung und Verfolgung durch staatliche Stellen (in einem Bericht ist die Rede von einer „Verseuchung mit Strahlen im Auftrag der Bundeskanzlerin)[24] einer wahnhaft-paranoiden Vorstellung und rückt damit in die Nähe entsprechender Äußerungen im Bereich des *Gang*-Stalkings. Das Ausspionieren einer Person gehört zu den „Techniken" von Stalking; in schweren Fällen dient es der Vorbereitung einer Straftat zur Bedrohung von „Leib und Leben." Da dies vom Opfer unbemerkt geschieht (ähnlich *Gaslighting*) und dementsprechend unmittelbare Folgen im Erleben der Zielperson (Angst, Panik) zunächst ausbleiben, erscheint es durchaus fraglich, ob eine Einordnung in den „Phänomenbereich Stalking" hier angemessen ist. Der instrumentelle Charakter des Verfolgungs- und Beobachtungsmusters gleicht jenem des sogenannten *Jagdstalkers*, welcher im Geheimen operiert und dessen Aktionen sich häufig dem Deliktbereich sexuell motivierter Taten zuordnen lassen [7, S. 75]. Der Verfasser dieses Buches ist hingegen der Auffassung, dass

---

[22] Im Bericht an das Europäische Parlament (vgl. oben Fußnote 20) werden dergleichen Fälle ausdrücklich nicht ausgeschlossen. So erklärte ein ehemaliger kanadischer Geheimdienstmitarbeiter (*Mike Frost*) in einem Fernsehinterview, dass „überall auf der Welt, jeden Tag, die Telefongespräche, E-Mails und Faxe von ECHOLON überwacht werden." Beispielsweise sei vom Geheimdienst der Name und die Telefonnummer einer Frau aufgenommen worden, welche in einem harmlosen Telefongespräch mit einem Freund einen "zweideutigen Begriff" verwendet hatte. Der Computer hatte beim Durchsuchen der Kommunikation das Stichwort gefunden und die Kommunikation wiedergegeben, der für die Analyse Zuständige hatte daraufhin die Personalien aufgenommen. [Das Interview kann im Text abgerufen werden unter: https://cryptome.org/].

[23] Eine solche Gefahr sehen Experten auch in der Spionagesoftware *Pegasus* der israelische Firma NSO. Sie kann „ohne Klick" auf dem Handy installiert werden, sobald man es einschaltet. Den Namen „Pegasus" wählte die Firma nach dem trojanischen Pferd mit Flügeln, welches „auf das Handy fliegt" (so der Chef der Firma, *Shalev Hulio*, in einem Interview). Am 15.06.2023 wurde der Bericht der EU-Kommission zum Pegasus-Projekt vorgestellt. Näheres zu dieser „Schande der Demokratie" findet sich in: https://www.tagesschau.de/ausland/europa/pegasus-bericht-eu-100.html [abgerufen am 15.06.2023].

[24] E-Mail an den Verfasser.

sowohl die Instrumentalität als auch der über zeitlich weite Strecken unbemerkte Viktimisierungsprozess zu den basalen Merkmalen von Nachstellung bzw. Stalking gehören, da sie – bei vollendeter Tat – einer retrospektiven „Aufdeckung" zugänglich sind und letztlich das Erleben und die Lebensgestaltung der Zielperson nachhaltig beeinträchtigt wurde.

Literatur

1. Baldry, A. C. (2002). From domestic violence to stalking: The infinite cycle of violence. In J. Boon & L. Sheridan (Hrsg.), *Stalking and Psychosexual Obsession* (S. 83–104). Wiley.
2. Bundesarbeitsgericht (BAG). (1997). *Neue Zeitschrift für Arbeitsrecht.* C. H. Beck.
3. Dreßing, H., Anders, A., Gallas, C., & Bailer, J. (2011). Cyberstalking: Prävalenz und Auswirkungen auf die Betroffenen. *Psychiatrische Praxis, 38*(7), 336–341.
4. Esser, A., & Wolmerath, M. (2008). *Mobbing. Der Ratgeber für Betroffene und ihre Interessenvertretung.* Bund-Verlag.
5. Fissel, E. R. (2021). Victims' perceptions of cyberstalking: An examination of perceived offender motivation. *American Journal of Criminal Justice,* [ohne Seitenangabe].
6. Heckmann, J., & Paschke. (2021). *JurisPK-Internetrecht* (7. Aufl., Kap. 8, Stand: 20.12.2022). [Quelle: JURIS, abgerufen 10.04.2023].
7. Hoffmann, J. (2002). Star Stalker: Prominente als Objekt der Obsession. In W. Ullrich & S. Schirdewahn (Hrsg.), *Stars. Annäherung an ein Phänomen* (S. 181–203). Fischer.
8. Jäger, R. S., Fischer, U., & Riebel, J. (2007). *Mobbing bei Schülerinnen und Schülern in der Bundesrepublik Deutschland. Eine empirische Untersuchung auf der Grundlage einer Online-Befragung.* Zentrum für empirische pädagogische Forschung, Universität Koblenz-Landau. http://www.zepf. uni-landau.de. (Zugegriffen: 15. Okt. 2022).
9. Meschkutat, B., Stackelbeck, M., & Langenhoff, G. (2002). Der Mobbing-Report. Eine Repräsentativstudie für die Bundesrepublik Deutschland. *Schriftenreihe der Bundesanstalt für Arbeitsschutz und Arbeitsmedizin.* -Forschung- Fb 951.

10. Mullen, P. E., Pathé, M., & Purcell, R. (2000). *Stalkers and their victims.* Cambridge University Press.
11. National Center for Education Statistics. (2022). Bullying at School and Electronic Bullying. *Condition of Education.* U.S. Department of Education, Institute of Education Sciences. https://nces.ed.gov/programs/coe/indicator/a10. (Zugegriffen: 15. Okt. 2022).
12. Saunders, R. (1998). The Legal Perspective on Stalking. In: J. R. Meloy (Hrsg.), *The psychology of stalking. Clinical and forensic perspectives* (S. 28–51). Academic Press.
13. Schumacher, S. (2000) *Liebeswahn.* VGS.
14. Sheridan, L., James, D. V., & Roth, J. (2020). The phenomenology of group stalking (‚Gang-Stalking'): A content analysis of subjective experiences. *International Journal of Environmental Research and Public Health, 17,* 2506. https://doi.org/10.3390/ijerph17072506.
15. Signer, S. F. (1991). „Les Psychoses Passionelles" Reconsidered: A Review of de Clérambault's Cases and Syndrome with Respect to Mood Disorders. *Journal of Psychiatry and Neuroscience, 16*(2), 1–22.
16. Voß, H.-G., W. Hoffmann, J., & Wondrak, I. (2006). *Stalking in Deutschland. Aus Sicht der Betroffenen und Verfolger.* Nomos.
17. Voß, H.-G. W. (2010). Zur Struktur von Häuslicher Gewalt und Stalking – Neue Ergebnisse. In e. V. Weisser Ring (Hrsg.), *Stalking. Wissenschaft, Gesetzgebung und Opferhilfe* (S. 34–53). Nomos.
18. Voß, H.-G.W. (2011). Häusliche Gewalt, Stalking und Familiengerichtsverfahren. *FPR/Familie – Partnerschaft – Recht, 17*(5), 199–203.

4

Zur Person des Stalkers: Typologien und Klassifikationen

Zusammenfassung Die Persönlichkeit eines Menschen entspricht der Gesamtheit seiner Eigenschaften. Bei der Erklärung von Stalking steht somit in der Regel die Person des Täters im Mittelpunkt der Betrachtung. Typologien und Klassifikationen sind Ordnungssysteme, welche eine relativ ökonomische und rasche Einordnung der jeweiligen Stalker-Persönlichkeit erlauben. Sie sind deshalb auch in der Praxis verbreitet, wenn es um die Bewältigung von Stalking und um entsprechende Abwehrmaßnahmen geht. Den Vorteilen von Typologie stehen Nachteile gegenüber, indem diese den Blick auf die Persönlichkeit der Stalkers auf nur wenige als typisch angesehene Eigenschaften einengen und somit einerseits die Breite des Verhaltensrepertoires vernachlässigen, andererseits in Anbetracht von Verhaltensänderungen im Verlaufe des Stalkings wenig flexibel sind. In diesem Kapitel wird die Problematik von Typologien erörtert und es werden Möglichkeiten aufgezeigt, die Stalkinghandlungen auf der Grundlage eines dreidimensionalen Schemas einzuordnen. Als wesentliche „Bestimmungsstücke" eines solchen Modells werden genannt und näher erläutert: die soziale Nähe (Beziehung) des Täters zum Opfer, die Motive, die sein

Handeln bestimmen – und der psychopathologische Status des Stalkers. Der Ansatz wird abschließend anhand einiger Klassifikationen von Stalking erläutert und mittels einiger Fallbeispiele illustriert.

Die Persönlichkeit eines Menschen entspricht der Gesamtheit seiner Eigenschaften. Bei der Erklärung von Stalking steht somit in der Regel die Person des Täters im Mittelpunkt der Betrachtung. Typologien und Klassifikationen sind Ordnungssysteme, welche eine relativ ökonomische und rasche Einordnung der jeweiligen Stalker-Persönlichkeit erlauben. Sie sind deshalb auch in der Praxis verbreitet, wenn es um die Bewältigung von Stalking und um entsprechende Abwehrmaßnahmen geht. Den Vorteilen von Typologie stehen Nachteile gegenüber, indem diese den Blick auf die Persönlichkeit der Stalkers auf nur wenige als typisch angesehene Eigenschaften einengen und somit einerseits die Breite des Verhaltensrepertoires vernachlässigen, andererseits in Anbetracht von Verhaltensänderungen im Verlaufe des Stalkings wenig flexibel sind. In diesem Kapitel wird die Problematik von Typologien erörtert und es werden Möglichkeiten aufgezeigt, die Stalkinghandlungen auf der Grundlage eines dreidimensionalen Schemas einzuordnen. Als wesentliche „Bestimmungsstücke" eines solchen Modells werden genannt und näher erläutert: die soziale Nähe (Beziehung) des Täters zum Opfer, die Motive, die sein Handeln bestimmen – und der psychopathologische Status des Stalkers. Der Ansatz wird abschließend anhand einiger Klassifikationen von Stalking erläutert und mittels einiger Fallbeispiele illustriert.

Menschen bedienen sich verschiedener Hilfsmittel, um sich in einer komplexen Welt zurechtzufinden, diese überschaubarer zu machen und ihren Bedürfnissen und Interessen entsprechend – seien es biologische oder soziale – anzupassen. In der zwischenmenschlichen Kommunikation heißt dies auch, das eigene Handeln auf die entsprechenden Bedürfnisse und Interessen der jeweils anderen Person einzustellen. Dabei entwickeln wir Vorstellungen darüber, wie sich eine Person in einer bestimmten Situation verhalten wird, welche Ansprüche sie an uns stellt, wie diesen am besten entsprochen werden kann – oder auch nicht -, was zu tun ist, um die eigene „Position" zu stärken und eventuell zu verteidigen, wie wir uns künftig am besten darauf einstellen können, usw.

In der Psychologie sind es die *Eigenschaften* einer Person, welche zur Bewältigung von dergleichen Aufgaben herangezogen werden;

die Gesamtheit aller Eigenschaften in ihren unterschiedlichen Ausprägungen ist dann gleichbedeutend mit *Persönlichkeit*. Eigenschaften – grammatikalisch *Adjektive* – dienen der Beschreibung und Erklärung menschlichen Verhaltens. Zusammengefasst bilden sie Ordnungssysteme, nach denen das Verhalten und Erleben von Menschen je nach Situation und Ausgangslage überschaubar und für künftiges Handeln und Kommunizieren nutzbar gemacht wird. Die Fragen, die wir uns dann häufig stellen lauten: was ist das für ein Mensch, wie kann ich ihn am besten beschreiben, warum verhält er sich so und nicht anders, wie wird er sich künftig mir gegenüber verhalten? *Eine* Antwort auf diese Fragen stellen die *Typologien* dar. Sie wurden und werden entwickelt, um im Alltagshandeln eine rasche und möglichste effektive Einschätzung in Bezug auf Absichten und Verhaltensweisen anderer Personen vornehmen zu können. Angesichts der Vielzahl an Eigenschaften, die das Handeln und Erleben einer Person (mit-)bestimmen, stellen Typologien eine radikale Vereinfachung dar, indem sie das „Inventar" an Eigenschaften stark reduzieren und häufig sogar die Aufmerksamkeit nur auf eine einzige, zentrale Eigenschaft lenken, welche dann quasi wie ein „Etikett" die betreffende Person kennzeichnet. Der *Typ* erlaubt eine erste und rasche soziale Orientierung – mit eventuell nachfolgenden Konsequenzen für das eigene Handeln. Mit einer Typisierung verlassen wir – wiederum grammatikalisch gesehen – die *adjektivische Ebene* und gehen über zu einer *substantivischen Ebene*. So würde man beispielsweise eine Person, welche trotz guter finanzieller Ausstattung beim Trinkgeld im Restaurant nichts oder nur allergeringste Beträge hergibt, als *geizig* einschätzen; beschränkt sich eine solches Verhalten nicht auf das Restaurant, sondern strahlt es sozusagen auf viele Situationen aus, dann könnte man vielleicht von einem *Geizigen* sprechen. *Molières* gleichnamiges Lustspiel war und ist wohl gerade deshalb so erfolgreich, weil es uns einerseits vor Augen führt, in welchem umfassenden Ausmaß eine einzige Eigenschaft das gesamte Denken und Handeln einer Person bestimmen kann, andererseits, indem wir übertriebenen Geiz als moralisch verwerflich betrachten, und vielleicht auch, weil wir uns angesichts des Scheiterns des Geizigen im Stück einer gewissen Schadenfreude nicht enthalten können. In diesem Kapitel geht es um Typologien und Klassifikationen von Stalking: was sie leisten können, wo die Probleme liegen und was eventuell die Alternativen sind.

4.1   Typologie und Klassifikation: kurz erläutert

In der Psychologie und ihren philosophischen Vorläufern wurden von jeher typologische Systeme entwickelt – mit unterschiedlichem Erfolg, was deren Tragweite und Anwendbarkeit anbetrifft. In der Antike sprach *Theophrast* aufgrund äußerer (physiognomischer) Ähnlichkeiten von „Schafsmenschen, Löwenmenschen, Pferdemenschen" usw. und setzte die angenommen Eigenschaften dieser Tiere (Sanftmut, Mut, Schnelligkeit) mit jenen bei den Menschen gleich. Hier handelt es sich um eine Typologie, bei welcher die einzelnen Typen unverbunden nebeneinanderstehen und die Liste eventuell beliebig erweitert werden kann. Bei einer anderen Typologie, welche von dem griechischen Arzt *Galenos* (ca.129–199) vorgeschlagen wurde und die wegen ihrer Verbindung von physiologischen Komponenten („Körpersäfte") mit Verhalten recht modern anmutet, stellen die kennzeichnenden Begriffe *polare Gegensätze* dar; so wird beispielsweise dem *Phlegmatiker* (der Träge, Langsame) der *Choleriker* (der Aufbrausende, Heftige) genübergestellt. Zwischen den beiden Polen gibt es eine Übergangsreihe etwa vergleichbar mit dem Gegensatzpass *schwarz-weiß* und dazwischen liegenden Grautönen. Gesund war eine Person in der Antike, wenn sie in den Mittelbereich eingeordnet werden konnte (Ausgeglichenheit als Ideal) und in gewisser Weise ist dies eine Vorwegnahme modernerer Typologien wie z. B. *Introversion–Extraversion* bei welchen die Pole *idealtypisch* gedacht sind und in Wirklichkeit nie erreicht werden können (den „reinen" Extravertierten oder Introvertierten gibt es nicht).

Typen entsprechen somit im einfachsten Fall einer Ansammlung von Personengruppen, deren einzelne Mitglieder sich hinsichtlich eines als zentral angenommenen Merkmals oder einer Gruppe von Merkmalen gleichen oder die sich auf einem Kontinuum zwischen zwei Polen (einer *bipolaren Dimension*) anordnen lassen. Die meisten Stalker-Typologien folgen dem erstgenannten Modell: Typen entsprechen hier *qualitativen Beschreibungsklassen*, wobei bestimmte Merkmale einer Person

(Persönlichkeitseigenschaften, Motive, psychische Auffälligkeiten, Herkunft, *gender* usw.) kombiniert werden.

Klassifikationen unterscheiden sich von Typologien insofern, als sie über die Annahme einer einfachen Zuschreibung von Eigenschaften bzw. Eigenschaftsausprägungen hinausgehen und ein umfassenderes Ordnungssystem für die Objekte (hier Personen) anbieten. So können – im Falle von Stalker-Klassifikationen – neben Typen auch weitere Beschreibungsdimensionen – etwa die ethnische Zugehörigkeit („Kultur"), Geschlecht oder *gender*, Verwandtschaftsgrade, Beziehungsformen (z. B. Ehepartner, intime Ex-Partner, Generationsverhältnisse), Arbeitsbeziehungen (Untergebene, Chef), oder der psychisch-pathologische Status (z. B. psychotisch, wahnhaft, „normal") herangezogen werden, um letztlich eine möglichst differenzierte und in der Praxis „anwendungsorientierte" Beschreibung der Person zu ermöglichen. Sie stellen oftmals eine Mischung aus typologischen Konzepten und den hier zuletzt genannten Kategorien und „Dimensionen" dar. Eine differenzierte Analyse und Beschreibung führt dann z. B. zu den kriminologischen *Täterprofilen*, eine Ansatz, welcher auch für Stalking genutzt werden kann.

4.2 Zur Klassifikation von Stalkern

Eine Durchsicht der Forschungsliteratur zur Einordnung von Stalkern in unterschiedliche Kategorien (Klassen) kommt zu einer Liste von mindestens 20 Systemen – zumeist bereits in den 90ger Jahren des letzten Jahrhunderts –, welche untereinander große Ähnlichkeiten in Bezug auf die verwendeten Beschreibungsdimensionen aufweisen. Es sind dies im Wesentlichen drei: die Motivationslage beim Stalker, die Beziehung zwischen Stalker und Zielperson und der jeweilige psychische Status des Stalkers aus psychiatrisch-pathologischer Sicht. Sie bilden zusammengenommen die *Struktur* des Klassifikationssystems. Darüber hinaus ist von Belang, welche *Funktion* das System im Hinblick auf seine *praktische* Verwendbarkeit hat oder haben soll. So wird man etwa einzelne Gesichtspunkte unterschiedlich hervorheben und bewerten, je nachdem, ob die Klassifikation dazu dient, um z. B. den

Verfolgungsbehörden (Polizei, Staatsanwaltschaft, Gerichte) praktische Hinweise zur Bearbeitung eines Falles an die Hand zu geben, oder ob es eher darum geht, den primären Interessen und Bedürfnissen der bedrohten oder geschädigten Person (Risikoeinschätzung, Vorbeugen, Abwehren, Hilfe) zu entsprechen. Darüber hinaus besteht ein wissenschaftliches Interesse an der Weiterentwicklung von *Theorien* zur Erklärung von Stalking und deren Anwendung in der Praxis.

Da in diesem Buch die Interessen und Bedürfnisse der von Stalking bedrohten oder geschädigten Person im Vordergrund der Betrachtung stehen, beschränkt sich die nachfolgende Darstellung auf die wesentlichen „Bestimmungsstücke" zu Einordnung von Stalkern in ein Klassifikationsschema. Die folgenden Gesichtspunkte sind dabei hervorzuheben:

- die Struktur der *Beziehung* zwischen Stalker und Zielperson (soziale Nähe),
- die basalen Motive, welche das Handeln des Stalkers maßgeblich bestimmen (Motivationsrichtung),
- der *psychische Status* des Stalkers aus klinisch-pathologischer Sicht.

Zusammengenommen bestimmen diese Kriterien – neben der Situation – das jeweils für die verfolgte Person geltende Ausmaß an Bedrohung und Schädigung *(Risiko).*

4.3   Die Beziehung zwischen Stalker und Zielperson

Die Art der Beziehung (oder auch Vor-Beziehung) zwischen Stalker und Zielperson findet sich in fast allen Klassifikationsversuchen von Stalking. Dabei wird in der Regel unterschieden zwischen Ex-Partnern, Verwandten, Freunden, Arbeitskolleginnen und -kollegen, näheren Bekannten, entfernteren Bekannten, Zufallsbekanntschaften und Fremden. Die hier zugrunde gelegte Dimension lässt sich als *sozialer Nähe* oder auch mit *Intimität* benennen. Zugleich bestimmt die *Kommunikationsdichte* (Häufigkeit und Erstreckung über die Zeit) die Enge der Beziehung oder das Ausmaß an „Bekanntheit". Angesichts des hohen Anteils von Ex-Partner-Stalking am Gesamtstalking (um 50 %) nimmt diese Beziehungsform eine Sonderstellung im Hinblick auf soziale Nähe ein. Die Vorbeziehung der Expartner zeichnet sich nicht nur durch räumliche Nähe[1] über einen längeren Zeitraum aus, sie ist auch hinsichtlich der „Tiefe" an Intimität von den übrigen Beziehungsformen abzugrenzen. Eine solchermaßen intime Beziehung umfasst alle jene Merkmale, welche im Falle ihrer Auflösung (oder partiellen Begrenzung) nachfolgendes Stalking und das Handeln der betroffenen Personen in besonderer Weise mitbestimmen. Indem intime Beziehungen einstmals als „Liebesbeziehung" begonnen haben und die Partner durch ein „emotionales Band" und durch ein besonderes Wissen um Einstellungen, Vorlieben und Abneigungen des jeweils anderen Partners verbunden sind [9], tangiert dies Stalking in besonderer Weise: für den Verfolger ergeben sich besondere Möglichkeiten der Kontaktaufnahme, Belästigung, Bedrohung und ggf. schweren Schädigung, beispielsweise gemäß der Ansage „ich weiß sehr gut, wie ich ihr am besten schaden kann" oder „ich weiß, wie und womit ich sie wieder für mich gewinnen kann"; für die verfolgte Person besteht oftmals ein Restzweifel, ob die getroffene und umgesetzte Entscheidung zur Trennung „richtig" war, ob eventuell noch Chancen auf eine Rückkehr bestehen, ob ein Appell an die „Vernunft" des Stalkers nicht doch noch zu einer gütlichen Einigung führt, usw. Solche Personen sind dann in ihrem Handeln zur Abwehr und Eindämmung von Stalking eingeschränkt oder greifen oftmals zu ungeeigneten Mitteln wie z. B. wiederholte Beschwichtigungsversuche im Rahmen von persönlichen Ansprachen und Kontakten. Es erscheint somit gerechtfertigt, Stalking im Falle einer Trennung vom Intimpartner eine besondere Qualität zuzuweisen und von Stalking bei den übrigen beteiligten Beziehungsformen abzugrenzen. Das betrifft auch jene Fälle von Stalking, welche als „Verlängerung häuslicher Gewalt" – eventuell mit anderen Mitteln der Beeinträchtigung – anzusehen sind. Auch auf die besondere Rolle,

---

[1] Eine gewisse Ausnahme ist hier das sogenannte „räumlich getrennte Zusammenleben" der Partner *(living apart together)*, gleichwohl jedoch mit relativ hoher Kommunikationsdichte.

welche die Anwesenheit von Kindern im Hinblick auf die Schwere von Stalking spielt, wurde bereits hingewiesen (oben Abschn. 3.2). Ist somit der Stalker kein Unbekannter, so ermöglicht dies ein je nach Art der Beziehung spezielles und gezieltes Vorgehen für die Zielperson, unter Einschluss von externer Hilfe (z. B. Inanspruchnahme der Polizei). Soweit Personen am Arbeitsplatz involviert sind, bedarf es einer Abgrenzung zum *Mobbing* (vgl. oben Abschn. 3.5.2). Zu beachten ist, dass der Umstand, dass es sich bei dem Stalker „nur" um einen „Bekannten" handelt, keineswegs davor schützt, einer ernsthaften Bedrohung ausgesetzt zu sein oder gar um das eigene Leben fürchten zu müssen, wie der Fall eines Tötungsdeliktes aufgrund eines kulturellen Missverständnisses lehrt (*Tarasoff-Fall;* s. weiter unten Abschn. 5.1).

4.4   Zwei Motivklassen: Beziehungswunsch – Vergeltung/Rache/Kontrolle

Am Anfang von Kap. 2 wurde bereits dargelegt, dass einzelne Handlungen einer Person – soweit sie keine direkte Schädigung von „Leib und Leben" beinhalten –, also beispielsweise Telefonanrufe, Briefe, Mails usw. – noch keine Hinweise auf Stalking liefern. Entscheidend ist, ob diese unerwünscht und aufgrund von Wiederholungen lästig oder bedrohlich/schädigend sind und die betroffene Person ängstigen und eventuell zu einschneidenden Veränderungen in ihrem Alltag nötigen. Dabei handelt es sich einerseits um unerwünschte „Liebesbeweise", andererseits um ihr Gegenteil, die Bedrohung und Schädigung der psychischen und physischen Unversehrtheit. Es sind diese beiden *Grundmotive,* welche ausschlaggebend sind: der Wunsch nach einer engen und in der Regel *intimen Beziehung* bzw. die Wiederherstellung einer einstmals engen Beziehung – und das Verlangen nach *Vergeltung* und *Rache* (für angeblich oder auch tatsächlich erlittenes Unrecht), oder nach *Macht* und *Kontrolle* und die Lust am Quälen und Erniedrigen des Opfers. Stalker werden meistens einer dieser beiden Motivklassen zugeordnet, wenn etwa der „intimitätssuchende Stalker" dem „rachesuchenden Typ" gegenübergestellt wird [4].

Beide Kategorien sind weiter zu differenzieren: für *Intimitätssuche* – oder die Herstellung größtmöglicher sozialer Nähe – lassen sich unterschiedliche Ausgangspositionen anführen. So ist beispielsweise der *erotomanische Typ* bereits (unerschütterlich) davon überzeugt, von der Zielperson geliebt zu werden; seine Anstrengungen richten sich dann darauf, durch beharrliches Verfolgen die Betroffene auch davon zu überzeugen und weitere Hindernisse auf den Weg zu einer Vereinigung zu beseitigen.

Intimitätssuche kann aber auch bedeuten – und das ist hier der häufigste Fall -, eine zunächst wohl eher flüchtige oder oberflächliche Bekanntschaft weiter zu vertiefen und eine Liebesbeziehung herzustellen, einschließlich des Wunsches nach sexueller Betätigung – nicht selten auch das alleinige Motiv. Bei diesem Stalking-Typ handelt es sich oftmals um eine Person, welche Schwierigkeiten hat – oder unfähig ist -, in einer „normalen" Kommunikation mit anderen Menschen Beziehungsangebote zu machen, konventionelle Spielregeln einzuhalten (soweit deren Kenntnis überhaupt vorhanden ist) und gegebenenfalls Zurückweisung zu akzeptieren. Es sind in der Regel eher schüchterne, gehemmte Menschen, welche diesem Typ zuzuordnen sind. Sie operieren oftmals im Geheimen und wagen sich nur manchmal aus ihrer „Deckung" heraus oder beschränken persönliche Kontakte auf kurze Episoden. In einem Fall sagte einer dieser Stalker einmal: „Ich würde, glaube ich, in Ohnmacht fallen, wenn sie plötzlich vor mit stünde". Manche Autoren sprechen hier von einem *sozial inkompetenten Stalker* [4].

Eine besondere Form, welche gleichfalls in diese Kategorie gehört, betrifft den Wunsch nach Wiederherstellung einer vormals vorhandenen intimen Beziehung. Im Zusammenhang mit der Besprechung des sogenannten *Ex-Partner-Stalkings* (oben Abschn. 3.2) wurde bereits angeführt, dass das Bemühen um *Restauration* der Beziehung – und entsprechende Stalkinghandlungen – bereits bei noch formal bestehender Partnerschaft (etwa, wenn die Partner noch unter einem Dach zusammenleben) einsetzen kann, in der Regel jedoch die unmittelbare Zeitperiode nach der Trennung und darüber hinaus betroffen ist. Besonders hier wird aber auch schon eine fundamentale Kritik an typologischen Konzepten deutlich: deren relative Trägheit und geringe

Flexibilität, beispielsweise wenn nach einiger Zeit der zurückgewiesene Wunsch nach Nähe und Zuwendung in Rache und Wut umschlägt.

Die zuletzt angeführte Motivklasse kennzeichnet einen Stalker-Typ, dessen Handeln durch negative Gefühle und Affekte wie Eifersucht, Rache, Wut oder Streben nach Macht und Kontrolle bestimmt wird. Auch hier lässt sich unterscheiden: Menschen, welche Zurückweisung nicht oder nur schlecht ertragen können – und solche, welche aus einem „inneren Zwang" heraus handeln und ihr Bedürfnis nach Macht und Kontrolle befriedigen. Es gibt verschiedene psychologische Theorien zur Deutung und Erklärung beider Phänomene. Dabei spielen häufig zwei Konzepte eine tragende Rolle: Narzissmus und Sadismus bzw. Lustgewinn.

- *Narzissmus.* Die Bezeichnung stammt aus der griechischen Mythologie, wonach sich der Jüngling *Narziss* in sein eigenes Spiegelbild verliebt hat. In der Psychologie wird mit Narzissmus eine grundlegende Einstellung oder Haltung zu sich selbst bezeichnet, welche im Normalfall Ausdruck eines positiven Selbstwertgefühls ist, im pathologischen Fall – als übertriebene „Selbstliebe" – einem gesteigerten Bedürfnis nach Bewunderung und einem grandiosen Gefühl der eigenen Wichtigkeit entspricht. Die Selbsteinschätzung steht dabei in einem eklatanten Missverhältnis zu dem Bild, welches sich andere Personen von der Persönlichkeit und den Fähigkeiten der betreffenden Person machen. Die *narzisstische Persönlichkeitsstörung* wird relativ häufig mit Ex-Partner-Stalking in Verbindung gebracht, wenn der zurückgewiesene Partner im Sinne einer „narzisstischen Kränkung" nicht in der Lage ist, die Trennung angemessen zu bewältigen; durch Kontrolle, Vergeltung und Rache wird dann die überbewertete Selbsteinschätzung wiederhergestellt. Eine Diagnostik der Störung ist somit auch im Hinblick auf eine Risikoeinschätzung von Stalking bedeutsam (Näheres dazu in Kap. 7).
- *Sadismus und Störungen der Sexualpräferenz.* Einer anderen Person Schmerzen zufügen, sie erniedrigen, hilflos machen und eine totale Kontrolle über sie ausüben entspricht einem sadistischen Motiv. Damit einher gehen oftmals sexuelle Handlungen (Vergewaltigung)

bis hin zu schwerwiegenden, gezielt herbeigeführten körperlichen Schädigungen, in seltenen Fällen mit Todesfolge. Stalking
dient der Vorbereitung solcher Taten, der Täter bleibt dabei in der
Regel unerkannt und operiert aus der Anonymität heraus, indem
er Informationen über die Zielperson sammelt und diese bis zur
offenen Attacke im Ungewissen über seine Absichten lässt. Nur
geringfügig leichtere Formen der sadistisch motivieren Nachstellung
(ohne direkte körperliche Komponente) dienen der Befriedigung
erotischer Fantasien, indem in die Intim- und Privatsphäre des
Opfers eingedrungen wird (Wohnungseinbrüche und Hinterlassen
von „Zeichen" wie z. B. Reste von Zigaretten, bemalte Wände mit
Drohungen oder Wegnahme von Unterwäsche, entweder offene
Bedrohung von Leib und Leben, oder subtile Formen der Bedrohung
wie z. B. die Anlieferung verwelkter, „toter Rosen") [/].

Bei den sadistischen und sexuell motivierten Stalkern handelt es sich
fast ausschließlich um männliche Personen, die jeweilige Zielperson
kann unterschiedlichem *gender* angehören. Auch hier ist wiederum
darauf hinzuweisen, dass Motivklassen in Mischung oder auch in
zeitlicher Abfolge auftreten können, wenn beispielsweise Intimitätssuche scheitert und Frustration Rachegedanken und sadistisch-sexuelle
Fantasien nachsichzieht. Zu den Störungen der Sexualpräferenz gehört
eine Vielzahl von sexuell motivierten Handlungen und Aktivitäten,
welche im Rahmen von Stalking auftreten können, darunter obszöne
Telefonanrufe und Mitteilungen anderer Art, Pressen des eigenen
Körpers an andere Menschen zur sexuellen Stimulation in Menschen-
ansammlungen *(Frotting),* die Neigung, die eigenen Genitalien vor der
meist fremden Person in der Öffentlichkeit zu entblößen *(Exhibitionismus)* oder das heimliche Beobachten sexueller Handlungen bei anderen
Personen *(Voyeurismus).*
Vorbereitungshandlungen für eine schwere Straftat wie das Ausspionieren und Überwachen der Zielperson bleiben bis zur Tathandlung in der Regel unerkannt und deshalb ohne unmittelbare
Auswirkungen auf die Befindlichkeit des späteren Opfers. Sie entsprechen somit einigen Kriterien für Stalking nicht, da sie in

dieser Phase weder Angst noch Bedrohung hervorrufen (ähnlich *Gaslighting;* vgl. oben Abschn. 3.5.5). Andererseits entspricht das verdeckte und systematische Vorgehen recht gut der ursprünglichen Bedeutung von Stalking als ein „Ausspähen und Anschleichen" des Wildes bei der Jagd. Solche Personen wurden folglich auch als *Jagdstalker* bezeichnet. Ist die Zielperson schwer zu erreichen oder sozial und physikalisch gut abgeschirmt (bewachte und gesicherte Wohnung), wie dies in der Regel bei öffentlichen Personen und Prominenten der Fall ist, so wird es sich bei der Form der Annäherung und Verfolgung oftmals um „Jagdstalking" handeln. Ein Beispiel stellt die Verfolgung des Filmregisseurs Spielberg durch Jonathan Norman aus dem Jahre 1997 dar:

Spielberg's *nightmare*

Norman entdeckte die Adresse des Filmemachers anlässlich des Kaufes einer für Touristen angebotenen Straßenkarte mit Prominenten-Lokationen. Er beobachtete einen Monat lang das Anwesen und hielt sich wiederholt an den Eingängen auf. Er besaß Aufzeichnungen zu Spielbergs Filmen und zu seiner Familie, legte einen Vorrat an Sex-Spielzeugen an und unternahm mehrere Versuche, in das Anwesen einzudringen. Als er versuchte, vor den privaten Sicherheitsleuten wegzurennen, wurde er schließlich festgenommen. Gegenüber der Polizei prahlte Norman damit, dass er Spielberg habe vergewaltigen wollen und dessen Frau dabei zusehen sollte. Bei seiner Festnahme trug er eine sogenanntes „Vergewaltigungs-Set" *(rape kit)* mit sich, bestehend aus einem Messer, Rasierklingen, Klebeband und Handschellen. Die Polizei entdeckte bei ihm eine Einkaufsliste mit Utensilien, welche Norman bei seiner Tatausführung verwenden wollte, darunter drei Augenbinden, drei Sätze Handschellen, vier Paar „Nippelclips" und drei Hundehalsbänder. Gegenüber einer Spezialeinheit der Polizei (für Bedrohung) erklärte Norman, er habe eine sexuelle Fixierung auf Spielberg entwickelt. Er habe auch geglaubt, dass dieser von ihm vergewaltigt werden wolle und bei der Vorstellung von Sex mit dem Regisseur habe er wiederholt masturbiert [4, S. 98].

In dem Beispiel erscheint der Täter nicht frei von obsessiv-wahnhaften Zügen; allerdings war er bei seinen (vorbereitenden) Taten und bei seiner Vernehmung offensichtlich voll bewusstseinsklar und steuerungsfähig und somit auch im rechtlichen Sinne voll zurechnungsfähig.[2] Motivation und Verhalten des sadistischen Stalkers – mit oder ohne sexueller Komponente – entsprechen in weiten Teilen der sog. *antisozialen* (oder auch *dissozialen*) *Persönlichkeitsstörung* (frühere Bezeichnung: *gemütloser Psychopath*). „Leit-symptome" sind hier die Verletzung sozialer Normen, die Missachtung der Rechte anderer und eine herzloses Unbeteiligten gegenüber Gefühlen anderer. Hinzu kommt ein beachtliches Ausmaß an „sadistischer Lust und Befriedigung" bei der Tatausführung, welche noch dadurch erhöht wird, wenn es sich bei dem Opfer um eine Person handelt, welche vom Stalker anfänglich als glücklich und zufrieden mit ihrem Leben und mit ihren Beziehungen wahrgenommen wurde und die es deshalb besonders „wert ist, zerstört und klein gemacht zu werden" [6, S. 84].

4.5 Sind Stalker psychisch „krank"?

Viele Menschen werden diese Frage wohl spontan bejahen, da es sich dabei schließlich um ein Verhalten handelt, welches zum Ziel hat, jemanden zu belästigen oder zu bedrohen und zu schädigen. Es mag jedoch überraschen, dass es – besonders im psychischen Bereich – keine verbindliche, von allen Beteiligten geteilte Definition von „Krank-heit" gibt. Man spricht dann lieber von *Verhaltensabweichungen* mit oder ohne „Krankheitswert" und unternimmt den Versuch, das jeweils gerade betrachtete Phänomen auf einem Kontinuum zwischen Gesund-heit (volle Funktionsfähigkeit) und Krankheit (eingeschränkte bis fehlende Funktionfähigkeit) einzuordnen. Viele Verhaltensweisen, welche von einer Norm abweichen – sei es, dass diese statistisch als Mittelwert einer Verteilung oder inhaltlich aufgrund gesellschaftlicher Übereinkunft festgelegt ist – sind eher als „Spielarten" des Normalen aufzufassen, soweit sie als (noch) sozialverträglich gelten können. Zudem unterliegt „das Normale" einem kulturellen und gesellschaft-lichen Wandel. Beispielsweise galt die Homosexualität bis weit in das 20. Jahrhundert hinein als abnormal bzw. als „krank" (wie auch noch

---

[2] Norman wurde 1998 zu 25 Jahren Haft verurteilt.

immer in manchen Ländern unter Strafe gestellt)[3]; inzwischen hat sich auch hier die Sichtweise durchgesetzt, dass die Festlegung auf eine bestimmte sexuelle Orientierung als Resultat von individueller Entwicklung in der modernen Gesellschaft zu verstehen ist.[4]

Eine ältere (psychiatrische) Umschreibung von „psychischer Gesundheit" (und damit bei Negation auch ihr Gegenteil: Krankheit) basierte auf den drei Erfordernissen *Genussfähigkeit – Liebesfähigkeit – Arbeitsfähigkeit.* So besehen ist die weit überwiegende Mehrzahl der Stalker psychisch gesund, nach relativ übereinstimmenden Schätzungen in der Fachliteratur etwa 90 %. Die restlichen 10 % entfallen dann auf „echte" psychische Erkrankungen, insbesondere die *Psychosen,* darunter solche vom *schizophrenen Formenkreis* mit dem für Stalking bedeutsamen Anteil an *Wahnvorstellungen.*

Die Frage ist dennoch, ob es – angesichts der Unschärfe des Krankheitsbegriffs – überhaupt sinnvoll ist, die Frage nach einer „Erkrankung" bei Stalkern zu stellen. Einerseits führt die Bezeichnung in einigen Fällen zu einer ungerechtfertigten *Stigmatisierung* des Täters (dort, wo auch dieser der Hilfe bedarf), andererseits verführt eine Krankheitszuschreibung dazu, den Täter – ungerechtfertigt – zu entlasten, indem mit „Krankheit", vergleichbar mit einer Grippe oder einer Alkoholerkrankung, die Eigenverantwortlichkeit für sein Handeln geschmälert oder diese ihm gänzlich abgenommen wird. Es gilt der Grundsatz: Dem Kranken gilt unserer Mitgefühl (und oftmals „entschuldigen" wir deshalb sein Handeln) – dem Gesunden unterstellen wir, dass er für sein Handeln selbst voll verantwortlich ist.

Ganz unabhängig davon, ob man ein Verhalten als „krank" einordnet oder auf eine „Etikettierung" als *pathologisch* ganz verzichtet: Stalking steht in Verbindung mit einer Reihe von Störungen oder Normabweichungen im Hinblick auf das, was jeweils als eine gesellschaftlich

---

[3] Noch kurz vor Beginn der Fußballweltmeisterschaft 2022 in Katar – beim Schreiben dieser Zeilen – bezeichnete der FIFA-Botschafter Katars Homosexualität als eine „Geisteskrankheit" und in vielen Staaten droht die Todesstrafe.

[4] Der berüchtigte § 175 StGB wurde in Deutschland erst im Juni 1994 ersatzlos aufgehoben. Die Weltgesundheitsorganisation strich Homosexualität im Jahre 1990 aus der Liste der psychischen Krankheiten.

und kulturell angepasste Persönlichkeit eines Menschen gilt oder als anstrebenswert zu gelten hat. Dabei handelt es sich um die sogenannten *Persönlichkeitsstörungen* (häufig angefügt: „mit Krankheitswert"). Sie umfassen in ihrer Gesamtheit (10 nach derzeit gebräuchlichen Klassifikationssystemen) ein breites Spektrum an normabweichenden Verhaltensweisen und Befindlichkeiten einer Person.[5]

Beharrliches Verfolgen einer Person – gegen ihren Willen – und das Eindringen in ihre Privatsphäre stellen eine Verletzung sozialer Normen dar, sie offenbaren zugleich ein gestörtes Verhältnis zum Mitmenschen. Als ein sozialpsychologisches *Konstrukt*[6] „organisiert" Stalking die Art und Weise, wie bei unterschiedlichen Beziehungskonstellationen und über eine bestimmte Zeitspanne hinweg sich die Kommunikation zwischen den beteiligten Personen (zum Nachteil einer Person) ausgestaltet. Eine Sichtweise, welche Stalking als Ausdruck eines Fehlfunktionierens zwischenmenschlicher Kommunikation – vor allem beim Ex-Partner-Stalking – begreift, erfordert zugleich eine Abkehr von der in der bisherigen Forschungsliteratur zu Stalking vorherrschenden Betrachtung allein des Beitrags aufseiten des Stalkers und seiner Persönlichkeitsstruktur.[7] Die Sorgen, Nöte und Verletzungen des Opfers bleiben davon selbstverständlich unberührt.

Die Frage stellt sich dennoch, in welcher Weise auch die Zielperson zu bestimmten Aspekten von Stalking beiträgt, wenn beispielsweise von ihrer Seite her eine gewisse, in der Regel unbewusste Bereitschaft oder

---

[5] Früher bezeichnete man Menschen mit einer Persönlichkeitsstörung als *Psychopathen* oder auch als *Soziopathen*, wenn es sich mehr um eine Störung des *Sozialverhaltens* handelte. Nach dem Psychiater *Kurt Schneider* sind Psychopathen Menschen, welche unter sich selbst leiden und/oder unter denen andere leiden [5]. Das Konzept wurde weitgehend aufgegeben, da es zu unflexibel erschien und zu sehr auf strukturelle Anlagen (Vererbung) fokussierte und damit auch geringe Erfolgsaussichten für eine Therapie bot. Es wurde ersetzt durch das Konzept der *Persönlichkeitsstörungen*, entsprechend moderneren Ansätzen in der Psychiatrie und klinischen Psychologie.

[6] Zur Erläuterung: *Konstrukte* sind „mentale Konstruktionen", welche als hypothetisch angenommen werden, also nur in der Vorstellung existieren. Sie werden über *empirische Sachverhalte* (beobachtbare Tatsachen) definiert. Beispielsweise ist Intelligenz ein Konstrukt, indem beobachtbare (messbare) Phänomene wie z. B. Wortschatz-Umfang oder Rechenleistung mit anderen Komponenten zusammengehen oder *korrelieren*. Stalking – als Konstrukt – wird durch die unerwünschten Stalkinghandlungen und die Besonderheit der zeitlichen Erstreckung *(Chronozität)* definiert (vgl. oben Abschn. 2.1).

[7] Auf diesen Aspekt hat als einer der Ersten *Peter Fiedler* [1] hingewiesen.

Fehleinstellung *(Disposition)* besteht, Opfer von Stalking zu werden. Primär wäre dies bei Opfern der Fall, welche zum Täter eine unangemessene Abhängigkeit *(dependente Persönlichkeitsstruktur)* entwickelt haben. Dependenz zeigt sich beispielsweise in intimen Partnerschaften dadurch, dass nach häuslicher Gewalt mit anschließender „Reue" des Täters (oftmals nur vorübergehend) die geschädigte Person sich immer wieder auf die Beziehung einlässt. Sekundäres Fehlverhalten des Opfers liegt vor, wenn unbrauchbare Maßnahmen zur Eindämmung oder Beendigung von Stalking gewählt und ausgeführt werden, wie z. B. häufiges Gewähren weiterer Kontakte und Gespräche mit dem Verfolger. Auf die Probleme, welche sich für die verfolgte Person stellen können, wird in diesem Buch in einem gesonderten Kapitel (Kap. 8) eingegangen.

Kommen wir auf die Frage dieses Kapitels zurück. Stalker sind dann als „psychisch krank" einzuordnen, wenn es ihnen an Einsicht in die Verwerflichkeit ihres Tuns (moralische Kategorie) mangelt oder eine solche nicht vorhanden ist und/oder wenn eine Kontrolle über ihr Handeln nicht ausreichend gegeben ist.[8] Im Falle von Stalking betrifft dies vor allem Täter mit „krankhaft obsessiven" bzw. mit wahnhaften Zügen wie z. B. bei der *Erotomanie* oder bei psychotischen Krankheitsbildern *(Schizophrenie, Paranoia)*, eventuell auch bei zwanghaft sadistischer, sexualisierter Gewalt. In diesen Fällen sind Schutzmaßnahmen wie der Freiheitsentzug anzuwenden, aber zugleich auch Hilfe und Therapie zu gewähren. Schätzungen des Anteils dieser Täter am Gesamtstalking liegen zwischen 5 und 15 %.

Stalking wird somit in den allermeisten Fällen (ca. 90 %) von Personen ausgeübt, welche für ihr Handeln verantwortlich sind. Die sich im Handeln dieser Personen offenbarenden besonderen Persönlichkeitsprobleme können (d. h. nicht zwingend) mit spezifischen Persönlichkeitsstörungen zusammenhängen bzw. von diesen

---

[8] Dem entspricht auch die strafrechtliche Festlegung einer „Schuldunfähigkeit" des § 20 StGB. Er lautet: *Ohne Schuld handelt, wer bei Begehung der Tat wegen einer krankhaften seelischen Störung, wegen einer tiefgreifenden Bewusstseinsstörung oder wegen einer Intelligenzminderung oder einer schweren anderen seelischen Störung unfähig ist, das Unrecht der Tat einzusehen oder nach dieser Einsicht zu handeln.*

mitbestimmt werden. Die Diagnose von Persönlichkeitsstörungen erfolgt anhand bestimmter, für dies Störung spezifischer Kriterien (z. B. das übermäßige Streben nach Bewunderung bei der narzisstischen Störung; vgl. oben Abschn. 4.4). Auch hier ist bei der Diagnose zu berücksichtigen, dass nicht immer alle Kriterien erfüllt oder diese (bzw. einzelne) nur schwach bis mittelgradig ausgeprägt sind, oder dass es an der erforderlichen zeitlichen Erstreckung (Dauer) fehlt und einzelne Symptome nur sporadisch oder im Wechsel mit anderen auftreten. Eine eindeutige Diagnose ist dann unsicher oder nicht möglich. In solchen Fällen spricht man eher von *Persönlichkeitsakzentuierungen*, um eine unangemessene und vorschnelle Einordnung in eine „Störungskategorie" zu vermeiden. Persönlichkeitsakzentuierungen werden so erst bei extremer Ausprägung zu Persönlichkeitsstörungen. Diese Vorgehensweise empfiehlt sich auch im Falle von Stalking.

4.6 Ein dreidimensionales Modell zu Stalking

Die ersten Fragen, die sich die verfolgte Person zumeist stellt, lauten: wer ist die Person, was treibt sie an (motiviert sie), was kann ich tun, um die Nachstellung zu beenden oder mit welchen Maßnahmen lässt sich der Verfolger noch erreichen. Möchte man diese Fragen möglichst rasch beantworten, so können Typologien und Klassifikationssysteme dabei hilfreich sein. In den vorangegangenen Abschnitten dieses Kapitels wurde jedoch schon deutlich, wo Nachteile eines solchen Vorgehens liegen. Indem häufig nur wenige Merkmale oder Charakteristika einer Person ausschlaggebend für ihre Einordnung sind, kommt es nicht selten zu einer Überbewertung der betreffenden Eigenschaft, zu einer Vernachlässigung anderer, eventuell nicht weniger bedeutsamer Merkmale und damit zu einer Einengung des Blickwinkels mit eventuell negativen Folgen für die Risikoeinschätzung und die zu ergreifenden Maßnahmen. Der gravierendste Nachteil liegt jedoch zumeist darin, dass aufgrund der statischen Natur von Typologien und Klassifikationen ein immer möglicher Wandel sowohl in den Motiven des Verfolgers, seiner psychischen Verfassung (Pathologie) und in gewisser Weise auch seine Beziehung zur verfolgten Person nicht oder nur in sehr eingeschränktem Maße Berücksichtigung findet. Eine Möglichkeit, diesen Nachteilen zu begegnen, besteht darin, die wesentlichen „Bestimmungsstücke" von Stalking als *Dimensionen* im Sinne einer Übergangsreihe unterschiedlicher oder aufeinanderfolgende Zustände im System zu begreifen. Wir haben Stalking u. a. als ein Phänomen umschrieben, welches sich, im Unterschied zu einzelnen Delikten (z. B. Beleidigung, Bedrohung, Verletzung, Hausfriedensbruch) erst über die Zeit entfaltet (*Chronizität*) und somit sowohl dem Rückblick als auch der Vorausschau gegenüber offen ist. Bekanntestes Beispiel für einen Wandel ist der Wechsel von dem (noch) auf Resten der Liebesbeziehung basierenden Versuch einer Wiederherstellung des einstmals befriedigenden Zustandes in der Beziehung der Partner – zu einem zunehmend feindseligeren und eventuell auf Vergeltung und Rache abzielenden Verhalten des Stalkers. Dergleichen Verhaltensänderungen müssen jedoch nicht unbedingt nur in eine Richtung – und sich dann in ihrer Wirkung verschlimmernd – gehen (*progredient*), sie können sich auch umkehren (*regredient*), wenn sich damit aus Sicht des Verfolgers die Chancen für eine Wiederannäherung erhöhen.[9] In der folgenden Abbildung sind die wichtigsten Dimensionen von Stalking in Form eines Würfels – und damit im weiteren Sinne frei kombinierbar – wiedergegeben; sie werden nachfolgend näher erläutert (Abb. 4.1).

4.6.1 Die erste Dimension: Soziale Nähe (SN)

Der Ausdruck *soziale Nähe* wird hier gewählt, um die Distanz von Personen auf der Beziehungsebene symbolisch abzubilden. Es ist dies somit auch ein anderer Ausdruck für die Enge der Vorbeziehung zwischen den agierenden Personen, hier zwischen Verfolger und verfolgter Person. „Nähe" meint dann den Grad der Ausprägung verschiedener Aspekte (oder Bestandteile) einer Beziehung: die Stärke des „affektiven Bandes" (Liebe, Zuneigung) zwischen den Personen, das

---

[9] Ein solcher (umkehrbarer) Prozess ähnelt dem „Gewalt-Reue-Verzeihungs-Gewalt… etc.-Zyklus" bei häuslicher Gewalt.

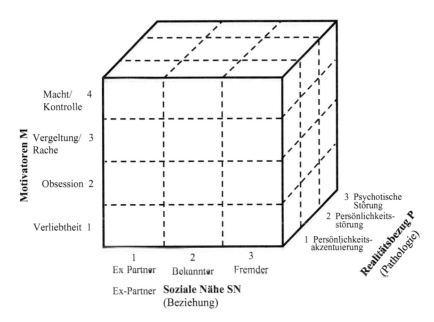

Abb. 4.1 Ein dreidimensionales Modell zur Klassifikation von Stalkern

Ausmaß an gemeinsamen (geteilten) Interessen, Einstellungen, Überzeugungen Vorlieben usw. und – was intime Beziehungen besonders charakterisiert – ein exklusives „Wissen" über den anderen Partner, welches für Außenstehende nicht oder nur schwer einsehbar ist [9]. Soziale Nähe kann auch mit der Kommunikationsdichte einhergehen, indem sich nahestehende Personen häufiger austauschen oder auch besuchen, als weniger nahestehende Personen – was wiederum auch von der räumlichen Distanz abhängt.

Soziale Nähe (oder soziale Distanz) lässt sich graduell abstufen und die einzelnen Positionen auf der Dimension sind dann mit bestimmten Personen-Prototypen zu besetzen, nämlich: Zusammenlebende Partner, getrennt lebende Partner, Familienangehörige, enge („beste") Freunde, andere Freunde, Bekannte und Nachbarn, Arbeitskollegen und – kolleginnen, Sport- und Freizeitbekannte, formelle Kontaktpersonen im Dienstleistungsbereich, entferntere Bekannte, Fremde (seltene Kontakte oder gar keine). Es sind natürlich viele weitere Zwischen-Positionen denkbar und zu besetzten. So wird man bei einer Analyse von Stalking im konkreten Einzelfall zuerst die Frage beantworten, in welcher Beziehung die handelnden Personen zueinander stehen, durch welche Besonderheiten sich die Beziehung auszeichnet und eventuell von anderen unterscheidet und – nicht zuletzt – ob es eine gemeinsame Beziehungsgeschichte gibt und wie sich diese zu dem aktuellen Ist-Zustand verhält.

Es liegt nahe, den zuletzt genannten Gesichtspunkt (Beziehungsgeschichte) besonders in den Fällen des sog. Ex-Partner-Stalkings hervorzuheben. Handelt es sich dabei um ehemalige Liebesbeziehungen, so wird sich möglicherweise die Art der Liebensbeziehung auf Stalking in spezifischer Weise auswirken. Besonderheiten in Liebesbeziehungen, welche zunächst die einzelnen Personen betreffen, wurden in der Sozialpsychologie mit dem Begriff *Liebesstile* umschrieben. So ließe sich etwa der *besitzergreifende Liebesstil*, zu dessen Kennzeichen auch häufige Eifersucht gehört, direkt auf Stalking im Dienste von Machtstreben und Kontrolle „anwenden", ein *leidenschaftlicher Liebesstil* trägt dagegen vielleicht eher zu der Intensität und „affektiven Aufladung" von Stalking bei, wenn dabei obsessive Verfolgung oder Vergeltung und Rache im Vordergrund stehen. Liebesstile bieten hier somit für den großen Bereich des Ex-Partner-Stalkings Ansatzpunkte für ein tieferes Verständnis der Beziehungsgeschichte des Paares und Stalking nach Trennung.[10]

Die Beziehung zwischen Ehepartnern und zwischen Ex-Ehepartnern kennzeichnet ein Maximum an sozialer Nähe. Dem steht ein Maximum an sozialer Distanz gegenüber, gleichbedeutend mit der Position des Fremden. Man mag darüber streiten, ob hier im Verhältnis zwischen Täter und Opfer überhaupt von einer „Beziehung" gesprochen werden kann, setzt diese doch in der Regel ein Minimum an Austausch und Kommunikation voraus. Was dennoch übrig bleibt, lässt

---

[10] Eine bekannte Einteilung von Liebesstilen stammt von dem kanadischen Soziologen *J. A. Lee* [3]. Er verwendet griechische und lateinische Bezeichnungen und unterscheidet drei primäre Liebesstile *(Eros, Ludus* und *Storge)*, aus denen sich drei sekundäre Liebesstile *(Pragma, Agape, Mania)* zusammensetzen. Ein einfacheres System stammt von *R. J. Sternberg*.[8] Liebesstile sind hier zu einem Dreieck angeordnet, an dessen Eckpunkten die „reinen" Liebesstile *Intimität, Leidenschaft* und *Commitment* (etwa vergleichbar mit rationaler Übereinkunft) stehen. Es ergeben sich dann gemischte Stile aus den drei genannten.

sich vielleicht am besten mit dem Begriff einer *pathologischen (zwang-haft-obsessiven) Fixierung* umschreiben; er betont die Einseitigkeit im Verhältnis der Partner. Die obsessive Fixierung betrifft somit hier alle jene Fälle, in denen von einer Beziehung eher auf einer *symbolischen Ebene* gesprochen werden kann, wie dies beispielsweise dann der Fall ist, wenn zur Zielperson zumindest in der frühen Phase des Stalkings jeglicher persönlicher Kontakt fehlt oder erschwert ist. Es betrifft dies besonders Personen, welche in der Wahrnehmung der Öffentlichkeit eine besondere Position innehaben: Prominente, Politiker, Künstler sogenannte Pop-Ikonen, Sportler usw., d. h. *Berühmtheiten* generell (im Englischen findet sich dafür der Ausdruck *celebrities*). Das beharr-liche Verfolgen von Berühmtheiten geht hier über ein noch „normales" Verhalten hinaus, wie es etwa den „stillen Verehrer", Bewunderer oder den *Fan* charakterisiert und trägt die Züge einer schwer gestörten Persönlichkeit, oftmals im Bereich schwerer narzisstische Störungen (die „narzisstische Vereinigung" mit der verfolgten Person) und nicht selten mit einer psychotischen Symptomatik. Die besondere mediale Aufmerksamkeit, welche Berühmtheiten genießen, hat in Bezug auf Stalking eine umfangreiche Forschungsliteratur hervorgebracht, in welcher die besonders eklatanten Fälle von Stalking mit Verletzung der Zielperson oder mit tödlichem Ausgang hervortreten [2].

Die hier eher beispielhaft genannten Beziehungskonstellationen ent-sprechen *sozialen Rollen*, welche Personen in einem sozialen System (Gesellschaft) einnehmen. Rollen sind definiert als die Gesamtheit der Erwartungen einer Bezugsgruppe an einen Positionsinhaber. Von einem Freund erwarten wir Einfühlung und Verständnis, Hilfe und Trost, Inspiration und Treue (Loyalität), von einem Arbeitskollegen Kooperation und Unterstützung, Anerkennung und „Achtung" von Privatheit, von einem Ex-Partner Akzeptanz und Diskretion, Mitgefühl und Anteilnahme, von einem flüchtigen Bekannten und Fremden Respekt und Zurückhaltung. Stalking verletzt in allen diesen Fällen die Erwartungen auf eklatante Weise und mit nachhaltig negativem Effekt. Nachstellung zerstört die Beziehungen und macht aus Ex-Partnern erbitterte Gegner, aus Freunden Feinde und aus Fremden gefürchtete Eindringlinge.

4.6.2 Die zweite Dimension: Motivatoren

Stalker investieren viel Energie und Mühe in ihre Unternehmungen, wobei sie sich in der Regel durchaus darüber im Klaren sind, dass ihnen erhebliche Widerstände entgegengebracht werden. Es muss also etwas geben, was ihre Beharrlichkeit dennoch fördert. Unter *Motivatoren* sind Antriebsfaktoren zu verstehen, welche zur Erreichung eines bestimmten Zieles eingesetzt werden und dem Verfolger ein Höchstmaß an Befriedung verschaffen. Sie lassen sich wiederum in Anlehnung an die beiden basalen Motivationsrichtungen (Anlehnung/Zuneigung und Zurückweisung/Abneigung) als Übergangsreihe von – grob gesprochen – positiv zu negativ darstellen: von Verliebtheit („romantische Gefühle") und *Affiliation* (Anlehnungsbedürfnis) zu „krankhafter" Liebe (hier besonders der besitzergreifende Typ), über Rechtfertigung (für angebliches Unrecht) bis hin zu Macht und Kontrolle, Vergeltung und Rache. Unter Macht und Kontrolle sind auch solche Fälle einzuordnen, bei denen sexuelle Befriedigung (Vergewaltigung) und sadistische Impulse im Vordergrund stehen, sei es, dass diese tatsächlich ausgeübt oder „nur" in der Fantasie ausgelebt werden.

Stalking wurde weiter oben in diesem Buch bereits als ein dynamisches Prozessgeschehen mit Veränderungen über die Zeit umschrieben. Am Beispiel des zurückgewiesenen Ex-Partners lässt sich zeigen, wie anfängliche (erneute) „Liebesbeweise" in Wut, Hass und Rache umschlagen können und damit vielleicht eine *progrediente* Entwicklung zu gewalttätigeren Formen eingeleitet wird. Bei dergleichen Verhaltensänderungen ist die jeweilige besondere Situation, in welcher sich Täter und Opfer befinden, von besonderer Bedeutung.

Und bist Du nicht willig – so gebrauch ich Gewalt

Nach einer Reihe von Episoden mit häuslicher Gewalt und sich anschließender Versöhnung zog die Mutter (38) mit ihren beiden Kindern (4, 6) zu einer Freundin und gab dem Ehemann zu verstehen, dass sie die Scheidung einreichen wolle. Der Umgang der Kinder mit ihrem Vater (42) wurde zunächst informell geregelt (Wochenendbesuche, ein- bis zwei Tage stundenweise in der Woche, nach vorheriger Absprache über WhatsApp). Der Vater nutzte die Gelegenheit bei Abholung und beim Zurückbringen der Kinder, auf die Mutter einzuwirken, indem er seine Treue und Liebe bekundete und u. a. die Bedeutung einer „intakten

Familie" für das Wohl der Kinder hervorhob. Er intensivierte seine „Liebesbeweise" auch durch Geschenke, Blumensträuße, Liebesbriefe, Erklärungen, sich bessern zu wollen usw. Da zunehmend die Kinder mit einbezogen wurden (ihnen gegenüber hatte der Vater angegeben, er werde bald wieder bei ihnen und der Mama sein), entschloss sich die Mutter, das Jugendamt einzuschalten, um eine förmliche Umgangsregelung zu erwirken und vor allem um die Übergabesituationen ohne Kontakt zwischen den Eltern zu regeln (freitags Abholung vom Kindergarten bzw. von der Grundschule, montags direkt dorthin zurückbringen). Die Sachbearbeiterin beim Jugendamt lud beide Eltern zu einem gemeinsamen Gespräch, in dessen Verlauf der Vater wütend den Raum verließ und die Tür hinter sich zuknallte. Auslöser war gewesen, dass die Sachbearbeiterin dem Vater erläutert hatte, dass ihm, wenn er die „Belästigung und Nachstellung" der Mutter nicht einstelle, per Gewaltschutzgesetz (bei entsprechendem Antrag der Mutter) eine *Wegweisungsverfügung* auferlegt werden könne. Die Mutter schildert später, dass sich das Verhalten des Vaters „um 180 Grad" gedreht habe und sie häufig Beschimpfungen, Bedrohungen (über verschiedene Medien) und Verleumdungen (bei Nachbarn) ausgesetzt worden war, bis hin zu Sachbeschädigungen (Reifen zerstochen, Spiegel am Auto abgebrochen). Hinzu sei gekommen, dass die Kinder zunehmend instrumentalisiert und für die Zwecke des Vaters eingespannt wurden, indem dieser ihnen „erklärte", dass nur er sie lieb habe und die Mama krank sei. Nachdem die Mutter einen Zettel an der Windschutzscheibe ihres Autos mit der Zeile *Du wirst in deinem Leben niemals wieder glücklich sein* vorfand, erstattete sie Anzeige bei der Polizei. Es folgte eine sog. *Gefährderansprache* beim Vater mit Hinweis auf eventuelle strafrechtliche Konsequenzen. Die Ansprache hatte zunächst keinen durchschlagenden Erfolg, es trafen weiterhin Drohbriefe ein. Im Verfahren nach § 238 StGB wurde der Vater zu einer Geldstrafe (3000 €) verurteilt mit der Ankündigung, bei Wiederholung der Stalkinghandlungen sei eine Inhaftierung nicht auszuschließen. Nach dieser Ankündigung trat eine Beruhigung der Lage ein, indem der Vater keine Versuche einer Kontaktaufnahme mit der Mutter mehr unternahm. Am Valentinstag des Folgejahres wurde die Wohnung der Mutter verwüstet; sie war an diesem Tag mit den Kindern und einem neuen Lebensgefährten verreist. Der Vater hatte sich „nachweislich" bei einem Freund aufgehalten. Der Täter konnte nicht ermittelt werden.[11]

Das Beispiel offenbart verschiedene Eskalationsstufen, worunter besonders die erste hervortritt, da mit ihr der Wechsel von auf Wieder-

---

[11] Quelle: Autor.

herstellung der vormaligen Beziehung gerichteten Aktivität zu Handlungen mit Bedrohungspotential vollzogen wird. Als entscheidend für den Wandel fungieren hier die Situation beim Jugendamt und die Androhung einer Wegweisungsverfügung (eigentlich nicht Sache des Jugendamtes). Dergleichen Auslöser *(Trigger)* wurden in der Literatur zum Stalking als „dramatische Momente" *(dramatic moments)* bezeichnet [2]. Stalking erscheint dabei als ein „Kipp-Phänomen", indem bestimmt Schlüsselreize zu einer abrupten Verhaltensänderung – zumeist in negativer Richtung – führen. „Dramatisch" bezieht sich hierbei auf die Zuspitzung in emotionaler Hinsicht. Es entspricht dies häufig einem *histrionischen* Persönlichkeitsbild mit der Tendenz zum „großen Auftritt" und zu heftigen Affekten.[12] Der Sachverhalt ist besonders im Hinblick auf Risikoeinschätzungen von Stalking und auf Möglichkeiten für eine De-Eskalation bedeutsam, indem etwa durch konsequente Kontaktvermeidung einem Aufschaukeln der emotionalen Impulse vorgebeugt werden kann.

Weit weniger offensichtlich dagegen sind solche Momente und Ereignisse, die scheinbar zufällig oder doch unerwartet als Endprodukt einer längeren Entwicklung in der Stalking-Dynamik auftreten und dennoch von nachhaltiger Auswirkung sind. Sie gleichen dann dem „letzten Tropfen, welcher das Fass zum Überlaufen bringt."

Das Maß ist voll

Ein Stalker erklärt, er habe mit der betreffenden Frau doch nur „normale Kontakte" herstellen wollen, das sei doch nicht ungewöhnlich und er sei eher das Opfer. Er sei erst „ausgerastet", als er sie einmal mit einem ihm fremden Mann in einem Café habe sitzen sehen und sie habe diesen „angelächelt." Da habe er beschlossen, „etwas härter Maßnahmen" zu ergreifen [*Anmerkung:* diese bestanden aus Sachbeschädigung, Briefe mit zum Teil obszönem Inhalt, Beleidigungen, Bedrohung der körperlichen Unversehrtheit]. Erst viel später habe er erfahren, dass es sich bei dem Mann um den Bruder der Frau gehandelt habe.[13]

---

[12] Vgl. unten Abschn. 4.6.3.
[13] Aus einer Mail an den Verfasser.

Es liegt nahe, diesen Fall wiederum in die Kategorie *narzisstische Kränkung* einzuordnen. Solche Personen reagieren mit Zurückweisung und dem damit verbundenen Gefühl, weniger Wert zu sein (als der Nebenbuhler) mit Wut und dem Verlangen, die Zielperson zu demütigen, zu schädigen, sie zu kontrollieren und zu verletzen. Stalking gleicht einem *dynamischen System,* welches durch fortgesetztes Handeln der Personen zunehmend in einen *labilen* Zustand versetzt wird, sodass schließlich ein eher geringfügiger Anlass ausreicht, um einen neuen Systemzustand auf einer höheren Eskalationsebene herbeizuführen.[14]

4.6.3 Die dritte Dimension: Realitätsbezug und Pathologie

Der bedeutende Anteil von Persönlichkeitsfaktoren, sowohl beim Zustandekommen von Stalking, als auch bei dessen Aufrechterhaltung und Weiterentwicklung, wurde in diesem Buch bereits mehrfach betont. Dabei sind zwei Aspekte zu berücksichtigen, welche die Dynamik von Stalking-Prozessen betreffen:

a. Persönlichkeitseigenschaften sind zwar in ihrer Ausprägung als zeitlich relativ überdauernde Größen zu betrachten – sonst wäre es nicht möglich, Vorhersagen auf Verhalten zu treffen -, sie stehen jedoch keinesfalls unabänderlich in einer konstanten Verbindung mit dem offenen Verhalten. Entgegen mancher verbreiteter Ansicht können Menschen sich als Ergebnis von Erfahrung und Lernen ändern – zum Guten wie zum Schlechten hin. Es ist dies eine Voraussetzung für die Wirksamkeit von therapeutischen Interventionen oder sonstigen Maßnahmen zur Eindämmung eines unerwünschten Verhaltens.

---

[14] Die Parallele zur *Theorie Dynamischer Systeme* ist hier nicht zufällig. Sie beschreibt und erklärt den abrupten Übergang zu einem anderen Systemzustand infolge des Einwirkens von „Störgrößen" mit oftmals, für sich allein genommen, geringer Effektstärke. (Ein häufig zitiertes Beispiel ist ein einziger Schlag eines Schmetterlingflügels, welcher eine Naturkatastrophe auslöst) [10].

b. Verhalten (Stalkinghandlungen) sind das Ergebnis eines Zusammen-
wirkens *(Interaktion)* von Eigenschaftsausprägungen (Dispositionen)
und Situationen, in welchen sich die agierenden Personen gerade
befinden, oder welche von ihnen herbeigeführt werden (wissentlich
oder unbeabsichtigt).

Das oben angeführte Beispiel zeigt, wie eine zunächst als harmlos ein-
zuordnende Situation beim Jugendamt zu einer weiteren Eskalation
im Stalking führen kann. Für die verfolgte Person besteht daher die
Notwendigkeit, ihr Augenmerk auch auf die besonderen Anlässe und
Gelegenheiten zu richten und dabei auch zugleich ihr eigenes Verhalten zu reflektieren und gegebenenfalls zu korrigieren.[15] Ein einfaches
Beispiel stellt die Verletzung des in der Stalkingliteratur durchgängig
betonten Kontaktverbotes – soweit von der Zielperson initiiert – dar.
(Es gibt Ausnahmen, auf die in diesem Buch später eingegangen wird).

Jenseits einer Einschränkung der Wirksamkeit von Persönlichkeits-
dispositionen ist es für die Analyse von Stalking jedoch von Nutzen,
sich der jeweiligen Grundlagen für Stalking, soweit diese in der Persönlichkeit des Täters wurzeln, bewusst zu werden. Sie stehen, nicht
zwingend, aber doch häufig in einem inneren Zusammenhang mit
der jeweiligen Motivlage (den Motivatoren) auf der oben dargestellten
zweiten Dimension von Stalking. Auch hier reicht das Spektrum der
Klassifikation von dem „noch annähernd normalen oder pathologisch-
psychiatrisch unauffälligen" bzw. noch nicht auffällig gewordenen Täter
bis hin zu einer schwer gestörten, psychotischen Persönlichkeit. Insoweit gemäß einem dimensionalen Ansatz auch hier Übergänge infrage
kommen (vermittelt über situative Faktoren), gehen diese mit einer
zunehmenden Schwere der pathologischen Belastung des Täters einher. Es ist allerdings zu beachten, dass grundlegende Veränderungen in
der Persönlichkeitsstruktur und dem psychopathologischen Status von
Personen in der Regel sehr langsamen Verläufen entsprechen und beispielsweise ein plötzliches „Abgleiten in die Psychose" eher selten ist,

---

[15] Zum *situativen* Ansatz in der Kriminalitätsbekämpfung s. weiter unten Kap. 9.

ausgenommen relativ kürzere psychotische Episoden, welche durch kritische Lebensereignisse bzw. außerordentliche Belastungen ausgelöst werden können. In der *Darmstädter Stalking Studie* ergab sich für ein Drittel der Befragten, bei denen mindestens eine Stalking-Episode beendet war, für die Dauer des Stalkings ein Mittelwert von knapp 2 ½ Jahren (28,3 Monate). Nur 7 % der Befragten gaben mehr als 3 Jahre an [11]. Man wird also davon ausgehen können, dass wesentliche Veränderungen in der psychischen Konstitution von Tätern in diesem Zeitraum eher selten sind. Für die Analyse von Stalking bedeutet dies, den jeweiligen psychischen Status des Stalkers als eine relativ feste „Eingangsgröße" anzusetzen und dabei die Möglichkeit einer *progredienten* Veränderung – vor allem bei länger anhaltendem Stalking – nicht gänzlich auszuschließen.

Ungeachtet der Frage, ob Stalker psychisch krank sind oder nicht: sie verletzen mit ihrem Handeln soziale Normen und schädigen andere Personen auf die ein oder andere Weise und mit unterschiedlichem Schweregrad. Normabweichendes Verhalten lässt sich eventuell auf Persönlichkeitsebene bestimmten Merkmalen (*Konstrukten*) zuordnen. Diese bestimmen – zusammen mit den spezifischen Charakteristika der jeweiligen Situation – das beobachtbare Verhalten. Betrachtet man Stalking unter dem Aspekt normabweichender Wahrnehmungs- und Erlebensweisen, so offenbart sich darin vor allem ein gestörtes Verhältnis zur Realität. Bereits dem (konsequent!) zurückgewiesenen Ex-Partner mangelt es daran, „den Tatsachen ins Auge zu sehen", er ist nur schwer oder nicht mehr „erreichbar", und für den psychotischen oder paranoiden Täter ist ein Realitätsbezug kaum noch vorhanden oder gänzlich auszuschließen. Auch im mittleren Bereich des Spektrums, insbesondere bei Persönlichkeitsstörungen, ist die Prüfung der Realität oftmals eingeschränkt, und die betreffende Person ist in ihren Wahrnehmungs- und Denkmustern einseitig auf ihre eigenen Interessen und Bedürfnisse fokussiert oder tatsächlich unfähig, eine Veränderung in ihrem Leben zu akzeptieren.

Eine Einteilung unterschiedlicher psychischer Störungsbilder nach dem Grad des jeweiligen Realitätsbezugs erscheint vor allem im Hinblick auf die Wirksamkeit von therapeutischen Interventionen sinnvoll, da mit zunehmendem Realitätsverlust die „Erreichbarkeit" des Patienten gleichfalls zunehmend eingeschränkt ist, wohingegen das Risiko für schwerere Formen einer Beeinträchtigung der Zielperson (physische Angriffe, Tötung) einer solchen Progression eher nicht unterliegt (dazu weiter unten Kap. 7).

Auf der mit *Realitätsbezug* betitelten dritten Dimension unseres Schemas lassen sich die folgenden psychischen Störungs- und Krankheitsbilder – Reihenfolge mit zunehmendem Realitätsverlust – einordnen:

- *Persönlichkeitsakzentuierungen.* Diese verweisen auf Probleme in Bezug auf Schwierigkeiten bei der Lebensbewältigung. Menschen ähneln sich in ihrer Persönlichkeit und unterscheiden sich zugleich. Treten bestimmte Eigenschaften oder Eigenschaftskonstellationen in der Persönlichkeit stärker hervor – verglichen mit der Durchschnittsnorm der jeweiligen Bezugsgruppe (der *Alterskohorte*) – und führen diese dazu, dass die betreffende Person Schwierigkeiten hat, ihr Leben zu bewältigen und störungsfrei zu „funktionieren", spricht man von Persönlichkeitsakzentuierungen. Es handelt sich sozusagen um „Spielarten des Normalen" ohne Krankheitswert. Neigt beispielsweise jemand dazu, sich in bestimmten Situationen leicht aufzuregen, sich nicht beherrschen und seine Affekte nicht zügeln zu können, könnte man diesem einen Mangel an Impulskontrolle unterstellen, welcher wiederum zu Problemen in der Kommunikation mit anderen Personen führt. Persönlichkeitsakzentuierungen werden ähnlich oder gleich mit Persönlichkeitsstörungen benannt, sie verbleiben jedoch nach dem Grad ihrer Ausprägung unterhalb der Schwelle zu Verhaltensstörungen mit längerfristigen und schwerwiegenderen Auswirkungen auf die Alltagsbewältigung und auf das Zusammenleben mit anderen Menschen.
- *Persönlichkeitsstörungen (einschließlich Substanzmissbrauch).* Auch bei Persönlichkeitsstörungen treten bestimmte Eigenschaftskonstellationen stärker hervor, als im Mittel zu erwarten. Sie verkörpern jedoch deutliche Abweichungen im Wahrnehmen, Denken, Fühlen und in den Beziehungen zu anderen. Die damit auf der Beobachtungsebene einhergehenden Verhaltensstörungen sind *relativ stabil* über größere Lebensabschnitte (oder auch über das

gesamte Leben).[16] Einige Verhaltensstörungen haben genetische Wurzeln (Temperamentsfaktoren bzw. konstitutionelle Faktoren), andere entwickeln sich sehr früh in der Kindheit und im Jugendalter (z. B. Störungen des Sozialverhaltens) und verfestigen sich dann im Erwachsenenalter. Menschen mit Persönlichkeitsstörungen bzw. mit Verhaltensstörungen sind therapiebedürftig, sie „leiden unter sich selbst oder sie fügen anderen Leiden zu" [5]. Für das Verständnis verschiedener Formen von Stalking (ausgenommen solche mit wahnhaftem oder psychotischem Hintergrund) sind einige Persönlichkeitsstörungen von besonderer Bedeutung. Dazu zählen:

– Die *paranoide Persönlichkeitsstörung:* ein durchgängiges Misstrauen gegenüber anderen, die verdächtigt werden sie auszunutzen, zu schädigen oder zu täuschen, unbegründete Eifersucht, „Verschwörungs- und Verfolgungsideen", bei Kränkungen lange nachtragend, harmlose Bemerkungen oder Vorkommnisse werden als versteckte, abwertende oder bedrohliche Angriffe auf die eigene Person gedeutet, der Ehe- oder Sexualpartner wird häufig ohne jede Berechtigung der Untreue verdächtigt usw.[17] Stalker, die eher in diese Kategorie fallen, sehen sich oftmals selbst als Opfer, denn sie sind es ja, die zurückgewiesen werden oder deren Gefühle nicht anerkannt werden. Da sie sich selbst von anderen verfolgt oder als ungerechtfertigt behandelt fühlen, sind Rache– oder Vergeltungsgedanken nicht selten.

– Die *histrionische Persönlichkeitsstörung:* „Leitsymptome" dieser Störung sind eine überstarke Emotionalität oder ein Streben nach Aufmerksamkeit. Solche Personen fühlen sich am wohlsten, wenn sie im Mittelpunkt der Aufmerksamkeit stehen, in ihrem Kommunikationsverhalten erscheinen sie oftmals unangemessen

---

[16] *Stabilität* bedeutet hier, dass die relativen Abweichungen gegenüber der Norm über größere zeitliche Abschnitte oder über die gesamte Lebensspanne erhalten bleiben. Es lässt sich dies am besten für körperbezogene Masse erklären: Kinder, die schon bei der Geburt körperlich groß sind (verglichen mit dem Mittelwert ihrer Altersgruppe), sind auch im Erwachsenenalter größer als andere.

[17] Kurzcharakterisierungen hier und im Folgenden gemäß *Internationaler Statistischer Klassifikation der Krankheiten und verwandter Gesundheitsprobleme (ICD-10)*, 10. Revision, herausgegeben von der *Weltgesundheitsorganisation (WHO)*.

sexuell verführerisch oder es stehen Versuche im Mittelpunkt ihres Verhaltens, andere zu provozieren. Es zeigt sich eine Tendenz, sich selbst in dramatischer Weise darzustellen, mit übertriebenem Gefühlsausdruck. Im Hinblick auf Stalking ist hier eher an solche Verhaltensformen zu denken, bei welchen die Selbstdarstellung im Mittelpunkt steht, wie zum Beispiel im Falle des „betrogenen Partners" oder der mit Mitteln der Selbstdarstellung zu überzeugenden „angebeteten Zielperson." Entsprechend ihrem Hang zur Dramatisierung und Übertreibung – bei gleichzeitiger „Unechtheit" der Gefühle – sind solche Personen dazu prädestiniert, falsche Angaben zu machen und Stalking nur vorzutäuschen (*Falsches Stalking Syndrom;* vgl. oben Abschn. 2.2).

– Die *vermeidend-selbstunsichere Persönlichkeitsstörung* (auch *ängstlich-vermeidende Persönlichkeitsstörung*). Sie stellt gewissermaßen einen Gegenpol zur histrionischen Störung dar, in dem hier soziale Hemmung, Versagungsgefühle und eine besondere Empfindlichkeit gegenüber negativer Beurteilung im Vordergrund stehen. Solche Personen vermeiden aus Angst vor Kritik an ihrer Person oder vor Zurückweisung engere zwischenmenschliche Kontakte. In Gesellschaft erscheinen sie oftmals unbeholfen, persönlich unattraktiv und ungewollt minderwertig im Vergleich zu anderen Personen. Als Stalking-Typen kommen hier solche infrage, bei denen zwar ein Wunsch nach sozialer Nähe bzw. nach der Aufnahme einer engeren Beziehung besteht (häufig übermächtig), dieser aber nicht durch ein entsprechend angemessenes „konventionelles" Kommunikationsverhalten umgesetzt werden kann. Solche Personen können bei Zurückweisung sehr ärgerlich werden und zumeist versteckte Angriffe sind durchaus üblich.[18]

– Die *antisoziale Persönlichkeitsstörung* bezeichnet ein Störungsbild, bei welchem vor allem die Verletzung sozialer Normen und antisoziale Verhaltensweisen wie Lügen, Betrügen und Beschuldigen anderer usw. im Mittelpunkt stehen. Solche Personen „rasten leicht

---

[18] In der Typologie von Mullen et al. [4], entspricht dies dem *sozial-inkompetenten* wie auch dem *intimitätssuchenden* Stalker.

aus", neigen zu gewalttätigem Verhalten und sind besonders häufig in Auseinandersetzungen mit anderen verwickelt. Aufgrund ihrer Unfähigkeit, dauerhafte Beziehungen aufrecht zu erhalten und einem fehlenden Schuldbewusstsein, finden sich solche Personen häufiger in belasteten Beziehungen mit häuslicher Gewalt. Soweit es sich um Männer handelt – das ist meistens der Fall -, haben diese eine gutes Gespür dafür, welche Frauen ausreichend verletzbar und „schwach" sind, um ausgenutzt und dominiert zu werden. Die Gefahr gewaltsamer Angriffe mit körperlicher Verletzung nach der Trennung ist hier besonders hoch.

– Die *narzisstische Persönlichkeitsstörung*. Sie wurde in diesem Buch schon mehrfach angesprochen. In einem diagnostischen Manual wird diese umschrieben als „ein tief greifendes Muster von Großartigkeit (in Fantasie oder Verhalten), dem Bedürfnis nach Bewunderung und einem Mangel an Empathie, einem grandioses Gefühl der eigenen Wichtigkeit, Fantasien grenzenlosen Erfolgs, Macht, Glanz, Schönheit oder idealer Liebe, dem Verlangen nach übermäßiger Bewunderung, Neid auf andere oder dem Glauben, andere seien neidisch auf sie, schließlich arrogante, überhebliche Verhaltensweisen oder Haltungen."[19] Die besondere Relevanz für Stalking ergibt sich hier vor allem aufgrund einer nicht angemessen verarbeiteten Kränkung bei Zurückweisung oder bei Nicht-Anerkennung ihrer „Größe", an welche sich – nicht selten – Vergeltungs- und Rachegefühle (aufgrund *narzisstischer Wut*) und deren Umsetzung in offenes, feindseliges und verletzendes Verhalten anschließen. Die Störung dürfte auch im Falle des sogenannten *Prominentenstalking* eine Rolle spielen, da die Nähe zu der von anderen bewunderten und gefeierten Zielperson (oder bereits die fantasierte Nähe) dem Verfolger, welcher sich mit dieser Person identifiziert, eigenen Glanz verleiht. Man spricht dann auch von einer *narzisstischen Vereinigung*. Wichtig erscheint hier eine Abgrenzung zum normalen *Fan*, welcher zwar auch die Berühmtheit verehrt, bewundert und zu welcher er Nähe

---

[19] *Diagnostic and Statistical Manual of Mental Disorders* (DSM-IV) 301.81.

herstellen möchte, der aber ungleich dem narzisstisch Gestörten über einen ausreichenden Realitätsbezug verfügt, indem ihm bewusst ist, dass es sich hier zumeist um Wunschdenken handelt, welches in der Realität kaum oder gar nicht Erfüllung finden wird. Jens Hoffmann hat in seiner Studie zum Prominentenstalking diesen Unterschied herausgearbeitet und die narzisstischen Stalker wie folgt charakterisiert: *Sie glauben, dass eine wirkliche persönliche Nähe vorhanden ist oder schicksalhaft noch kommen wird und bewegen sich deshalb in einem Bereich, in dem Fantasie und Realität unlösbar ineinander verschlungen sind* [2, S. 94].

– Die *Borderline Persönlichkeitsstörung* ist eine „psychosenahe" Störungsform und damit eine Art Bindeglied zwischen einer gestörten und einer psychotischen Persönlichkeit. Sie zeigt deutliche Übergänge zu dissoziativem und paranoid-halluzinatorischem Verhalten. Im Vordergrund stehen die hohe Instabilität in zwischenmenschlichen Beziehungen, im Selbstbild und der Selbstwahrnehmung, sowie starke Schwankungen in den Affekten, welche von hoher Impulsivität geprägt sind. Besonders auffällig ist die hohe Schwankungsbreite der Affekte und Stimmungen, welche sehr rasch wechseln können und Reaktionen wie extreme Wutausbrüche, welche nicht kontrolliert werden können und die sich – völlig unerwartet – gegen eine andere Person oder auch gegen sich selbst richten können - mit der Gefahr einer ernsthaften Schädigung. Andere – zumeist prominente oder gesellschaftlich hochbewertete Personen – können bewundert und geliebt werden, im nächsten Moment aber auch gnadenlos „vom Sockel" gestürzt werden. Die Diagnose „Borderlinestörung" wird seit einiger Zeit relativ häufig gestellt und das Konzept unterliegt der Gefahr einer Überbewertung und eines inflationären Gebrauchs; die Kriterien, welche erfüllt sein müssen (eine bestimmte Dauer und eine bestimmte Anzahl von gleichzeitig vorhandenen Symptomen), werden dann oftmals zu locker gehandhabt. Im Rahmen von Stalking ist besonders die Motivlage von Interesse, welche ein verzweifeltes Bemühen der Person betrifft, von einem Partner oder einer Partnerin nicht verlassen zu werden. Destruktive Ideen und Handlungen kreisen dann um den Grundsatz „Wenn ich sie nicht bekommen kann, dann soll sie keiner bekommen." Der Übergang zu psychotischen Episoden wird in Stresssituationen deutlich, wenn im Erleben paranoide Ideen und Ängste, im Extremfall auch halluzinierte Wahrnehmungen hervortreten.[20]

- *Zeitlich begrenzte, wahnhafte und andere Störungen mit psychotischer Relevanz.* Hierunter fallen insbesondere Störungen im Bereich des Denkens, der Wahrnehmung und der Stimmungen, sowie – als spezielle Gruppe – die psychischen Folgen von Substanzmissbrauch. Personen mit Denk- und Wahrnehmungsstörungen haben oftmals schwerwiegende Probleme mit der Realitätswahrnehmung: Halluzinationen (zumeist akustische), Wahnvorstellungen und unorganisiertes Denken. Zu den ausgeprägten psychotischen „Krankheiten" (Schizophrenie, sog. bipolare Psychose[21]) besteht der Hauptunterschied in der zeitlichen Begrenzung (nur wenige Monate, Wochen oder Tage – mit anschließender Besserung) und in der Beschränkung auf nur wenige, verhältnismäßig stabile Symptome wie Wahnphänomene oder Halluzinationen, welche jedoch nicht die Kriterien für die Diagnose einer Schizophrenie erfüllen. Gleichfalls zu dieser Gruppe gehören *affektive Störungen,* deren Hauptmerkmal „in einer Veränderung der Stimmung oder der Affektivität entweder zur Depression – mit oder ohne begleitender Angst – oder zur gehobenen Stimmung bestehen."[22] Als Sondergruppe sind hier auch die Störungen infolge von exzessivem *Substanzmissbrauch* einzuordnen. Es handelt sich um eine Vielzahl von psychischen und körperlichen Störungen mit unterschiedlichem Schweregrad: Alkoholmissbrauch und „akuter Rausch", Abhängigkeitssyndrom, Entzugssyndrom mit *Delir,* psychotische Störung (mit Halluzinationen vor allem akustischer Art, Wahrnehmungs-

---

[20] Auf die inzwischen umfangreiche Forschungsliteratur – insbesondere die Wurzeln der Störung in der frühen Kindheit betreffend („Bindungsproblematik") – kann hier nicht eingegangen werden. Eine ausführliche Darstellung findet sich z. B. bei *Fiedler* [1].

[21] Früher *manisch-depressive Psychose* mit abwechselnden Episoden extremer Euphorie und tiefer Depression (oder auch nur depressive Episoden).

[22] Im ICD-10 unter Diagnosegruppe F30-F39.

störungen, Wahnideen, abnorme Affekte, intensive Angst u.a.m.). Allen diesen Störungen ist gemeinsam, dass die Realitätswahrnehmung deutlich eingeschränkt ist. In diese Kategorie lässt sich auch die *Erotomanie* (vgl. oben Abschn. 3.5.1) einordnen, allerdings mit der Einschränkung, dass sich bei dieser die Wahnvorstellungen auf eine bestimmte, konkrete Person (mit oder ohne direkten Kontakt bzw. im Bereich des Prominentenstalkings angesiedelt) erstrecken. Es handelt sich dann um eine Form *obsessiver* (zwanghafter) *Fixierung* auf die Zielperson, welche aufgegeben und durch eine neue Person ersetzt werden kann.

- *Psychosen (schizophrene und andere Erkrankungen).* Hierunter fallen alle psychischen Erkrankungen mit ausgeprägt wahnhaften Episoden, Halluzinationen (Stimmenhören), Denkstörungen („gemachte" Gedanken, Gedankenlautwerden, Gedankenentzug), paranoider Kontrollwahn oder lang andauernder Wahn (manchmal lebenslang) als Einzelsymptom *(anhaltende wahnhafte Störung).* Viele der in der Öffentlichkeit besonders herausgehobenen Fälle von Tötungsdelikten (Betroffene sind oftmals Prominente oder Politiker) lassen sich in die Kategorie einer *paranoiden Schizophrenie* einordnen, wenn beispielsweise die Zielperson wahnhaft als Inkarnation des Bösen oder des Satans gesehen wird, von welcher eine Bedrohung des Lebens der Zielperson ausgeht. Typisch für Stalking sind u. a. wahnhafte Vorstellungen, wonach eine bestimmte Person dem Stalker „Zeichen" übermittelt hat, welche ihn auffordern deren Nähe zu suchen, wie z. B. im Falle der TV-Nachrichtensprecherin, welche eine lila Bluse trug und der Verehrer dies als Aufforderung verstand, sie an diesem Wochenende aufzusuchen [4, S. 72]. In die Kategorie psychotischer Erkrankungen fallen auch solche mit eher *depressiver* und/oder *manischer* Symptomatik: In schweren Fällen von Depression finden sich häufig psychotische Symptome (Halluzinationen und Wahn, insbesondere Beziehungswahn), allerdings sind solche Personen „am tiefsten Punkt des Tales" zu sehr antriebsgehemmt, um tätig zu werden, sodass eine Gefährdung für die Zielperson eher in der „Ausklingphase" der Depression besteht. Stalking in extrem *manisch-euphorischen* Phasen ähnelt dem Bild, welches Stalking auf Basis einer histrionischen Persönlichkeitsstörung betrifft, allerdings mit deutlich geminderter Realitätswahrnehmung und extremerer Ausprägung im Bereich der wahnhaften Störung.

4.7 Zur Bedeutung der Situation

Die Frage ist, in welcher Weise ein Klassifikationssystem zum Verständnis des konkreten Einzelfalles beitragen kann. Der mehrdimensionale Ansatz eröffnet dabei die Möglichkeit, den Einzelfall als Kombination verschiedener Positionen auf den Dimensionen darzustellen und damit der Komplexität von Stalking in gewisser Weise zu entsprechen. Dabei ist zusätzlich die jeweilige Situation zu berücksichtigen, welche ihrerseits zur Anbahnung (Auslösung) und zur Aufrechterhaltung von Stalking beiträgt. Sie lässt sich grob einteilen in Situationen mit *direkten* und mit *indirekten* Kontakten zwischen Stalker und Zielperson. Dabei kann es sich aufseiten des Stalkers um eine bekannte oder unbekannte Person handeln.

Direkte Kontakte *(in vivo)* kann man vor allem erwarten, wenn zwischen beiden bereits eine persönliche Beziehung – vom Ex-Partner bis zum Arbeitskollegen und Bekannten – etabliert ist. Ausnahmen sind hier der „stille Verehrer" oder der sozial inkompetente Stalker, sowie der psychisch verletzte, zurückgesetzte oder gedemütigte Arbeitskollege oder Bekannte, welcher sich für tatsächlich oder vermeintlich angetanes Unrecht rächen möchte. (Im Arbeitskontext kann dabei auch die Gruppe genutzt werden; dann würde man eher von *Mobbing* sprechen; vgl. oben Abschn. 3.5.2).

Indirekte Kontakte betreffen alle Situationen, in denen es nicht zu einem offenen Zusammentreffen der agierenden Personen kommt. Hier sind zahlreiche Konstellationen denkbar, welche nach Art der Vorbeziehung und der eingesetzten Kommunikationsmittel (Medien) variieren. Während Telefonate, Briefe und andere Mitteilungsformate (SMS, E-Mail, WhatsApp etc.) noch einen relativ „privaten" Zugang zur Zielperson erlauben, stehen dem anonyme Botschaften unter Einsatz von „Gratifikationen" auf symbolischer Ebene (z. B. unerwünschte Warenzusendungen), Verleumdungen oder „Liebesbekundungen" über Internet *(Cyberstalking)* oder auch „nur" verstecktes Stalking zur Vorbereitung einer anderen Straftat (Verletzung, Tötung) gegenüber.

Situationen – oder auch Gelegenheiten – sind in zweierlei Hinsicht bedeutsam: *theoretisch*, insoweit sie mit den jeweiligen personalen Faktoren (Eigenschaften) zusammenwirken und so das Verhalten bestimmen – und *praktisch*, indem sie veränderliche Größen darstellen und damit bis zu einem gewissen Grade von den handelnden Personen manipulierbar, aufseiten des Opfers auch in vielen Fällen vermeidbar, sind. Beim Umgang mit Stalking aus Opfersicht wird man somit zuerst dort ansetzen, wo die Möglichkeit besteht, entsprechende Gelegenheiten zu vermeiden oder situative Faktoren in ihrer Wirksamkeit deutlich abzuschwächen, beispielsweise durch eine gerichtlich herbeigeführte Wegweisungsverfügung oder durch Strafandrohung.[23]

4.8   Einige typische Stalker-Profile

Stalkertypologien und Klassifikationen sind nützlich, wenn es um eine rasche Orientierung und Einordnung im Hinblick sowohl auf das Ausmaß an Bedrohung und Belastung als auch auf die Anwendung geeigneter Maßnahmen zu dessen Beendigung geht. Die Einordnung und nähere Bestimmung des jeweiligen Stalking-Profils entspricht einer *funktionalen Analyse* der vorzufindenden oder noch näher zu bestimmenden Gegebenheiten; dabei geht man in der Regel von den beobachtbaren Verhaltensweisen aus und verbindet diese in einem ersten Schritt mit dem gleichermaßen als „Eingangsgröße" fungierenden Beziehungsstatus der betroffenen Personen. Die Frage ist dann etwa, welche Funktion das gezeigte Verhalten im Hinblick auf die „dahinterliegenden" Motive und Verhaltensdispositionen (Persönlichkeitsstruktur) hat. Erleichtert wird eine solche Interpretation, wenn man in der Lage ist, Tatsachen und Ereignisse aus der Vorgeschichte des Paares (wenn es sich um Ex Partner Stalking handelt) oder aus der Biografie des Stalkers wie auch des Opfers herbeizubringen. Häufig genanntes Beispiel ist der bereits im Zusammenleben mit dem Opfer gewalttätig gewesene Expartner, bei welchem Stalking eine Art Fortsetzung des

---

[23] Ausführlich dazu Kap. 8.

Gleichen darstellt, nunmehr eventuell mit veränderter Motivationslage (Rache). Das Beispiel liegt auch deshalb nahe, weil bekanntermaßen etwa die Hälfte aller Stalkingfälle den Partner oder die Partnerin einer vormaligen intimen Beziehung betrifft und es somit nicht verwundert, dass *Expartnerstalking* in vielen Typologien an erster Stelle steht, gefolgt von Stalking durch einen Freund, Bekannten, Arbeitskollegen, Klienten usw. bis hin zum Fremden. Indem es sich hierbei zunächst kaum um mehr als bloße Bezeichnungen handelt, bedarf es in weiteren Schritten einer näheren Einordnung auf den verbleibenden beiden Hauptkategorien, nämlich die motivationalen Gegebenheiten und der jeweilige psychopathologischen Status des Verfolgers.

Als ein weiterer Gesichtspunkt, welcher bei Klassifikationsversuchen Berücksichtigung findet, lässt sich die besondere Interessenslage anführen, welche bei Angehörigen verschiedener, mit Stalking befasster Professionen im Vordergrund der Betrachtung steht. So wurde etwa die zu Stalking am häufigsten erwähnte Typologie anhand der Untersuchung von Stalkingfällen entwickelt, bei denen es zu einer Aufnahme des Stalkers in eine entsprechend spezialisierte (psychiatrische) Klinik gekommen war. Die Hauptaufgabe bestand hier zunächst darin, Empfehlungen auszuarbeiten für eine juristische Würdigung und Einordnung des Stalkers, welcher noch vor Gericht zu erscheinen hatte. Da es für die Bestimmung des jeweiligen Strafmaßes sehr darauf ankommt, ob der Stalker für seine Taten persönlich verantwortlich gemacht werden kann oder nicht, ging es hier vor allem um die psychiatrische Diagnose und die jeweiligen Motive, welche für das Verhalten bestimmend waren. Die hier zu nennenden Typologie einer australischen Forschergruppe [4], welche sich u. a. durch eindrucksvolle Falldarstellungen auszeichnet, entspricht somit vor allem den Bedürfnissen einer Behandlung (Therapie) und Einordnung von Stalkingfällen aus klinischer und forensischer Sicht.[24] Andere Einteilungen versuchen, den speziellen Anforderungen in der polizeilichen Arbeit mit Stalkern

---

[24] Die Autoren unterscheiden – je nach hervorstechenden Merkmalen – fünf Stalker-Typen: den zurückgewiesenen *(rejected)*, den intimitätssuchenden *(intimacy seeking)*, den sozialinkompetenten Verfolger *(incompetent suitor)*, den hochgradig verärgerten *(resentfu)l* und den zumeist sexuell motivierten „räuberischen" Jagd-Stalker *(predatory)* [4].

zu entsprechen. Für Polizei und Ermittler besonders relevant sind dabei Anzeichen und Hinweise im Verhalten des Stalkers, welche eine (vorläufige) Einschätzung der Gefährlichkeit und der Interventionsmöglichkeiten des Stalkings im einzelnen Fall erlauben. Dabei ist zu beachten, dass beispielsweise Stalker vom sadistischen Typ in der Regel verdeckt agieren, im Gegensatz etwa zum wahnhaften Stalker, welcher kognitiv weniger in der Lage ist, strategisch zu denken und mit guten Argumenten sein Verhalten entweder zu rechtfertigen oder sich selbst sogar als Opfer darzustellen [7].

Nachfolgend werden einige der für Stalking typischen Klassifikationen kurz dargestellt und erläutert. Dabei wird auf eine „Etikettierung" nach Art einer Typologie verzichtet und es werden der jeweiligen Kategorie lediglich einige *Deskriptoren* vorangestellt. Die Klassifizierung entsprechend dem oben in Abschnitt 4.6 aufgeführten dreidimensionalen Schema ist im Sinne einer Schwerpunktsetzung (nach Häufigkeit des Vorkommens) zu verstehen und berücksichtigt nicht die eventuell auftretenden Verschiebungen im motivationalen Bereich (z. B. der zunehmend gekränkte und gewaltbereite Expartner) und im Hinblick auf die zumeist längerfristig angelegten Veränderungen im pathologischen Bereich (z. B. Übergang von der Akzentuierung zur Gestörtheit im Persönlichkeitsbereich).

- *Verliebtheit – schwärmerische Verehrung – soziale Hemmung* (SN 2–3/M 1/P 1)[25]
  Eher schüchterne, häufig aus dem Versteck heraus operierende, sich selbst überschätzende Verehrer, die sich spontan in eine Person verliebt haben (oftmals Zufallsbekanntschaften) und ihr „romantisches Interesse" eher ungeschickt und mit wenig Einfühlungsvermögen bekunden. Einzelgängertypen mit wenigen oder keinen längerfristigen vorherigen Beziehungen, häufig noch wenig „abgelöst" von der Herkunftsfamilie (wohnen noch bei den Eltern). Das Opfer wird idealisiert und eventuell bewundert (somit auch Prominente als

---

[25] Die Signierung folgt dem „Würfelmodells" im obigen Abschn 4.6 (Soziale Nähe SN, Motivatoren M; Realitätsbezug bzw. Psychopathologischer Status P; Ziffern siehe dort)i.

Zielpersonen). Kontakte finden in der Regel eher nicht auf persönlicher Ebene statt, sondern werden vorzugsweise über Briefe und Mitteilungen in den Medien hergestellt. In einer Mail bekundete einmal ein Stalker dieses Typs, er habe „urplötzlich" vor seiner Angebeteten gestanden, habe nichts sagen können und sei „fast in Ohnmacht" gefallen. Da sie wenig Sensibilität für die Bedürfnisse der Zielperson haben, sind diese „lästigen Begleiter" nur schwer davon zu überzeugen, dass sie mit ihrem Verhalten die verfolgte Person schädigen. Entsprechende Hinweise werden negiert oder mit Argumenten wie „ich wollte doch nur meine Zuneigung und Verehrung zeigen" zurückgewiesen. Zu einem Aufbau einer „tieferen" und nachhaltigen Beziehung nicht befähigt, verlassen diese Stalker nach einiger Zeit vergeblichen Bemühens die Zielperson und wenden sich einer neuen Person zu. Auf Persönlichkeitsebene kommen hier eher Akzentuierungen im *dependenten* („Verliebtheit" als Ausdruck des Wunsches nach Fürsorge und Unterstützung) und im *vermeidend-selbstunsicheren* (soweit ihnen die soziale Unbeholfenheit bewusst ist) Bereich infrage. Besonders in der frühen Phase des Stalkings erwecken sie beim Opfer nicht selten komplementäre Gefühle der Fürsorglichkeit (*vulgo* „Muttergefühle") und eine „verstehendes Nachvollziehen" ihrer sozialen Schwierigkeiten und Verschrobenheiten, wodurch sie sich wiederum in ihren Anstrengungen bekräftigt fühlen.[26]

„Du gehörst mir"- obsessive Fixierung und krankhafte Verliebtheit (SN1-2/M2/P2)

Auch hier handelt es sich zunächst um *Verliebtheit,* doch im Unterschied zum vorgenannten Typ ist der Verfolger deutlich offensiver in seinen Bemühungen, die Gunst und Zuneigung der Zielperson zu erlangen oder den Besitzanspruch auf den verlassenen Partner durchzusetzen. Die Persönlichkeitsakzentuierung entspricht häufig der *narzisstischen* Ausprägung, mit Übergang zur Persönlichkeits-

---

[26] Eine zunächst durchaus liebenswürdige Variante dieses Typs ist Alvy (gespielt von *Woody Allen*) in dem Film *Der Stadtneurotiker* (1977). Die von *Diane Keaton* gespielte Annie merkt jedoch bald, dass Alvy Stress bedeutet.

störung. In vielen dieser Fälle besteht eine nur lockere oder auf wenige Begegnungen fußende Beziehung (*Dating*-Beziehung), wobei der eine Partner sich nicht mit deren Beendigung abfinden will oder kann und unverhältnismäßig viel Emotionalität investiert, um diese wiederherzustellen bzw. fortzuführen. Eine Emotion, welche dabei das Stalking „befeuert" ist Ärger – als Ausdruck eines verletzten Selbst und eines Verlustes an Kontrolle, was wiederum aggressives Verhalten anbahnt.[27] Gemäß der Beharrlichkeit und Schwere der Stalkinghandlungen ist der Anteil an Stalkern mit Persönlichkeitsstörungen hier höher als bei der zuvor aufgeführten Form. Bei einer nicht-intimen Beziehung (mittlere bis geringe soziale Nähe) finden sich die Zielpersonen hier vor allem im Arbeitsumfeld, im Bekanntenkreis, bei nur gelegentlichen Kontakten mit professionellem Hintergrund (Arzt, Therapeut, Lehrer, Geschäftspartner etc.) oder bei sonstigen Kontaktpersonen wie Nachbarn oder Personen im Dienstleistungssektor. Stalker dieser Kategorie verfolgen und belästigen in der Regel *beharrlicher* (im Vergleich zu den gehemmten Typen) und ihr Repertoire an Stalkinghandlungen ist von höherer Bedrohlichkeit und Gefährlichkeit für die verfolgte Person. Weist die Zielperson den „Antrag" des Stalkers wiederholt und nachdrücklich zurück, so kann man erwarten, dass das Liebe-Werbeverhalten in vergeltungs- und rachemotivierte Handlungen umschlägt. (Der in diesem Buch auf Seite 20 geschilderte Fall gehört in diese Kategorie, allerdings mit noch eher milden Folgen). Ist Stalking anfänglich noch durch *Idealisierung* und durch eine gedankliches „Nicht-Loskommen" von der Zielperson charakterisiert, so bleibt spätestens dann, wenn die Verhaltensweisen bedrohlicher werden und wenn Gewalt ins Spiel kommt, nur noch das *obsessive, zwanghaft-beharrliche* Verfolgen übrig. Bei anhaltender Zurückweisung und mit zunehmenden Gewaltfantasien und einem weiteren Verlust an Realitätswahrnehmung geht diese Stalking-Form in ein

---

[27] Die sogenannte *Frustrations-Aggressions-Hypothese*, wonach Zurückweisung oder Vereitelung eines angestrebten Handlungsziels unmittelbar Aggression auslöst, musste revidiert werden, da diese Verknüpfung nicht in allen Fällen auftritt, sondern vor allem dann, wenn das frustrierende Ereignis zunächst *Ärger* zur Folge hat. Ärger ist somit ein *Moderator (Trigger)* für Aggression.

auf Rache und Vergeltung oder im Extremfall auf psychische und physische „Zerstörung" der Zielperson angelegtes Stalking über (s. nachfolgende Klassifikation).

- *Kränkung – Verärgerung – Vergeltung – Rache* (SN 1/M 3/P 2)
  Es ist dies sozusagen der „klassische" Fall des gekränkten, in hohem Maße verärgerten und gewaltgeneigten Ex-Partners. In manchen Fällen – vor allem dann, wenn eine der Grundlagen eine schwerere Persönlichkeitsstörung ist – sind hier auch Personen im näheren Umfeld des Stalkers (z. B. Arbeitskollegen oder der neue Partner des Opfers) betroffen. Es gilt die Regel: je schwerer die Störung, desto heftiger und bedrohlicher die Handlungen. Dabei können auch Verlustängste des Stalkers eine Rolle spielen. Dann nämlich, wenn die Vorbeziehung einer symbiotischen oder einer anderen pathologischen Konstellation entspricht, zu welcher zumeist beide Partner beigetragen haben.[28] Auf die besondere Gefährdungslage für den verfolgten Partner, welche sich aus Gewalterfahrungen in der vormaligen häuslichen Gemeinschaft ergibt, wurde bereits verschiedentlich hingewiesen. Ex-Partnerstalking beinhaltet ein hohes Risiko für eine ernsthaftere Schädigung der verfolgten Person.
- *Wahnvorstellungen – opferfixiert – „Unbelehrbarkeit"* (SN 1–3/M 2–4/P 3)
  Es sind Stalker, die gegen alle Argumente und gegen jede Vernunft, auch wenn es gar keine näheren Kontakte mit dem Opfer gegeben hat, an der Vorstellung festhalten, eine idealisierte Beziehung mit der verfolgten Person zu haben. *Sheridan* und *Boon* [7] unterscheiden einen gefährlichen und einen weniger gefährlichen Typ. Beim Erstgenannten überwiegt die Tendenz, das Opfer physisch zu schädigen, sexuell motivierte Attacken eingeschlossen. Das Opfer wird mit Telefonanrufen und Briefen mit z. T. obszönem Inhalt bombardiert, häufig auch an der Arbeitsstelle aufgesucht. Kontakte erfolgen unregelmäßig und unvorhersehbar. Persönlichkeitsstörungen, ins-

---

[28] Der leider zu früh verstorbene Paartherapeut *Jürg Willi* spricht hier von einer *Kollusion,* wenn die Partner sich einander aufgrund eigener pathologischer Merkmale gewählt haben und sich somit komplementär ergänzen.

besondere vom Borderline-Typ, schizophrene Episoden und sexuelle Probleme sind häufig. Auch der weniger gefährliche Typ hält an der Vorstellung fest, dass das Opfer die Beziehung will und entwickelt dazu entsprechend ausgedehnte Fantasien. Zweifel an der Beziehung sind selten; werden sie doch einmal zugelassen, so sind dafür andere Umstände oder Personen verantwortlich (*Rationalisierung*, z. B. wurden dem Opfer vom Ehemann „Dämonen" in den Kopf gesetzt). Beide Typen kommen mit einer Häufigkeit von etwa 15% vor.

Wahnhafte-obsessive Fixierung

Wahnhafte Fixierung – gefährlicher Typ. Frau G. wurde nach Verlassen ihrer Arbeitsstelle von einem ungepflegt aussehenden Mann angesprochen, welcher ein sexuelles Interesse bekundete. Sie ignorierte ihn, doch der Vorfall wurde zu einem täglichen Ereignis. Sie wurde von ihm regelmäßig bis nachhause verfolgt, wo er dann längere Zeit im Garten stand. Der Stalker war besessen von der Überzeugung, dass die Welt bald untergehen wird und dass es seine einzige Hoffnung auf Vergebung sei, mit Frau G. zusammen zu sein, wenn der Zeitpunkt gekommen sei. Diese Vorstellung und seine sexuellen Fantasien wechselten sich ab. Der Fall kulminierte, als Frau G. versuchte – während er im Garten stand – ihn mit Argumenten zu überzeugen. Er zeigte sich dafür völlig unerreichbar und fing an, Frau G. sexuell zu bedrängen. Die Nachbarn riefen die Polizei herbei. Der Stalker wurde in die Psychiatrie eingewiesen und eine Schizophrenie wurde diagnostiziert.

Wahnhafte Fixierung – weniger gefährlicher Typ. Ein verheirateter Mann entwickelte eine wahnhafte Fixierung an eine verheiratete Bankangestellte, welche er kaum kannte. Die wahnhafte Fixierung durchlief drei Phasen: Zunächst war er davon überzeugt, dass die Frau ihren Ehemann unverzüglich verlassen wird. Nach ein paar Wochen nahm er an, sie würde ihre Familie nicht verlassen, um ihren Ehemann nicht zu verärgern. Einige Monate danach änderte er seine Erklärung dafür, dass die Frau die Familie nicht verlassen wollte: er glaubte nun, dass der Ehemann seiner Frau „Stimmen" in den Kopf gesetzt hatte, die sie daran hinderten, mit ihm eine Beziehung einzugehen. Der Stalker hatte zu keinem Zeitpunkt die Frau und ihren Ehemann bedroht, doch die Fixierung hielt an und sein eigenes Arbeits- und Familienleben wurden dadurch ernsthaft gestört.[29]

---

[29] Zit. n. [7], S. 74, 76 [gekürzt aus dem Englischen vom Verfasser].

• *Sadismus – Unberechenbarkeit – sexualisierte Gewalt* (SN 1–3/M 4/P 1–2)

Sadismus gehört zu den schwerwiegenden Persönlichkeitsstörungen. Man versteht darunter ein Muster an Verhaltensweisen, die darauf gerichtet sind, eine andere Person zu demütigen, extrem zu kontrollieren und – falls das Opfer sich wehrt – unter Einsatz von körperlicher Gewalt zu verletzen, oftmals in grausamer Weise. Solche Personen haben Freude daran, andere zu quälen oder Szenen von Gewalt, Zerstörung und Leiden anderer Personen zu beobachten bzw. zu konsumieren (Filme). Sadisten sind fasziniert von Gewalt und von allem, was mit Waffen, Verwundung und Folter zu tun hat. Bezüglich Sexualität bevorzugen Sadisten Praktiken, welche dem Opfer völlige Unterwerfung abverlangen (z. B. Fesselung) und diesem Schmerzen bereiten. In der klinisch-psychologischen Diagnostik wird Sadismus als eine „Störung der Sexualpräferenz" eingeordnet (starke sexuelle Impulse und Fantasien und gesteigerte Erregung beim Ausführen der z. T. grausamen Handlungen). Insofern wird sexueller Sadismus als eine eigene Störungsform aufgefasst, welch nicht zwingend auch die nicht-sexuellen Äußerungsformen von Sadismus beinhalten muss; beides kann zusammen vorkommen, oder auch nicht. Da die „Freude am Zerstören" dort am größten ist, wo es etwas Wertvolles zu zerstören gibt, wählen sadistische Stalker ihre Opfer sorgfältig nach Kriterien aus, welche das Opfer als eine eher glückliche und mit dem Leben zufriedene Person, mit funktionierenden Sozialbeziehungen und Wohlstand erscheinen lassen. Die „Maßnahmen" dienen in erster Linie der Verängstigung des Opfers, indem „Zeichen" wie Veränderungen in der Wohnung nach unbemerktem Eindringen hinterlassen werden (z. B. durchwühlte Unterwäsche, Hinterlassen von Zigarettenkippen, Benutzung der Toilette), Hinterlassen von Zetteln und zwar *im* Auto des Opfers, da dies signalisiert, dass der Täter sich überall Zugang verschaffen kann. Auch Familienangehörige und Freunde werden in das Stalking einbezogen mit dem Ziel, das Opfer von diesen zu entfremden. Sadistische Stalker können – auch wenn sie

nicht dem sexuell angetriebenen Typ zugehörig sind – sehr gefährlich sein, indem sie psychologische Mittel einsetzen, um das Opfer
in Furcht und Panik zu versetzen, dessen Privatleben zerstören und
es sozial isolieren [7]. In manchen Fällen ist eine Abgrenzung des
sadistischen von der narzisstischen oder auch dissoziativen Persönlichkeitsstörung schwierig. So setzten etwa viele narzisstisch Gestörte
sadistische Mittel ein, um ihre Ziele zu erreichen, ebenso wie die
antisozialen Typen. Der Unterschied zur antisozialen (dissozialen)
Persönlichkeitsstörung besteht darin, dass sie in ihrem Verhalten
vor allem auf einzelne Personen (Opfer) fokussiert sind, um damit
klare Zielsetzungen in zwischenmenschlichen Beziehungen durchzusetzen. Andererseits sind sie damit im Unterschied zur dissozialen
Persönlichkeitsstörung zu spezifischer Empathie und einem gewissen
Respekt (v. a. gegenüber Autoritäten) fähig" [1, S. 353–354). Das
folgende Fallbeispiel ist wiederum der Untersuchung von *Sheridan*
und *Boon* entnommen [7, S. 78][30]

Ein Fall von Leichenschändung

Kurz nach dem Tod ihres Ehemannes, machte Frau T. die Bekanntschaft
mit Herrn H. Sie begann diesen zunehmend als Stütze im Alltag zu sehen,
insbesondere als sie feststellte, dass jemand offensichtlich während
ihrer Abwesenheit in ihre Wohnung eingedrungen war, ihre Zahnbürste
benutzt und die Ablage von persönlichen Briefen verändert hatte. Auch
hatte jemand häufiger tote Vögel vor ihrer Haustür abgelegt. Noch
schlimmer: eines Tages fand sie sterbliche Überreste ihres Ehemannes
vor der Haustür, die jemand ausgegraben hatte. Sie musste sich in eine
Klinik begeben. In dieser Zeit sprach sie über Herrn H. als „einen Turm der
Stärke", welcher ihr beiseitestehe. Drei Monate später wurde Herr H. von
der Polizei des Verbrechens der Leichenschändung überführt. Der Täter
bekannte schließlich, er habe diese Methode gewählt, um damit die Frage
zu stellen „Was ist es, was ihr Ehemann hatte und was ich nicht habe?"

---

[30] Gekürzt aus dem Englischen, Übersetzung vom Verfasser.

Literatur

1. Fiedler, P. (2006). *Stalking. Opfer, Täter, Prävention, Behandlung.* Beltz.
2. Hoffmann, J. (2006). *Stalking.* Springer.
3. Lee, J. A. (1977). A typology of styles of loving. *Psychological Bulletin, 3,* 173–182.
4. Mullen, P. E., Pathé, M., & Purcell, R. (2000). *Stalkers and their victims.* Cambridge University Press.
5. Schneider, K. (1946). *Klinische Psychopathologie* (15. Aufl. 2007). Georg Thieme.
6. Sheridan, L., & Blaauw, E. (2002). Stalker typologies and intervention strategies. In H.-G. W. Voß & J. Hoffmann (Hrsg.), Themenheft Stalking. *Polizei und Wissenschaft* (4, S. 15–25). Verlag für Polizeiwissenschaft.
7. Sheridan, L., & Boon, J. (2002). Stalker typologies: Implications for law enforcement. In J. Boon & L. Sheridan (Hrsg.), *Stalking and Psychosexual Obsession* (S. 63–82). Wiley.
8. Sternberg, R. J. (1986). A triangular theory of love. *Psychological Review, 93*(2), 119–135.
9. Voß, H.-G. W. (1989). Entwicklungspsychologische Familienforschung und Generationenfolge. In H. Keller (Hrsg.), *Handbuch der Kleinkindforschung* (S. 207–228). Springer.
10. Voß, H.-G. W. (1996), Learning, Development, and Synergetics. In J. Valsiner & H.-G.W. Voß (Hrsg.), *The structure of learning processes* (S. 17–44). Ablex.
11. Voß, H.-G. W. (2011). Häusliche Gewalt, Stalking und Familiengerichtsverfahren. *Familie – Partnerschaft – Recht, 5,* 199–203.
12. Willi, J. (2012). *Die Zweierbeziehung: Das unbewusste Zusammenspiel von Partnern als Kollusion.* Rowohlt.

5

Kultur und Stalking

Zusammenfassung Als ein „kulturelles" Phänomen unterliegt Stalking den Einflüssen von Einstellungen und Überzeugungsmustern, wie sie in einer Gesellschaft oder Kulturgemeinschaft über Generationen hinweg weitergegeben und verfestigt werden. Diese bestimmen zugleich die Art und Weise bzw. die spezifischen Handlungen einer Person, indem sie festlegen, was erlaubt ist (oder sogar zu fordern ist) und was nicht. Dies wird auf ein eklatante Weise deutlich bei den sogenannten „Ehrenmorden", begangen von Tätern mit Migrationshintergrund, wie auch bei Tötungsdelikten aufgrund eines „kulturellen Missverständnisses." Wenngleich es sich dabei auch um Extremfälle handelt, sind diese doch geeignet, einen funktionalen Zusammenhang zwischen vorangegangenem Stalking und der Tat näher zu beleuchten. Es sind zugleich Beispiele für eine nicht gelungene Integration des Täters in die Kulturgemeinschaft des jeweiligen Aufenthaltslandes. Kulturelle Überzeugungsmuster sind jedoch auch in hohem Maße handlungsleitend für Personen ohne Migrationshintergrund; sie dienen dann häufig dem Täter als Rechtfertigungsgrund für sein Handeln, indem dieser sich beispielsweise darauf beruft, dass die verfolgte Person – in etwa 80 % aller

© Der/die Autor(en), exklusiv lizenziert an Springer Fachmedien Wiesbaden GmbH, **109**
ein Teil von Springer Nature 2023
H.-G. W. Voß, *Stalking*, https://doi.org/10.1007/978-3-658-41937-0_5

Fälle ist es eine Frau – einer Beziehungsanbahnung nur scheinbar (weil erwartet) widerstrebt und dass schließlich Beharrlichkeit bei der Verfolgung und Nachstellung zum Erfolg führen wird.

> Als ein „kulturelles" Phänomen unterliegt Stalking den Einflüssen von Einstellungen und Überzeugungsmustern, wie sie in einer Gesellschaft oder Kulturgemeinschaft über Generationen hinweg weitergegeben und verfestigt werden. Diese bestimmen zugleich die Art und Weise bzw. die spezifischen Handlungen einer Person, indem sie festlegen, was erlaubt ist (oder sogar zu fordern ist) und was nicht. Dies wird auf ein eklatante Weise deutlich bei den sogenannten „Ehrenmorden", begangen von Tätern mit Migrationshintergrund, wie auch bei Tötungsdelikten aufgrund eines „kulturellen Missverständnisses." Wenngleich es sich dabei auch um Extremfälle handelt, sind diese doch geeignet, den funktionalen Zusammenhang zwischen vorangegangenem Stalking und der Tat näher zu beleuchten. Es sind zugleich Beispiele für eine nicht gelungene Integration des Täters in die Kulturgemeinschaft des jeweiligen Aufenthaltslandes. Kulturelle Überzeugungsmuster sind jedoch auch in hohem Maße handlungsleitend für Personen ohne Migrationshintergrund; sie dienen dann häufig dem Täter als Rechtfertigungsgrund für sein Handeln, indem dieser sich beispielsweise darauf beruft, dass die verfolgte Person – in etwa 80 % aller Fälle ist es eine Frau – einer Beziehungsanbahnung nur scheinbar (weil erwartet) widerstrebt und dass schließlich Beharrlichkeit bei der Verfolgung und Nachstellung zum Erfolg führen wird.

Nachstellung und obsessives Eindringen in die Privatsphäre einer Person erscheinen auf dem Hintergrund einer historisch-längsschnittlichen Betrachtungsweise wie auch querschnittlich über verschiedene Kulturen und Gesellschaften hinweg als universelle Phänomene, lange bevor sich dafür die Bezeichnung *Stalking* eingebürgert hat [2]. Frühe Darstellungen fokussieren fast ausschließlich auf Verhaltensweisen und auf die jeweilige Befindlichkeit des Verfolgers; Gefühle und das „Leiden" der Zielperson bleiben weitgehend unbeachtet, Zurückweisung wird als „Affront" verstanden oder – wie im Falle der Erotomanie – als Aufforderung zu einem weiteren Eindringen. Auch heute noch wird (lästige!) Beharrlichkeit bei der Kontakt- und Beziehungsanbahnung (so etwa beim *Dating*) kaum negativ sanktioniert, gemäß dem Motto

„Hast du zunächst keinen Erfolg, versuche es noch einmal und noch einmal." Dergleichen Vorgehensweisen bei der Beziehungsanbahnung reflektieren – im Falle heterosexueller Beziehungen – jahrhundertealte Vorstellungen paternalistischer Gesellschaften wonach dem männlichen Teil „das Recht" zustehe, sich der „Frau als Ware" zu bemächtigen – notfalls mit Gewalt.

Mildere Formen der Annäherung und Verfolgung, mit deutlich geringerem Intrusionspotential, jedoch gleichermaßen nachhaltig („beharrlich") sind im Bereich der „unglücklichen, romantischen Verliebtheit" angesiedelt, als deren reinsten Ausdruck – aus historischer Perspektive – *Die Leiden des jungen Werthers*[1] gelten mögen.

Werther's Leiden

Obwohl von der angebeteten Lotte früh auf die Aussichtslosigkeit seiner verzweifelten Bemühungen aufmerksam gemacht (Lotte ist bereits verlobt und wird den von ihrer Mutter auserwählten Albert heiraten), sucht Werther weiterhin Kontakt und besucht Lotte mehrmals, auch gegen ihren ausdrücklichen Willen, wenn sie ihn bittet, mit dem nächsten Besuch noch zu warten. Nachdem deutlich wird, dass sich sein Verlangen nach Lotte nicht allein auf eine „platonische" Ebene beschränkt (er beginnt Lotte leidenschaftlich zu umarmen und zu küssen) und diese sich verwirrt von ihm zurückzieht, sieht Werther, indem er einsieht, Lotte nicht weiter bedrängen zu dürfen, den einzigen Ausweg im Suizid.

War die Kunstfigur Werther ein Stalker? Nach heutiger Auffassung nur bedingt, indem einerseits Werthers Streben dem Ausdruck einer „legitimen Leidenschaft" in der literarischen Epoche des „Sturm und Drang" entspricht, zum anderen seine Zurückweisung letztlich aufgrund der vorherrschenden gesellschaftlichen Konvention erfolgt. Leider erfahren wir nicht, wie es Lotte nach dem Suizid von Werther ergangen ist. Typischerweise geht es in dieser Epoche nur um die Leiden des Verfolgers. Die Frage wird hier aufgeworfen, an welcher Stelle die

---

[1] 1774. In der zweiten Auflage, bereits 1775, ließ Goethe das Genitiv-s weg.

Grenze von einem sozialverträglichen Werben um Nähe und Zuneigung zu einem beharrlichen obsessiven Verfolgen (Stalking) überschritten wird. Die besonderen Umstände dieses (literarischen) Falles sprechen wohl eher für ein *Prä-Stalking*, bei welchem eine Belästigung noch nicht die Schwelle zu Stalking überschritten hat [1].[2]

5.1   Zwei Fallbeispiele

Ähnlich – im Vorfeld von Stalking – sind zahlreiche Gewohnheiten und Gebräuche in vielen Kulturen einzuordnen. Die (fiktiven) Leiden des jungen Mannes Werther – hier einmal ernst genommen – sind Ausdruck einer über alle Epochen und Kulturen hinweg geltenden Grundthematik menschlichen Erlebens: eine obsessive, doch unerfüllte, nicht erwiderte oder tragisch vereitelte Liebe. Verschmähte Liebe steigert sich zu einer pathologischen Fixierung auf das Liebesobjekt[3] mit eventuell tödlichen Folgen. Stalking erscheint dabei in einer doppelten Funktion: zur Aufrechterhaltung eines Stadiums, in welchem noch Hoffnung auf Erfolg vorherrscht – und zur Vorbereitung einer „finalen Lösung."

Eine besondere und unheilvolle Rolle spielt Stalking im Falle der sogenannten *Ehrenmorde*, wie sie bis heute in Ländern wie der Türkei, Syrien, Afghanistan oder Jordanien und anderen arabischen Ländern nicht unüblich sind, aber auch in Deutschland in den betreffenden Migrantenfamilien praktiziert werden, wenngleich auch selten. Der Tötung oder dem Tötungsversuch gehen oftmals monatelange Überwachungen und Bedrohungen voraus. Der Täter ist häufig ein Bruder des zumeist weiblichen Opfers; bei mehreren Brüdern ist es oftmals der älteste, welcher vom Familienoberhaupt (es ist immer der Vater) den Auftrag erhält, die „Familienehre" wiederherzustellen. Als Ehrverletzung

---

[2] Vgl. auch die Ausführungen in Kap. 6.

[3] Wohl am deutlichsten kommt eine obsessive Fixierung in einem Popsong von *Sting* zum Ausdruck: *Every breath you take – Every move you make – Every bond you brake – Every Step you take – I'll be watching you.* Könnte man diese Zeilen noch als unbedenkliche Liebesbekundung sehen, so wird der besitzergreifende Charakter der Botschaft spätestens mit *Oh can't you see you belong to me* offenbar.

gilt u. a. eine „zu westliche Lebensart" oder der Versuch der Frau/
Tochter, ein eigenes, selbstbestimmtes Leben zu führen.

Ein „Ehrenmord"

Im Februar 2005 wurde in Berlin die damals 23-jährige Deutsch-Kurdin
Hatun Sürücü durch drei Kopfschüsse getötet. Täter war ihr 19-jähriger
Bruder Ayhan, welcher später zu einer Jugendstrafe von 9 Jahren und
3 Monaten verurteilt und – nach Verbüßung von 5 Jahren – in die Türkei
abgeschoben wurde. Zwei weitere Brüder waren als Mittäter angeklagt,
doch aus Mangel an Beweisen freigesprochen worden. Hatun Sürücü
hatte sich von ihrem Mann, einen Cousin, mit dem sie im Alter von
16 Jahren in ihrer Heimat zwangsverheiratet worden war, abgewandt.
Sie lebte allein mit ihrem Sohn, hatte das Kopftuch abgelegt und war
dabei, sich eine berufliche Zukunft aufzubauen. Vor ihrem Tod wurde sie
von ihren Brüdern beschimpft, verfolgt bedroht und geschlagen. Bei der
Polizei fand sie kein Gehör. Auch nach ihrem Tod war eine weitere Person,
die als Kronzeugin im Prozess aussagte, durch Stalking bedroht.[4]

Der Fall löste heftige Empörung und eine umfangreiche öffentliche
Diskussion zur Lage von muslimischen Frauen in Deutschland und
insbesondere zu den „aus Ehre" begangenen *Femiziden* aus. Stalking
dient der Einschüchterung und Terrorisierung der Frau sowie –
im günstigsten Fall – der reuevollen Rückkehr in die Familie, im
ungünstigsten zur Vorbereitung der Tat. Der Ehrenmord hat wenig zu
tun mit einer religiösen Orientierung, wenngleich auch die Mehrzahl
der Täter in Deutschland muslimischen Glaubens sind. Der Ehrenmord
ist Ausdruck einer ideologischen Haltung, welche von Angehörigen
einer Familie, eines Clans oder einer gesellschaftlichen Gruppe geteilt
und „verteidigt" wird.

Die hier angesprochene Problematik ist zu ergänzen durch eine
besondere Ausgangslage, von welcher vor allem Angehörige einer
ethnischen Minderheit betroffen sind. Indem diese ihre kulturellen

---

[4] Sinngemäß zit. n. *Berliner Morgenpost* anlässlich des 15. Todestages von Hatun Sürücü am
07.02.2015. Ausführlich dokumentiert unter https://de.wikipedia.org/wiki/Hatun_Sürücü
[abgerufen am 12.03.2023].

Werte und Verhaltensweisen in die neue Kultur mitnehmen, entsteht ein Anpassungsdruck, welcher im ungünstigen Fall dazu führt, dass den gesellschaftlichen Normen des Aufenthaltslandes nicht ausreichend entsprochen wird und dies schließlich einer sozialen Isolation und Inkompetenz Vorschub leistet. Die zu erbringenden Anpassungsleistungen erfordern eine gut funktionierende Persönlichkeit, emotionale Stärke, „Offenheit für neue Erfahrungen", Empathie und eine angemessene Wahrnehmung der (sozialen) Realität.

Ein besonders eklatantes Beispiel für die negativen Folgen von *kulturellen Missverständnissen* stellt die Verfolgung und Ermordung der Studentin *Tatjana Tarasoff* durch den in die USA eingewanderten Inder *Prosenjit Poddar* dar.

Nur ein kulturelles Missverständnis?

Poddar wurde als Angehöriger einer Kaste der „Unberührbaren" in einem Dorf in Bengalen geboren. Er war ausreichend intellektuell begabt, um die Universität zu besuchen, zunächst in Indien, dann in Kalifornien (Berkeley). Tatjana hatte einen multikulturellen Hintergrund und mochte es, mit Studierenden aus anderen Ländern zusammen zu sein. Beide trafen sich in einer Volkstanz-Gruppe und die wöchentlichen Zusammenkünfte ermöglichten es Poddar, eine freundschaftliche Beziehung zu Tatjana zu entwickeln. Sie tanzten zusammen und unterhielten sich. Ende 1968 berichtete Poddar einem Freund, wie er aus Indien, er habe ein „romantisches Interesse." Der Freund empfahl ihm, sich lieber um sein Studium (Elektronik) zu kümmern und nicht um „Romantik." Später beschrieb der Freund Poddar als „sozial und sexuell naiv." Der Kontakt zwischen Poddar und Tatjana kulminierte, als Tatjana ihn bei der Silvesterparty küsste. Der Kuss fand statt, als beide allein in einem Aufzug waren. Poddar interpretierte den Kuss als Zeichen der Verlobung. Für ihn war das Ereignis von hohem symbolischen Wert. Tatjana war jedoch nicht an einer intimen Beziehung interessiert und sie verließ Poddar in einem verwirrten Zustand. Poddar gelangte zu der Überzeugung, dass Tatjana „tief in sich Gefühle für ihn hatte." Er machte das daran fest, dass sie mit ihm getanzt habe, Telefongespräche und lange Gespräche mit ihm in seinem Zimmer geführt hatte. Tatjana versuchte jetzt, Abstand von Poddar zu halten. Sie unterhielt sich auch in seiner Gegenwart mit anderen Männern. Er hatte etwa 40 Stunden der gemeinsamen Gespräche auf Tonträger aufgenommen und hörte sich diese wiederholt an, um „die wahren Gefühle" von Tatjana für ihn herauszufinden. Er wurde zunehmend besessen von dem Gedanken und vernachlässigte sein Studium und andere Kontakte. Sein Freund riet ihm erneut, Abstand zu nehmen und er versuchte, dem

zu folgen, zunächst mit Erfolg. Dann rief Tatjana ihn an und gab zu verstehen, dass sie die gemeinsamen Gespräche vermisse. Seine obsessive
Beschäftigung mit der Beziehung wurde reaktiviert und im März 1969
machte er ihr einen Heiratsantrag. Von Tatjana kam keine klare Antwort –
weder ja noch nein. Er fühlte sich zunehmend zurückgewiesen und letztlich traumatisiert. Für ihn war Tatjana die einzige Person, die ihn verstehen konnte. Er sah sich auch zunehmend von Tatjanas Freunden
lächerlich gemacht. Er freundete sich mit Alex Tarasoff, Tatjanas Bruder,
an, in der Hoffnung, über diesen wieder näher in Kontakt mit Tatjana zu
kommen. Sein Plan war, dass Tatjana in einer von ihm arrangierten lebens-
bedrohlichen Situation von ihm gerettet werde. Sie würde dann seine
„wahre Liebe" erkennen und einsehen, wie sehr sie ihn brauche. Die Lage
spitzte sich zu, als Alex ihn aufforderte, seine Bemühungen einzustellen
und ihm mitteilte, dass die Beziehung mit seiner Schwester beendet sei
und er den Zorn seines Vaters spüren würde, wenn er nicht damit aufhören würde. Im Oktober 1969, nach einer schlaflosen Nacht, beschloss
Poddar, dass er Tatjana im Hause ihrer Eltern aufsuchen müsse, um herauszufinden, warum sie sich so unfreundlich ihm gegenüber verhalten habe.
Er wurde von Tatjanas Mutter zurückgewiesen und aufgefordert, weg-
zugehen – er solle doch zurück nach Indien gehen, „wo er hingehöre."
Er kehrte in sein Apartment zurück, in einem verzweifelten Zustand, und
möglicherweise kam ihm hier der Gedanke, Tatjana zu töten. Er beschloss
erneut, Tatjana aufzusuchen und wählte einen Zeitpunkt, zu welchem die
Eltern nicht anwesend waren. Er führte ein Küchenmesser und ein Luftgewehr mit sich. Tatjana öffnete die Tür und bat ihn, er möge weggehen,
ihr Vater würde auch gleich zurückkommen. Er folgte dem nicht, es gab
Streit, in dessen Verlauf Tatjana schreiend aus dem Haus lief. Er schoss
auf sie mit dem Luftgewehr und stach sie mit 14 Stichen nieder. Sie starb
sofort. Poddar rief die Polizei an und teilte mit, er habe jemanden nieder-
gestochen und wolle in Gewahrsam genommen werden [1].[5]

Der Fall ist in die Stalking-Literatur als ein Beispiel für die nicht
gelungene Integration des Täters in eine zunächst fremde Kultur eingegangen. Er ist auch in mehrfacher Hinsicht aufschlussreich: Ein
wohl eher „freundschaftlicher Kuss", welcher als Zeichen der Verlobung gesehen wird und zugleich den erotomanischen Fantasien Auf-
schwung verlieh; den schweren Fehler betreffend, als Tatjana Poddar
nach einer Periode der Beruhigung wieder anrief und bedauerte, dass

---

[5] Kurzfassung, aus dem Englischen, übersetzt vom Verfasser.

es die gemeinsamen Gespräch nicht mehr gegeben habe; die Aufnahme einer zunächst freundschaftlichen Beziehung zu dem Bruder *(stalking-by-proxy?)*; die Versuche des Täters, von seiner Fixierung (Obsession) loszukommen, deren Scheitern, zusätzliche Demütigungen durch Freunde des Opfers und durch deren Mutter, usw. Zu ergänzen ist, dass der Täter in psychotherapeutischer Behandlung war, die er dann abgebrochen hatte, als er sich wieder Hoffnung auf eine Annäherung hatte machen können. Die psychiatrische Diagnose ging in Richtung einer paranoid-schizophrenen Erkrankung (später auch *Borderline*-Störung)[6] und enthält auch Merkmale einer erotomanischen Fixierung; es folgten jedoch keine Konsequenzen (z. B. die Aufnahme in eine psychiatrische Abteilung), ausgenommen eine Anweisung der Campus-Polizei (eine Art Sicherheitsdienst, welcher nur für das Universitäts-gelände zuständig ist), sich von Tatjana fernzuhalten (die städtische Polizei – eigentlich zuständig – wurde nicht informiert). Gegenüber seinem Freund und anderen äußerte der Täter Gewaltfantasien, Tat-jana betreffend („ich könnte sie töten"), aber auch, dass er ihr Haus abbrennen wolle. Die Drohungen wurden nicht ernst genommen, weder vom Freund noch vom Bruder des Opfers, und die Campus-Polizei akzeptierte Poddars Erklärung, man habe eben eine „schwierige Beziehung" – mit der Folge, dass keine Einweisung in die Psychiatrie erfolgte.

Die Reaktionen der beteiligten Personen und Institutionen (Freunde, Therapeuten, Universitätsoffizielle, Polizei) legen nahe, dass weder die Bedeutung noch die Tragweite einer *obsessiven Fixierung* auf das spätere Opfer erkannt wurden. Dabei ist auch zu berücksichtigen, dass Stalking Ende der 60ger Jahre noch kein in der Öffentlichkeit wahrgenommenes Konzept zur Beschreibung von Nachstellung und Bedrohung war, geschweige denn als Verbrechen eingestuft wurde. Nicht gänzlich

---

[6] Psychische Erkrankungen vom *Borderline*-Typus zeichnen sich durch spezifische Störungen im sozial-emotionalen Bereich aus. Im Vordergrund steht die Unfähigkeit, positive und negative Merkmale einer anderen Person in ein Gesamtbild dieser Person zu integrieren (*Spaltung* – die Person ist entweder nur böse oder nur gut) – und ein stark zwischen Anlehnung (Bewunderung) und extremer Ablehnung und Wut schwankendes Verhalten, welches sehr plötzlich und scheinbar ohne Grund auftreten kann (vgl. auch oben Abschn. 4.6.3).

geklärt ist auch, in welchem Ausmaß die psychische Erkrankung des Täters sich auf die Tat ausgewirkt hat. Psychische Probleme – hier ernsterer Art – wirken sich wie „Brandbeschleuniger" bei der Planung und Ausführung der Tat aus. Umgekehrt lässt sich auch annehmen, dass die Unfähigkeit des späteren Täters, sich an die amerikanische Kultur „westlicher Prägung" anzupassen und der von ihm erlebte „Kulturschock" bei der Entwicklung der psychischen Erkrankung eine tragende Rolle gespielt haben, ebenso wie die Zurückweisung durch die einzige Person, mit welcher er eine bedeutsame soziale Beziehung hat aufbauen wollen. Kulturell geprägte Überzeugungsmuster können einen bedeutsamen und handlungsentscheidenden Einfluss auf Stalking haben. In diesem Buch finden sich dazu weitere Erläuterungen in den Kapiteln 8 und 12.

Literatur

1. Lipson, G. S., & Mills, M. J. (1998). Stalking, Erotomania, and the Tarasoff Cases. In J. R. Meloy (Hrsg.), *The psychology of stalking. Clinical and forensic perspectives* (S. 258–273). Academic Press.
2. Voß, H.-G., W. Hoffmann, J., & Wondrak, I. (2006). *Stalking in Deutschland. Aus Sicht der Betroffenen und Verfolger.* Nomos.

Part II

Hilfe

6

Noch nicht Stalking, aber schon lästig: lässt sich Stalking vorhersagen?

Zusammenfassung In diesem Kapitel geht es um eine Früherkennung und den damit verbundenen Möglichkeiten einer Prävention von Stalking. Es betrifft dies vor allem jene Fälle, bei denen die Handlungen des Stalkers sich auf das Erzwingen oder, wie im Falle des sog. Ex-Partner-Stalkings (etwa die Hälfte aller Fälle von Stalking) auf die Wiederherstellung einer (intimen) Beziehung richten. Als Ausgangssituation sind zu nennen: Verliebtheit in der Frühphase der Beziehungsentwicklung und Abbruch der Beziehung durch den Intimpartner. Aber auch wenn keine besondere Vorbeziehung zwischen Täter und Opfer besteht oder eine solche Beziehung sozusagen auf symbolischer Ebene vom Täter fantasiert wird (wie z. B. beim sog. Prominentenstalking) bietet die „obsessive Fixierung" des Täters auf die Zielperson einen Ansatzpunkt für eventuell wirksame Gegenmaßnahmen. Die Wahrscheinlichkeit, Opfer eines Verbrechens generell und für Stalking speziell zu werden, erhöht sich durch das Ausmaß, mit dem eine Person sich einem Risiko aussetzt (Exposition), sowie mit der vom Stalker wahrgenommenen Attraktivität des Ziels für die kriminelle Aktivität. Im letztgenannten Fall gehört dazu auch die Kontrolle, Unterwerfung

© Der/die Autor(en), exklusiv lizenziert an Springer Fachmedien Wiesbaden GmbH, ein Teil von Springer Nature 2023
H.-G. W. Voß, *Stalking*, https://doi.org/10.1007/978-3-658-41937-0_6

und Zerstörung der persönlichen Integrität des Opfers, wenn der Täter von „sadistischen" Impulsen angetrieben wird.

In diesem Kapitel geht es um eine Früherkennung und den damit verbundenen Möglichkeiten einer Prävention von Stalking. Es betrifft dies vor allem jene Fälle, bei denen die Handlungen des Stalkers sich auf das Erzwingen oder, wie im Falle des sog. Ex-Partner-Stalkings (etwa die Hälfte aller Fälle von Stalking) auf die Wiederherstellung einer (intimen) Beziehung richten. Als Ausgangssituation sind zu nennen: Verliebtheit in der Frühphase der Beziehungsentwicklung und Abbruch der Beziehung durch den Intimpartner. Aber auch wenn keine besondere Vorbeziehung zwischen Täter und Opfer besteht oder eine solche Beziehung sozusagen auf symbolischer Ebene vom Täter fantasiert wird (wie z. B. beim sog. Prominentenstalking) bietet die „obsessive Fixierung" des Täters auf die Zielperson einen Ansatzpunkt für eventuell wirksame Gegenmaßnahmen. Die Wahrscheinlichkeit, Opfer eines Verbrechens generell und für Stalking speziell zu werden, erhöht sich durch das Ausmaß, mit dem eine Person sich einem Risiko aussetzt (Exposition), sowie mit der vom Stalker wahrgenommenen Attraktivität des Ziels für die kriminelle Aktivität. Im letztgenannten Fall gehört dazu auch die Kontrolle, Unterwerfung und Zerstörung der persönlichen Integrität des Opfers, wenn der Täter von „sadistischen" Impulsen angetrieben wird.

Stalkinghandlungen sind Beziehungstaten. Auch wenn in manchen Fällen der Stalker im Verborgenen agiert oder erst spät seine Identität kundtut, findet doch Kommunikation statt und sei es auch nur durch ein Nicht-Reagieren (gewollt oder ungewollt) aufseiten der verfolgten Person. (In diesem Sinne hat ein bekannter Kommunikationswissenschaftler, Paul Watzlawick, gesagt: „Es gibt nicht Nicht-Kommunikation" [9]). „Beziehung" wird schon mit der ersten Kontaktaufnahme zwischen Menschen hergestellt, zu einem Zeitpunkt also, bei dem von Stalking noch nicht gesprochen werden kann. Die Frage dieses Kapitels impliziert, dass es zu einem *frühen* Zeitpunkt in der Beziehungsentwicklung der betreffenden Personen bereits Konstellation gibt, welche im weiteren Verlauf Stalking begünstigen. Solche Konstellationen umfassen Charakteristika beider Personen, die Vorbeziehung, die Gelegenheiten (Situationen) für ein Zusammentreffen, den Austausch über elektronische Medien und – nicht zuletzt

– bestimmte, gesellschaftlich anerkannte Normen im Umgang der Partner, wie z. B. im Rahmen von „Partner-Werbeverhalten" (Flirt, *Dating*).

Betrachtet man zunächst allein die Art der Vorbeziehung, so lassen sich für den Beginn von Stalking drei Ausgangssituationen umschreiben:

- *Verliebtheit in der Frühphase der Beziehungsentwicklung.* Eine nicht-intime Vorbeziehung, bei welcher der eine Partner den anderen attraktiv findet, dies aber nicht entsprechend erwidert wird; Stalking erscheint hier in einer milden Form als „unerwünschte Kontaktaufnahme".
- *Abbruch der Beziehung zwischen den Intimpartnern.* Eine intime Vorbeziehung, welche von einem Partner aufgekündigt wird. Stalking umfasst hier neben unerwünschten Liebesbekundungen auch Formen von Bedrohung, Einschüchterung, Vandalismus und Misshandlung, d. h. schwerwiegenderes Stalking.
- *Obsessive Fixierung auf unbekannte Person.* Keine offenbare Vorbeziehung oder eventuell allein eine Beziehung auf symbolischer Ebene (z. B. gegenüber einer prominenten Person), bei welcher die Herstellung von Nähe unterschiedlichen Motiven unterliegt (Liebesbeziehung, Obsession oder sadistische Befriedigung).

Verliebtheit in der Frühphase der Beziehungsentwicklung. Untersuchungen haben gezeigt, dass etwa ein Drittel aller Stalkingfälle auf jene Tätergruppe entfällt, bei welcher der Wunsch nach Aufnahme einer engeren Beziehung vorhanden war (die hartnäckigen Fälle mit schwererem Stalking hier eingeschlossen). Dabei handelt es sich keineswegs, wie zuweilen angenommen, um die Aufnahme einer eher platonischen Liebesbeziehung; in der *Darmstädter Stalking Studie* gaben 34 % der befragten Täter an, ihr Opfer mit sexueller Absicht verfolgt zu haben. Obwohl die Annäherungsversuche erfolglos blieben, setzten 95% der befragten Personen ihre Bemühungen fort und begründeten dies damit (Mehrfachnennungen möglich), dass aus ihrer Sicht das Opfer für sie schicksalhaft bestimmt sei (42 %) dass sie den Widerstand der Betroffenen Person brechen müssten da sie davon überzeugt waren dass das Opfer im Grunde doch Interesse an ihnen hat (3 4 %) und dass sie glauben, für diese Person sorgen zu müssen (33 %). Als besonders egoistisches Motiv gaben 32 % an, dass sie an ihr eigenes Glück und ihre Bedürfnisse denken müssten [8, S.154–155]. Die genannten Begründungen reflektieren stereotype Sichtweisen auf gesellschaftlicher Ebene, wenn zum Beispiel die Auffassung vertreten wird, dass die Verfolgung einer als attraktiv empfundenen Person zumindest bis zu einem gewissen Punkt legitim ist, da das von dieser eigentlich auch erwartet werde und der Widerstand als eine eher spielerische Ausdrucksform im Werbeverhalten einzuordnen sei. Entsprechend der Handlungsmaxime „hast du zunächst keinen Erfolg, versuche es immer wieder" wird Beharrlichkeit vor allem auch in den Medien und in kulturellen Erzeugnissen als probates Mittel zur Erreichung des Ziels dargestellt.[1] In dem damit abgesteckten Handlungsrahmen erscheint die Verfolgung einer Person noch durch gesellschaftliche Normen legitimiert und die Handlungen verbleiben in einer Zone eines Prä-Stalkings [4], indem diese zwar schon als lästig empfunden werden, jedoch noch nicht die Schwelle zu einem als unerträglich empfundenen Verhalten überschritten haben.

Stalking beginnt dort, wo Nachstellung als Gefährdung empfunden wird und trotz eines entschiedenen *Neins* fortgeführt wird. In der Entwicklung von Beziehungen ist der Zeitpunkt, zu welchem die Schwelle zu einem Stalking überschritten wird, schwer zu bestimmen. Potentielle Opfer von Stalking verhalten sich oftmals unsicher im Hinblick auf die verschiedenen Optionen zur Beendigung einer noch in den Anfängen stehenden Beziehungsentwicklung, sei es aufgrund eines bei ihnen noch selbst vorhandenen Klärungsbedarfs, sei es aufgrund von Mitgefühl für den Aspiranten und „Verständnis" für dessen Situation. Wird die fragile und noch wenig gefestigte Beziehung dann von einem der Partner aufgekündigt, so entspricht es einer gewissen Normalität, dass dies von

---

[1] Im Film *Verrückt nach Mary* (*There's Something About Mary*, 1998) zahlt sich Beharrlichkeit nur bei einem der drei als Stalker bezeichneten Männer aus: Ted (*Ben Stiller*) bekommt Mary (*Cameron Diaz*), Healy (*Matt Dillon*) und Norman (*Lee Evans*) gehen leer aus.

beiden akzeptiert wird, jeder „seinen eigenen Weg" geht und man sich allenfalls versichert, freundschaftlich verbunden zu bleiben.

Die Alternative – einer der beiden Partner will oder kann sich mit der Trennung nicht abfinden – führt dann zu Stalking, wenn zugleich bestimmte moderierende Faktoren (Prädiktoren) wirksam werden. Untersuchungen haben gezeigt, dass aus Sicht derjenigen Personen, welche die Beziehung abgebrochen haben, ein unerwünschtes Verfolgen bei solchen Ex-Partnern auftrat, die als besonders eifersüchtig eingeschätzt wurden, als besonders beharrlich in ihren Annäherungsversuchen, deren Liebesstil als besitzergreifend eingeschätzt wurde und die in der Beziehung als ängstlich und unsicher gebunden auffielen [6].[2] Weiterhin zu beachten sind unterschiedliche Einstellungen und Überzeugungsmuster in Beziehungskonstellationen, bei denen einer der Partner nicht demselben Kulturkreis angehört, da es hierbei zu Missverständnissen mit eventuell schwerwiegenden Auswirkungen kommen kann (vgl. oben Kap. 5).

Nachfolgend findet sich eine *Checkliste* mit den wichtigsten Fragen und Feststellungen:

> **Verliebtheit im Prä-Stalking   darauf sollten Sie achten:**
> - Neigt mein Partner/meine Partnerin zu unbegründeter Eifersucht?
> - Neigt er/sie zum Anklammern und werde ich dadurch im Alltag eingeschränkt?
> - Gibt es Äußerungen von ihm/ihr wie „Wir sind einander vom Schicksal bestimmt", „Du gehörst mir" o.ä.?
> - Er/sie kann nicht akzeptieren, wenn es in Beziehungsdingen unterschiedliche Meinungen gibt. Es muss dann alles „ausdiskutiert" werden.
> - Neigt er/sie dazu, im Alltag „den Ton anzugeben". Fühlen Sie sich gleichwertig und gleichberechtigt (z. B. bei Planungen für gemeinsame Aktivitäten)?
> - Glaubt er/sie, dass er/sie für Sie sorgen muss, weil Sie im Alltagsleben angeblich nicht alleine zurechtkommen würden?

---

[2] Es handelt sich um ein Erwachsenen-Beziehungsmodell als Weiterentwicklung einer ängstlich-unsicheren Bindung des Kindes an die Bezugsperson (u. a. mangelndes Vertrauen in sich selbst und in andere).

- Haben Sie schon einmal das Thema „Trennung" (eventuell auch nur vorübergehend) angesprochen und kam es da zu einem „dramatischen Auftritt" mit heftigen emotionalen Reaktionen Ihres Partners/ihrer Partnerin?
- Gibt es Dinge, die Ihnen wichtig sind, von ihrem Partner/ihrer Partnerin jedoch unter Hinweis auf seine/ihre ethnische oder kulturelle Zuge-hörigkeit (eventuell mit Rücksicht auf die Herkunftsfamilie) grund-legend anders oder als unbedeutend gesehen werden?

Abbruch der Beziehung zwischen den Intimpartnern. Ungleich den Ver-hältnissen bei einer sich gerade formierenden oder noch ungefestigten Beziehung (voriger Abschnitt) blicken die Partner hier auf eine längere gemeinsame Geschichte zurück. Für das Stalkingopfer bedeutet dies, den Stalker gut zu kennen und dessen Motivlage eventuell richtig ein-schätzen zu können. Schließlich sind es häufig dieselben Motive, welche sowohl die Trennung als auch nachfolgendes Stalking – in einigen Fällen hat dieses bereits während des Zusammenlebens begonnen – bestimmt haben. So geben etwa drei Viertel der Opfer an, dass die Partnerschaft durch Eifersucht und Kontrollzwang des Partners geprägt war, indem dieser immer habe wissen wollen, was sie gerade täten, wo sie sich gerade aufhielten, was sie vorhatten usw. In zwei Dritteln der Fälle drückte der Partner häufiger seine Sorge aus, dass die Beziehung zerbricht. Typische Antworten auf die Frage, warum sie nach der Trennung vom Ex Partner verfolgt wurden sind: „er wollte die Beziehung wieder aufnehmen, er fühlte sich persönlich durch mich ver-letzt, es war aus Rache, aus Eifersucht" (Reihenfolge nach absteigender Häufigkeit des Vorkommens) [8, S. 68].

Ein häufig zitierter Befund betrifft den Zusammenhang zwischen Gewalterfahrungen während der Zeit des Zusammenlebens und nach der Trennung im Rahmen von Stalking. Es hat dies einige Autoren dazu bewogen, Stalking bei Ex-Partnern als eine Form der Verlängerung von häuslicher Gewalt anzusehen [5]. Es wäre jedoch falsch, daraus zu schließen, dass häuslicher Gewalt auch zu Stalking mit physischer Gewalt oder Gewalt gegen Objekte (Vandalismus) nach der Trennung des Paares führt (kausaler Zusammenhang). Der Zusammenhang besteht lediglich darin, dass Stalker, welche Gewalt gegenüber dem

Expartner ausüben, häufig auch schon vor der Trennung Gewalt aus-geübt haben. Häusliche Gewalt ist somit kein besonders guter Prädiktor für Stalking, sondern erhöht lediglich die Wahrscheinlichkeit für die vom Stalker ausgeübte Gewalt. Es lässt sich dies damit erklären, dass mit Aufhebung der häuslichen Gemeinschaft die physische Distanz ansteigt und es von weiteren Faktoren abhängt, ob auch weiterhin physische Gewalt ausgeübt wird. Einer dieser Faktoren ist Alkoholmiss-brauch, ein anderer die Häufigkeit und Nachdrücklichkeit, mit welcher verbale Drohungen ausgesprochen werden. Beides ist auf jeden Fall ernst zu nehmen.

Wenn es nicht häusliche Gewalt ist: welche Faktoren sind es dann, die zu einer Erhöhung der Wahrscheinlichkeit von Stalking nach der Trennung des Paares beitragen? Die nachfolgende Zusammenstellung zeigt, dass es sich dabei nicht ausschließlich nur um Charakteristika des Ex-Partners und späteren Verfolgers handelt.

- *Inkonsequenz.* Trennungssituationen sind in der Regel für beide Partner schmerzhaft und bei beiden finden sich Gefühle und Gedanken wie Trauer, Depression, Schuld, Ängste, nostalgische Erinnerungen an bessere Zeiten u. a. m. Insbesondere die Unsicher-heit darüber, ob ein Trennungsentschluss richtig war oder nicht, führt bei dem dafür verantwortlichen Partner dazu, dass er/sie den Entschluss zurücknimmt und sich auf ein erneutes Zusammenleben einlässt, zumal dann, wenn der zunächst zurückgewiesene Partner die Frequenz und Intensität seiner Liebesbeteuerungen erhöht. Kommt es dann schließlich doch endgültig zu der Trennung, so erweist sich die Anzahl der Trennungs-/Wiedervereinigungsepisoden als ein zuverlässiger Prädiktor für Stalking [2].
- *Kontrollbedürfnis.* Die exzessive Ausübung von Kontrolle durch einen Partner gehört zu den effektivsten Faktoren, welche sowohl zu der Auflösung der Beziehung, als auch zu nachfolgendem Stalking führen. Kontrolle erscheint häufig in unmittelbarem Zusammen-hang mit Eifersucht, aber auch mit Beziehungsunsicherheit und ängstlicher Bindung beim späteren Stalker. Kontrolle in der Beziehung beinhaltet die Überwachung des Partners in dessen Frei-zeit, dessen Erscheinungsbild nach innen wie nach außen, Zwang zur

Offenlegung von Gedanken und Gefühlen, überzogene Kritik – bis hin zu Einschränkungen der persönlichen Freiheit.

● *Verärgerung – Frustration – Eifersucht*. Auch hier gibt es eine Verbindung mit Kontrolle und vor allem mit der *ängstlich-unsicheren Bindung*. Aus psychologischer Sicht ist letztgenannte das Ergebnis einer misslungenen Bindungsgenese in der frühen Kindheit, wenn es darauf ankommt, dass das Kind eine vertrauensvolle und „Sicherheit" verleihende Bindung an seine primären Bezugspersonen (zumeist die Eltern) entwickelt. Gelingt dies nicht, so bildet sich ein Beziehungsmodell heraus, welches Unsicherheit und mangelndes Vertrauen in die Beziehungsperson, aber zugleich auch zu einem negativen Selbstbild führt. Sich selbst jemanden vorbehaltlos anvertrauen und dessen Fürsorge und Liebe in gleicher Weise erwidern zu können, gehört zu den Grundlagen einer gut funktionierenden Beziehung nicht nur im Erwachsenenalter – aber vor allem dort. Stalking ist auch Folge eines Nicht-Loslassen-Könnens und der damit verbundenen Angst, den Bindungspartner endgültig zu verlieren [1]. Hochgradige Verärgerung und Eifersucht fungieren dann als „vermittelnde" Faktoren für Stalking. (Eifersucht bedeutet ja, dass die Bindungsperson der Untreue verdächtigt wird und vermeintlich – oder auch tatsächlich – im Begriff ist, sich einer anderen Person zuzuwenden).

● *Besitzergreifende Liebe*. Es handelt sich um einen Liebesstil, bei welchem der eine Partner den anderen als persönlichen Besitz sieht. Grundlage ist zumeist die narzisstische Vereinnahmung des Partners, welche wiederum der eigenen Selbsterhöhung dient. Der Schwerpunkt liegt hier eher im Bereich der Persönlichkeitsstörungen. Die von der Trennung ausgehende Kränkung kann nicht adäquat überwunden werden und führt in vielen Fällen zu einem Stalking mit eher bedrohlichen bzw. auf Vergeltung und Rache zielenden Handlungen.

Die hier genannten Faktoren sind bereits in der Zeit des Zusammenlebens der Partner wirksam und es ist deshalb nicht ungewöhnlich, dass Stalking schon in dieser Zeit einsetzt, bevor es zu einer endgültigen Trennung kommt. In der *Darmstädter Stalking Studie* berichteten ein knappes Drittel (31,1%) der befragten Opfer, dass sie schon während der Beziehung bzw. des Zusammenlebens Stalking erlebt hatten. Es überrascht nicht, dass die hierzu befragten Stalker den Beginn des Stalkings eher auf den Zeitpunkt nach der Trennung datierten (82%) und dass nur 18 % angaben, ihre Partnerin/ihren Partner bereits verfolgt zu haben, als die Beziehung noch Bestand hatte und eine Trennung noch nicht im Raum gestanden hatte [8, S. 68/112].

> **Darauf sollten Sie noch während des Zusammenlebens achten:**
>
> Die Wahrscheinlichkeit von Stalking nach definitiver Trennung und eventuell noch während des Zusammenlebens ist erhöht
>
> * bei mehrfachem Zurücknehmen der Trennungsabsicht;
> * bei einem extrem kontrollierenden Partner;
> * bei einem extrem besitzergreifenden Partner (Äußerungen wie „Du gehörst mir allein" oder „Ich nehme Dir die Kinder weg");
> * bei einem Partner mit extremer Eifersucht;
> * wenn der Partner häufiger seine Angst bekundet, dass die Beziehung „in die Brüche" geht;
> * wenn der Partner zu extremen „Anfällen" von Verärgerung über angebliche Untreue neigt;
> * wenn der Partner schon bei kleineren Zurückweisungen übermäßig wütend wird (narzisstische Kränkung);
> * bei einem exzessiven Alkohol- und Drogenmissbrauch, da es Hinweise gibt, dass dadurch die Einsichts- und Steuerungsfähigkeit des Partners eingeschränkt ist.

Verfolgung durch unbekannte Person oder durch einen flüchtigen Bekannten. Die Möglichkeiten einer Früherkennung von Stalking sind hier sehr begrenzt, indem Stalking oftmals ohne jede Vorzeichen einsetzt und häufig vom Opfer zunächst als solches anfänglich gar nicht wahrgenommen wird. Grundsätzlich kann Jede/Jeder zum Opfer von Stalking werden. Dabei verdienen begünstigende Faktoren beim Opfer selbst Beachtung. Sie liegen entweder in der Persönlichkeit (z.B. eine *dependente Persönlichkeitsstörung,* welche es dem Stalker leicht macht, Kontrolle und Macht auszuüben) und/oder in der Art und Weise, wie sich das potentielle Opfer nach außen hin präsentiert bzw. exponiert (z. B. Verbreitung persönlicher Daten und die Aufgabe von „Privatheit" im Internet begünstigen *Cyberstalking*).[3] Der „Zeitgeist", wonach nur derjenige etwas gilt, der gesehen wird, fordert Stalking geradezu heraus, wofür auch die relativ hohe Anzahl von Prominenten als Opfer spricht. Eine (zunächst) fremde Person, welche zum Stalker wird, wird in einem Fünftel der Fälle zuerst im Internet (Chatroom, Foren) wahrgenommen, sowie mit gleicher Häufigkeit (20%) in der Freizeit (Party, Park, Café, öffentliche Verkehrsmittel usw.). Fragt man Opfer nach einem das Stalking auslösendem Ereignis, so entfallen jeweils etwa ein Drittel aller Fälle auf die beiden Antworten „Ich habe die Aufnahme einer nähere Bekanntschaft oder Beziehung abgelehnt" und „Meine Sympathie und Hilfsbereitschaft wurde missinterpretiert." In den meisten Fällen (knapp 50%) wollte der Verfolger eine Liebesbeziehung aufnehmen, der Rest entfällt auf die Kategorien Eifersucht, Missgunst, Neid, aber immerhin 12% der Befragten gaben an, dass es „keinen für mich ersichtlichen Grund" gegeben habe [8, S. 82/83].

Stalking durch einen Fremden macht etwa 7% aller Fälle aus. Als „fremd" wird hier verstanden, dass zwischen den Personen keine vorherige Beziehung bestanden hat und ein physisches Zusammentreffen allenfalls sporadisch oder zufällig – ohne weitere Annäherung – stattgefunden hat. Entgegen einer verbreiteten Vorstellung, dass Stalking durch einen Fremden ein besonders hohes Gefährdungspotential für die Zielperson beinhaltet – eventuell spielt hier allgemein „Fremdenfurcht" eine Rolle – kommt es hier vergleichsweise zu weniger schwerwiegenden Angriffen bzw. Schädigungen [3]. Ausnahmen sind die sehr seltenen Fälle von Stalking zur gezielten Vorbereitung einer schweren Straftat wie Mord oder Vergewaltigung (der sog. *Jagdstalker*), was dann dazu führt, die Vorkommenshäufigkeit zu überschätzen. Zu den seltenen Fällen gehören auch solche, bei denen die verfolgte Person eher zufällig aus ideologischen oder weltanschaulichen Gründen verfolgt wird, für welche sie quasi symbolisch einsteht. Der folgende Fall illustriert dies eindrucksvoll:

---

[3] Zu diesen Themen s. Kap. 9.

Das Opfer als Stellvertreter

Herr A war Anfang 30. Er kam aus stabilen familiären Verhältnissen hatte jedoch wenig Aufmerksamkeit von seinen Eltern erhalten, die sich mehr um ihr eigenes Leben kümmerten. Er hatte wenige Freunde und keine längerfristigen intimen Beziehungen. In seinem Beruf war er gut qualifiziert, hat es jedoch nicht geschafft, eine gesicherte längerfristige Anstellung zu finden. Er war deshalb darauf angewiesen, auch Tätigkeiten anzunehmen, für welche er überqualifiziert war. Seine soziale Isolation und seine beruflichen Misserfolge führte er darauf zurück dass ihm andere Übel wollten und ihn beneideten. Er fühlte sich permanent von anderen, erfolgreichen und glücklichen Personen um ihn herum zurückgewiesen. An dem Tag, welcher für die Entwicklung von Stalking kritisch war, hatte er gerade erfahren, dass er einen Job, auf den er viel Hoffnung gesetzt hatte, nicht bekomme. Als er später durch die Innenstadt ging, hatte er einen Zusammenstoß mit einer jungen Frau, wobei er ein Schritt zurück tun musste und hinfiel. Die Frau hielt nicht inne und ließ ihn einfach auf dem Boden sitzen, sprang in einen BMW der neuen Siebenerreihe und fuhr weg. Dieses Ereignis mit der gut gekleideten und attraktiven jungen Frau, welche buchstäblich über ihn hinweggegangen war, wurde nun zu einem Symbol für Macht und Prestige und zu einem Kristallisationspunkt seines Ressentiments gegenüber der ihm feindlich gesonnenen Umwelt. Er erinnerte sich später daran, dass er in diesem Moment den Gedanken hatte „genug ist genug" und er jetzt zurückschlagen müsse. Er wartete, bis die Frau zurückkam und folgte ihr später bis zu ihrer Wohnung. In den nächsten Wochen sammelt er eine beträchtliche Menge an Informationen über sie (alles sorgfältig in seinem Computer aufgeführt). Er erfuhr schließlich, dass sie gar nicht die Besitzerin des BMW war und auch keine erfolgreiche junge Geschäftsfrau. Sie war Sekretärin in einer Anwaltskanzlei und das Auto gehörte ihrem Arbeitgeber (dieser hatte dies falsch geparkt und sie hatte es nur in eine Garage fahren sollen). Sie war weder reich noch mächtig, doch nichts von dem änderte etwas daran, dass sie als Verkörperung der Ungerechtigkeit in der Welt ausgewählt worden war. Herr A begann eine Terrorkampagne gegen die junge Frau, welche über ein Jahr lang andauerte, bis er arrestiert wurde. Seine wichtigste Waffe war das Telefon (Anrufe mit Wwiederauflegen oder mit lautem Atmen und manchmal auch indirekte Drohungen wie „ich komm zu Dir" und „jetzt bist Du dran"), er schickte ihr aber auch Briefe, zumeist ein leeres Blatt Papier. Die Änderung der Telefonnummer mit begrenztem Zugang nützte nichts, da er bald die neue Nummer herausfand. Das Opfer war verzweifelt. Die Polizei griff erst nach betrachtlichem Druck ihres Arbeitgebers ein. Er wurde schließlich nicht des Stalkings beschuldigt (wegen der damals noch fehlenden rechtlichen Vorgaben), sein Verhalten wurde unter der Rubrik „unangemessener Gebrauch eines Telefons" rechtlich geahndet. Im Gefängnis fuhr er fort, sein Handeln zu rechtfertigen und

> er erklärte mehrfach, er würde seine Verfolgung weiterführen und das
> Opfer auch weiterhin mit dem Tode bedrohen. Nach einer psychiatrischen
> Behandlung, welcher er glücklicherweise zugestimmt hatte, wurde das
> Opfer von ihm in Ruhe gelassen. Er war jedoch weiterhin davon über-
> zeugt, dass er das eigentliche Opfer sei und dass seine Gefängnisstrafe ein
> weiteres Beispiel für die Ungerechtigkeit und die generelle Schlechtigkeit
> der Welt sei [7, S. 92–93].

Das Beispiel steht nach Ansicht der Autoren für ein *ressentiment-geladenes* Stalking auf der Grundlage einer tiefgehenden Frustration und eines substantiell nicht begründeten Ungerechtigkeitsgefühls, wobei das Opfer die Funktion eines „Stellvertreters" erfüllt. Insofern mag man hier eine Parallele sehen zu politisch motiviertem Terror, mit dem Unterschied, dass dieser sich gegen Institutionen oder staatliche Einrichtungen wendet.

Die Frage dieses Kapitels, ob die junge Frau Stalking hätte vorhersehen können (schließlich hatte sie den späteren Verfolger zu Fall gebracht und sich nicht weiter um ihn gekümmert) kann nicht mit Ja beantwortet werden; schließlich passieren solche Dinge nicht selten und ohne vergleichbare Konsequenzen. (Der Täter hätte wahrscheinlich – bei vergleichbarer Stimmungslage – einen anderen Vorfall ausgewählt). Betrachtet man den Fall als eine von vielen alltäglichen Episoden mit negativem Ausgang, so lässt sich allenfalls danach fragen, durch welche Faktoren kriminelles Verhalten begünstigt und damit die Wahrscheinlichkeit für Stalking erhöht wird. Als solche wurden genannt:

- das Ausmaß, mit dem eine Person sich einem Risiko aussetzt (Exposition);
- die Attraktivität der Ziels für die kriminelle Aktivität.

Sind beide Kriterien erfüllt, steigt damit die Wahrscheinlichkeit, Opfer eines Verbrechens zu werden. Exposition bezieht sich auf den Kontakt mit Personen, die aus kriminologischer Sicht bereits auffällig geworden sind bzw. in einem potenziell „kriminell-affinen Milieu" agieren (z. B. im Bereich des Drogenhandels oder der Eigentumsdelikte mit den entsprechenden Lokationen). Attraktive Ziele sind solche, die einen

gewissen Wert für den Verfolger haben, zum Beispiel der Beziehungsstatus (alleinstehende Frauen), der soziale Status (Einkommen,
Ansehen, Prominenz) oder die sexuelle Attraktivität. In dem obigen
Beispiel kam es zu keiner (körperlichen) Gewalt; eventuell hatte der
Stellvertreter-Status der verfolgten Person dazu beigetragen. In anderen
Fällen, bei denen die (wahrgenommene) Attraktivität oder der Status
der Zielperson im Vordergrund stehen, liegt der psychische Gewinn
(der „Wert") des Stalkings gerade in der Zerstörung oder Unterwerfung
des Opfers durch den dann obsessiven oder sadistischen Täter.

Literatur

1. Bowlby, J. (1980). *Attachment and loss. Volume 3: Loss, Sadness, and Depression.* Hogarth.
2. Davis, K. E., Ace, A., & Andra, M. (2002). Stalking perpetrators and psychological maltreatment of partners: Anger-jealousy, attachment insecurity, need for control, and break-up context. In K. E. Davis, I. H. Frieze, & R. D. Maiuro (Hrsg.), *Stalking: perspectives on victims and perpetrators* (S. 237–264). Springer.
3. DeBecker, G. (2002). I was trying to let him down easy. In J. Boon & L. Sheridan (Hrsg.), *Stalking and psychosexual obsession* (S. 35–47). Wiley.
4. Emerson, R. M., Ferris, K. O., & Gardner, C. B. (1998). On being stalked. *Social Problems, 45,* 289–314.
5. Kurt, J. L. (1995). Stalking as a variant of domestic violence. *Bulletin oft the American Academy of Psychiatry and Law, 23,* 219–213.
6. Langhinrichsen-Rohling, J., Palarea, R. E., Coen, J., & Rohling, R. E. (2002). Breaking up is hard to do: Unwanted pursuit behaviors following the dissolution of a romantic relationship. In K. E. Davis, I. H. Frieze, & R. D. Maiuro (Hrsg.), *Stalking: perspectives on victims and perpetrators* (S. 212–236). Springer.
7. Mullen, P. E., Pathé, M., & Purcell, R. (2000). *Stalkers and their victims.* Cambridge University Press.
8. Voß, H.-G., W. Hoffmann, J., & Wondrak, I. (2006). *Stalking in Deutschland. Aus Sicht der Betroffenen und Verfolger.* Nomos.
9. Watzlawik, P., Beavin, J. H., & Jackson, D. D. (1969). *Menschliche Kommunikation – Formen, Störungen, Paradoxien.* Huber.

7

Wie gefährlich ist *mein* Stalker?

Zusammenfassung Die Frage, in welchem Ausmaß Stalking mit einer
Gefahr für die physische und psychische Unversehrtheit einhergeht,
steht beim potentiellen wie beim tatsächlichen Opfer i. d. R. mit an
erster Stelle. Es ist allerdings der Hinweis angebracht, dass Stalking mit
Todesfolge äußerst selten vorkommt. Mehr als 98 % aller Fälle bewegen
sich im Bereich eines mittelschweren Stalkings, wenngleich auch für das
Opfer höchst bedrohlich und mit negativen Folgen für dessen Lebensgestaltung. Unter den Risikofaktoren für eine Gefährdung treten solche
hervor, welche sich aus vorbestehenden Sachverhalten ableiten lassen
wie z. B. Vorstrafen, Waffenbesitz, Persönlichkeitsstörungen oder soziale
Isolation *(statische Risikofaktoren)* oder solche, welche eher *dynamischen
Risikofaktoren* entsprechen, wie z. B. Gewaltandrohungen oder Rache
und Vergeltung als Handlungsmotive. Derzeit gibt es nur wenige Verfahren zur Einschätzung des mit Stalking verbundenen Risikos; sie
unterliegen zudem gewissen Einschränkungen, indem eine Befragung
des Täters erforderlich ist (eher selten wird dieser zur Verfügung stehen),
und – in anderen Fällen – die Anwendung auf nur eine bestimmte
Täter-Zielgruppe beschränkt ist (z. B. Stalking des Intimpartners).
In diesem Kapitel werden die wichtigsten Risikofaktoren genannt

und erläutert und es wird eine kurzgefasste *Check*-Liste zur Selbsteinschätzung des mit Stalking verbundenen Gewaltrisikos vorgestellt (die
Liste findet sich in Anhang I des Buches).

> Die Frage, in welchem Ausmaß Stalking mit einer Gefahr für die physische
> und psychische Unversehrtheit einhergeht, steht beim potentiellen wie
> beim tatsächlichen Opfer i. d. R. mit an erster Stelle. Es ist allerdings der
> Hinweis angebracht, dass Stalking mit Todesfolge äußerst selten vor-
> kommt. Mehr als 98 % aller Fälle bewegen sich im Bereich eines mittel-
> schweren Stalkings, wenngleich auch für das Opfer höchst bedrohlich
> und mit negativen Folgen für dessen Lebensgestaltung. Unter den
> Risikofaktoren für eine Gefährdung treten solche hervor, welche sich
> aus vorbestehenden Sachverhalten ableiten lassen wie z. B. Vorstrafen,
> Waffenbesitz, Persönlichkeitsstörungen oder soziale Isolation *(statische
> Risikofaktoren)* oder solche, welche eher *dynamischen Risikofaktoren*
> entsprechen, wie z. B. Gewaltandrohungen Rache und Vergeltung als
> Handlungsmotive. Derzeit gibt es nur wenige Verfahren zur Einschätzung
> des mit Stalking verbundenen Risikos; sie unterliegen zudem gewissen
> Einschränkungen, indem eine Befragung des Täters erforderlich ist (eher
> selten wird dieser zur Verfügung stehen), und – in anderen Fällen – die
> Anwendung auf nur eine bestimmte Täter-Zielgruppe beschränkt ist
> (z. B. Stalking des Intimpartners). In diesem Kapitel werden die
> wichtigsten Risikofaktoren genannt und erläutert und es wird eine kurz-
> gefasste *Check*-Liste zur Selbsteinschätzung des mit Stalking verbundenen
> Gewaltrisikos vorgestellt (die Liste findet sich in Anhang I des Buches).

Wie hoch ist das Risiko für eine Schädigung bei Stalking generell und
speziell bei „meinem" Stalker? Wie lässt sich das Risiko bestimmen?
Kann ich einfach abwarten, bis es aufhört – oder wodurch wird Stalking
weiter aufrechterhalten oder sogar verstärkt?

Solche und ähnliche Fragen stehen oftmals am Anfang einer Auseinandersetzung mit Stalking. Von ihrer Beantwortung hängt es dann
ab, welche Maßnahmen zu ergreifen sind und welche davon einen
ausreichenden Schutz bewirken können. *Gefährdung* meint hier das
Ausmaß einer Schädigung von „Leib und Leben"; in erster Linie sind
physische Eingriffe (Verletzungen) gemeint und weniger psychische
Beeinträchtigungen des Opfers. Man mag das so zunächst hinnehmen;
es ist aber darauf hinzuweisen, dass psychische Schäden im subjektiven
Empfinden des Opfers wie z.B. Panikattacken, anhaltende Angst,

Schlaflosigkeit usw. einen hohen Stellenwert einnehmen und möglicherweise sogar für länger anhaltende psychische Probleme verantwortlich sind, als dies vielleicht für eine einmalige körperliche Attacke (minderer Heftigkeit) des Stalkers zutreffen mag. Da Stalking *per definitionem* ein Phänomen mit zeitlicher Ausdehnung ist, richtet sich das Augenmerk auf jene Umstände und Gegebenheiten, welche „das System Stalking" perpetuieren, weiter vorantreiben und eskalieren. Wenden wir uns zunächst dem Gewaltrisiko zu.

7.1 Allgemeine Risikofaktoren und das Risiko für körperliche Gewalt

Drei Mythen vorab: Stalking durch eine Fremden ist gefährlicher und führt zu schwereren Verletzungen, als Stalking durch einem Ex-Partner; männliche Stalker sind gefährlicher als weibliche; Stalking wird ohne offene Aggression überhaupt nicht wahrgenommen. Alle drei Behauptungen sind falsch. Von allen Beziehungskonstellationen ist Expartner-Stalking dasjenige mit der höchsten Rate an schwerwiegenden Eingriffen, wenngleich auch hier Tötungsdelikte relativ selten sind. Schwere und fatale Folgen von Stalking machen höchstens 2 % aller Fälle aus, anders ausgedrückt: wenn physische Gewalt vom Stalker ausgeübt wird (in ca. 30–40% aller Fälle), dann handelt es sich um leichtere bis mittelschwere Formen von Gewalt (ohne schwere Verletzungen, welche eine längere Behandlung erfordern und ohne Verletzungen oder Eingriffe mit Todesfolge).

Wie bereits im vorangegangenen Kapitel angedeutet, ist darauf zu verweisen, dass die besondere Beachtung von Stalking mit Todesfolge – wie auch der schwereren Fälle von Stalking – in den Medien und im Bewusstsein der Öffentlichkeit zu einer Überschätzung der tatsächlichen Häufigkeitsziffern führt. Vielleicht ist hier ein Blick auf die Polizeistatistik des Jahres 2022 aufschlussreich:[1] von den angegebenen insgesamt 23.082 Fällen von Nachstellung, welche zur Anzeige

---

[1] Quelle: Bundeskriminalamt Polizeistatistik 2022. [s. a. oben Kapitel 1].

gebracht worden sind, entfielen 22.713 auf ein „minderschweres"
Stalking (98,4%), 367 Fälle auf „besonders schwere Fälle" (1,6%)
und 2 (0,0086%) auf Stalking mit Todesfolge (das entspricht knapp 9
Fälle auf theoretisch angenommene 100.000 Fälle).[2] Betrachtet man
alle Fälle von Mord und Totschlag zusammengenommen (im „Hellfeld") – es sind 561 im Jahr 2022 –, dann ist der Anteil von Stalking
mit Todesfolge 0,35%. Die Übersicht zeigt, dass schwerere Fälle (mit
ernsteren Gesundheitsfolgen) eher selten, Mord und Totschlag extrem
selten vorkommen (ein Mann und eine Frau in 2022). Auch wenn
man bedenkt, dass viele Fälle von Stalking nicht angezeigt werden und
das „Dunkelfeld" hier groß ist, kann angenommen werden, dass sich
die Proportionen nicht wesentlich verschieben – zumal die Anzahl der
tatsächlich zu einer Anzeige gebrachten Fälle mit dem Schweregrad
von Stalking ansteigen dürfte und bei Mord und Totschlag höchstwahrscheinlich alle tatsächlich vorkommenden Fälle auch angezeigt
bzw. erfasst worden sind.

Statistiken mögen hilfreich sein, um u.a. den generellen Trend in
der Auftretenshäufigkeit kriminologisch bedeutsamen Phänomens
zu ermitteln. Sie sind aber für die/den einzelne/n Betroffene/n von
Stalking wenig hilfreich, wenn es um die Frage geht, ob vielleicht
„mein Stalker" eben doch derjenige ist – oder zu einem solchen wird
-, welcher als besonders gefährlich einzuschätzen ist und der auch vor
körperlichen Angriffen oder anderen schwerwiegenden Eingriffen nicht
zurückscheut. Hier bedarf es einer eingehenderen Analyse der jeweils
zutreffenden Konstellation von Persönlichkeitsfaktoren, Beziehungsformen und Beziehungsgeschichte, der situativen Faktoren („Gelegenheiten"), dem Handlungsspielraum der verfolgten Person und die ihr
zur Verfügung stehenden schützenden Ressourcen

Zunächst könnte man vermuten, dass das Risiko für eine ernsthafte Gefahrenlage und Schädigung bei solchen Stalkern, welche der
Motivationsrichtung „Herstellung einer intimen Beziehung" folgen,

---

[2] Die Einteilung nach Schweregrad entspricht hier der Klassifikation des Stalking-Paragrafen 238
Strafgesetzbuch und der damit zugleich festgelegten möglichen Maximalstrafe von 3, 5 oder 10
Jahren. Der Wortlaut des §238 StGB findet sich in diesem Buch im Kap. 10).

weniger stark ausgeprägt ist, als bei solchen Verfolgern, welche aus Wut und Rache handeln. Das trifft aber nur dann zu, wenn es im Verlaufe des Stalkings bei erstgenannter Gruppe zu keiner dramatischen Änderung des Verhaltens kommt. Nicht selten geht der zurückgewiesene Stalker dazu über, mit Drohungen und „härteren" Maßnahmen seinem Verlangen Nachdruck zu verleihen. Der Fall *Tarasoff* (oben Abschn. 5.1) zeigt, wie nach anfänglicher Zurückhaltung die Lage schließlich eskaliert – mit tödlicher Folge. Da in manchen Fällen von Ex-Partner-Stalking der abgewiesene Partner sich zunächst auf Flehen und Betteln um „Wiedergutmachung" verlegt (untermalt mit den entsprechenden Liebesbeteuerungen), sollte die Partnerin wachsam bleiben und nach Signalen für eine Strategieänderung des Stalkers Ausschau halten. Dabei kommt ihr häufig zugute, den Ex-Partner gut zu kennen und vielleicht über Erfahrungen in vergleichbaren Situationen in der Zeit des Zusammenlebens zu verfügen. Das beträfe besonders die Erfahrung *privater (häuslicher) Gewalt* und die sich eventuell anschließenden Zyklen von *Reue – Bitte um Vergebung („es wird nie wieder passieren) – Einlenken und Verzeihen – erneuter Übergriff – usw.*

Bei der Einschätzung des Gefährdungsrisikos für Opfer von Stalking geht es vor allem darum, die für den jeweiligen Einzelfall wirksamen Faktoren zu identifizieren. Dabei stehen zunächst die objektiven oder offensichtlichen Gegebenheiten im Vordergrund der Betrachtung, insbesondere die beobachtbaren Stalkinghandlungen, der jeweilige Beziehungsstatus, die situativen Umstände (Gelegenheiten), sowie, eventuell, die bereits vorliegenden Erkenntnisse zur Person des Stalkers (z.B. Vorstrafen, Drogenmissbrauch, sonstige Auffälligkeiten). Während das Verhaltensrepertoire des Stalkers sich im Laufe der Zeit ändern kann – Liebesbeteuerungen werden von Gewaltandrohung abgelöst, Verfolgungsstrategien werden geändert oder neu angepasst –, handelt es sich bei den Erkenntnissen zur Vorgeschichte und zur Person des Stalkers eher um relativ überdauernde, sich wenig verändernde Größen. Die Unterscheidung zwischen *statischen* und *dynamischen* Faktoren bei der Risikoeinschätzung ist auch für eine sich eventuell anschließende Bewältigungsstrategie von Stalking von Bedeutung, indem entsprechende Maßnahmen oder auch therapeutische Interventionen beim Stalker darauf aufbauen. Es liegt nahe, bei einer Analyse des

Gefährdungsrisikos von den statischen Gegebenheiten auszugehen, da diese aufgrund allgemeiner Erfahrungen im Hinblick auf Stalking oftmals einen ersten, direkten Ansatzpunkt für die Risikobewertung bieten. Beispielsweise lässt sich aufgrund der Kenntnis, dass der Ex--Partner eine kriminelle Vorgeschichte einschließlich Gewalt- und Drogenexzessen aufweist, bei einem Stalking nach Trennung des Paares von einem deutlich erhöhten Risiko für Gewalt ausgehen. Als relativ statische Größen sind hier auch Persönlichkeitsfaktoren einzuordnen („relativ" deshalb, weil Dispositionen sich über längere Zeiträume auch wandeln können). Persönlichkeitsfaktoren bzw. pathologische Ausprägungen stellen jedoch keine beobachtbaren Tatsachen dar, sie müssen jeweils aus solchen erschlossen werden.

Es ergibt sich daraus, dass (relativ) statische und dynamische Risikofaktoren weiterhin in beobachtbare (oder unmittelbar gegebene) und in nur indirekt über beobachtbare Sachverhalte zu erschließende Faktoren aufzuteilen sind. Für eine *Strategie* zur Risikoermittlung empfiehlt sich, von den beobachtbaren zu den nicht direkt beobachtbaren Gegebenheiten fortzuschreiten: In der nachfolgenden Zusammenstellung folgen die einzelnen Schritte des Vorgehens den Quadranten Q1 bis Q4 (Abb. 7.1).

Zur Erläuterung:

1. Die Auswahl der Risikofaktoren beruht überwiegend auf Forschungsergebnissen zu Stalking, zu einem geringeren Teil erschließt sich die Relevanz auch unmittelbar, beispielsweise im Falle einer geäußerten Tötungsabsicht.
2. Die Faktoren und Gegebenheiten in den vier Quadranten (Q) sind nicht unabhängig, aber auch nicht beliebig kombinierbar. Vor allem im Bereich der statischen und beobachtbaren Faktoren (Q1), entfalten diese ihr Risikopotential erst in Kombination mit bestimmten Persönlichkeitsstörungen oder mit schwereren psychischen Störungen. So stehen beispielsweise Alkohol- und Drogenprobleme (Q1) in Verbindung mit Persönlichkeitsstörungen (Q4), oder Gewaltandrohungen (Q2) sind unmittelbare Folge von extremer Eifersucht (Q3).
3. Es gibt multiplikative (verstärkende) Verknüpfungen. So folgt beispielsweise auf Frustration im Falle von fehlgeschlagenen

Risikofaktoren für Stalking

beobachtbare / vorgegebene Sachverhalte	zu erschließende Sachverhalte (Konstrukte)

Alter, *Gender* (Stalker)
Vorbeziehung
Vorstrafen und „Gewaltkarriere"(auch
häusliche Gewalt und Gewalt gegen
Familienangehörige, Freunde , Bekannte)
Drogen-/Alkoholmissbrauch *(auch früher)*
Beruflicher Status (arbeitslos)
Anordnungen/Verstöße (z. B. gegen
Gewaltschutzgesetz)
Vormaliges Stalking,
Anzahl der Wiederaufnahmen von Stalking
Kinder (Sorge- Umgangsregelung)
Aktuelle Konflikte (Eigentum, Unterhalt)
Waffenbesitz, Zugang zu Waffen, auch
ausgeprägtes Interesse an Waffen
Eindringen die Wohnung
<div align="right">**Q 1**</div>
	Persönlichkeitsstruktur generell
	Spezielle Persönlichkeitsprobleme:
	– Persönlichkeitsakzentuierungen
	– *Persönlichkeitsstörungen*
	– *Wahnhafte Störungen*
	  (Beziehungswahn)
	– *Psychosen (Schizophrenie, Bipolare*
	  Psychose)
	– Depression
	Überdauernde Einstellungen,
	Gewohnheiten (Vorurteile, „Rassismus")
	kulturelle „Missverständnisse"
	„weltanschauliche" Überzeugungsmuster
	Q 4

<div align="right">**Q 2**</div>Ausmaß der Stalkinghandlungen
Formen der Kontaktaufnahme (physisch,
über Medien, über dritte Personen)
Anzahl unterschiedlicher Stalkinghandlungen
Verbal oder symbolisch übermittelte…
– *Gewaltandrohungen*
– *Suizidgedanken, Suiziddrohungen*
– *wiederholte Drohungen („Leib und*
  Leben" betreffend)
– *Ankündigung von erweitertem Suizid*
– *Verzweiflung, Hoffnungslosigkeit*
– *„Alles-oder-nichts-Denken"*
Umfang des stalkingfreien Zeitintervalls
Soziale Isolation
Inadäquate Opferreaktionen (Kontakt,
Konfrontationen, inkonsequentes Verhalten)
	Q 3
	Motivatoren allgemein bzw.
	– krankhafte Verliebtheit
	– Ärger
	– *Wut*
	– *Rache/Vergeltung*
	– extreme Eifersucht
	– tiefe Gekränktheit
	– *„sexuelle" Besessenheit und Neigung*
	  zu sado-masochistischen
	  Sexualpraktiken
	Realitätsleugnung
	Wahrnehmungsverzerrungen
	Realitätsfremde Denkmuster
	unangemessene Furcht beim Opfer

(Zeile links: Statische Risikofaktoren / Dynamische Risikofaktoren)

Abb. 7.1 Stalking-Risikofaktoren

Annäherungsversuchen Ärger, welcher wiederum Wut entstehen lässt (beides Q3). Beide zusammen wirken wie ein „Katalysator" für die Antriebsfaktoren (Motivatoren) Rache und Vergeltung (Q3), was in eine Tötungsabsicht einmünden kann (Q2), welche wiederum im Falle eines Zugangs zu Waffen (Q1) das Gewaltrisiko erhöht. In dem Fallbeispiel auf Seite 117 entspricht der berufliche Status des Stalkers einem Risiko, indem Arbeitslosigkeit und das Scheitern von Versuchen, eine Anstellung zu bekommen (Q1) – zusammen mit ideologischen Vorstellungen („die Ungerechtigkeit in der Welt"; Q4) und Emotionen wie Ärger und Wut (Q3), möglicherweise auch aufgrund einer narzisstischen Kränkung (Q4) – die hier eher zufällig getroffene Wahl des Opfers bestimmt (situativer Aspekt, in der Tabelle nicht aufgeführt).

4. Stalking-Opfer haben Anspruch auf Mitgefühl, Verständnis und Hilfe. Für das ihnen angetane Leid sind sie nicht verantwortlich. Wenn Opfer dennoch dazu beitragen, dass Stalkinghandlungen persistieren und eventuell das Risiko für eine Gefährdung erhöhen, dann liegt das in der Regel daran, dass entweder Stalking noch nicht in seiner ganzen Tragweite im Bewusstsein der betreffenden Personen verankert ist (einige Opfer geben an, sie hätten lange Zeit hindurch gar nicht gewusst, dass es sich um Stalking handelt) – oder es verbinden sich mit Stalking inadäquate oder falsche Vorstellungen, wenn es um die Frage geht, wie die Bedrohung und Belastung am besten abzuwenden oder zu beenden ist. Die hier anzuführenden Risikofaktoren aufseiten des Opfers bestimmen zugleich auch – in Umkehrung – die wichtigsten Empfehlungen und Regeln, welche im „Umgang" mit Stalking zu beachten sind. So ist etwa in vielen Fällen das Gebot einer Kontaktvermeidung mit dem Stalker zielführend, wenn es konsequent eingehalten wird. Aufseiten des Opfers erfordert dies Überwindung, wenn zugleich noch Reste einer einstmals befriedigenden emotionalen Beziehung vorhanden sind oder die Trennung (noch) Schuldgefühle hinterlassen hat. Opfer-Risikofaktoren sind in der Übersicht lediglich pauschal angedeutet; in Umkehrung, d. h. als Risiko-Vermeidungsfaktoren, gehören sie zu den Empfehlungen im Umgang mit Stalking (dazu das folgende Kapitel).

5. In der Übersicht sind solche Faktoren, die ein erhöhtes Gewaltrisiko beinhalten *kursiv* gesetzt. Bei ihrem Auftreten sollten die Alarmglocken in Gang gesetzt werden. Drohungen (mündlich, schriftlich

oder auch in symbolischer Form, z. B. Zuschicken eines Straußes verwelkter Rosen oder tote Tiere, die vor die Haustür gelegt werden) müssen ernst genommen werden, da sie in wenigen Einzelfällen tatsächlich fatale Folgen für das Opfer haben können.[3] Auch Suizidankündigungen (einschließlich des erweiterten Suizids), vor allem, wenn sie mit Äußerungen der Verzweiflung und Hoffnungslosigkeit gepaart sind („Ich nehme Dich und die Kinder mit") gehören hier hin. Der in Q1 aufgeführte Risikofaktor *Waffenbesitz* bzw. *Zugang zu Waffen* mag für Deutschland eher weniger relevant sein als z. B. in den USA, wo ein solcher sehr verbreitet ist.

Die Frage eines Zusammenhangs zwischen Stalking und Risikofaktoren für körperliche Gewalt verdient besondere Beachtung. Betrachtet man körperliche Angriffe unter dem Aspekt unterschiedlicher Schweregrade, so lassen sich am unteren Ende des Kontinuums leichte Formen wie Schubsen, leichte Schläge mit der Hand, Backpfeifen oder Fußtritte usw, am oberen Ende schwere Verletzungen und Eingriffe mit Todesfolge (eventuell mit Objekten und Waffen) nennen. Sind jene Risikofaktoren, welche leichte oder mittlere Formen betreffen, dieselben, als solche, die schwere und schwerste Formen betreffen? Das ist offensichtliche der Fall.

In einer Untersuchung von *James* und *Farnham* [2] zeigten sich die folgenden Zusammenhänge zwischen schwerer körperlicher Beeinträchtigung (schwere Verletzungen, z. T. mit Todesfolge) und den folgenden Risikofaktoren im Rahmen von Stalking:

- die kriminelle Vorbelastung (nicht allein in Bezug auf Gewaltdelikte),
- die Diagnose einer Depression,
- der Täter ist männlich,
- es gab eine vorherige sexuelle Beziehung zwischen Opfer und Täter,
- auch bei früherem Stalking von anderen Personen gab es bereits Gewalt gegen Opfer, deren Angehörige und gegen Objekte,
- verbale oder schriftliche Drohungen gegen das Opfer,

---

[3] Vgl. die Fallbeispiele in Abschn. 4.8

- der Stalker versuchte bereits früh im Verlaufe des Stalkings, sich Zutritt zu der Wohnung des Opfers zu verschaffen.

Betrachtet man allein das Risiko für *Homizid* (Tötung des Opfers), so zeigte sich interessanterweise, dass dieses eher erhöht war, wenn es *keine* Vorgeschichte mit Drogenmissbrauch gab, der Stalker in einem Beschäftigungsverhältnis stand, nicht unter einer Psychose litt, und eher der Kategorie „zurückgewiesener Stalker" zuzuordnen war. Die Dauer des Stalkings war im Vergleich zu Stalking mit milderen oder moderaten Formen von Gewalt kürzer. Die Befunde stimmen nur zu einem geringen Teil mit jenen überein, welche in Studien zu Risikofaktoren erhoben wurden, bei denen Gewalt gegen das Opfer und gegen Sachen (Vandalismus) eher in einen leichten oder mittleren Schwerebereich einzuordnen war. Die Risikofaktoren waren hier: enger Kontakt bzw. räumliche Nähe zum Opfer, häufiges Aufsuchen des Opfers, eine psychiatrisch relevante Vorgeschichte, eine kriminelle „Karriere", vorherige Drohungen gegenüber dem Opfer (vor allem verbale, weniger effektiv schriftliche oder symbolische), Substanzmissbrauch, Arbeitslosigkeit, soziale Isolation, Persönlichkeitsstörungen, depressive Symptome und Suizidandrohungen, sowie die intime Vorbeziehung zwischen Stalker und Opfer.

Wie lassen sich die Unterschiede erklären? Möglicherweise kommt es zu schweren Verletzungen oder zu Tötungen vor allem in *Katastrophensituationen*, bei denen andere psychologische Mechanismen das Verhalten bestimmen, als in „normalen" und weniger eskalierten Situationen. Dabei können „starke" Affekte und Emotionen wie Wut und Ärger eine Rolle spielen, deren „Auslösung" und Steigerung durch situative Faktoren (z. B. physische Nähe zum Opfer, dessen Reaktionen als provozierend und als weiterhin zurückweisend empfunden werden) vermittelt wird. Demgegenüber umfasst Stalking mit Gewalt im unteren und mittleren Bereich – die Mehrzahl aller Fälle – weniger spontane und mehr auf Dauer angelegt Handlungsfolgen auf dem Hintergrund einer gestörten Persönlichkeit, sozialem Einzelgängertum, beruflicher Misserfolge und einer Vorgeschichte mit Substanzmissbrauch.

7.2 Zwei Verfahren zur Risikoanalyse

Stalking ist keine Krankheit und dementsprechend gibt es kein entsprechendes einheitliches Diagnosesystem wie in der Medizin. Die Beurteilung des einzelnen Stalkingfalles erfordert eine Bündelung verschiedener Beiträge von Fachpersonen der Psychologie und Psychiatrie, der Kriminologie und der Rechtswissenschaft. Es ist dennoch ein Anliegen dieses Buches, von Stalking unmittelbar betroffene Personen in ihren Kompetenzen zum Umgang mit Stalking zu stärken und einige „Werkzeuge" in die Hand zu geben, welche ein besseres Verständnis des einzelnen Falles – ihres Falles – erlauben. Dabei kann es – aufgrund der Komplexität des Phänomens – zunächst nur darum gehen, eine vorläufige (!) Einordnung des Falles aus Sicht des Opfers zu ermöglichen – mit der entsprechenden Unsicherheit und dementsprechend mit der nötigen „Bedachtsamkeit", keine voreiligen Schlüsse zu ziehen.

Es gibt inzwischen an die 15 Diagnose- und Bewertungssysteme auf Fragebogenbasis, von denen die meisten aus der anglo-amerikanischen Forschung zu Stalking stammen. Sie erfassen unterschiedliche Aspekte von Stalking (z. B. nur das Risiko für physische Gewalt oder zur „Abbildung" einer Typologie) und folgen z. T. den Bedürfnissen verschiedener Interessensgruppen (z. B. in der Forschung, in der polizeilichen Arbeit, in Therapie und Beratung). Für den deutschsprachigen Raum sind hier zu nennen: das *Stalking Risk Profile (SRP)* und ein Instrument zur Einschätzung des Gewaltrisikos, das *Dynamische Risiko-Analyse-System (DyRiAS)*.

Das SRP basiert auf den Forschungen einer australisch-britischen Gruppe [3] und im Wesentlichen auf einer verbreiteten Stalker-Typologie, in deren Mittelpunkt die jeweilige „führende" Motivationseben für Stalking steht (der *zurückgewiesene,* der *rachesuchende,* der *liebesuchende,* der *sozial inkompetente* und der *beutelüsterne Stalker*).[4] Das Verfahren dient der Risikoeinschätzung für „stalkingassoziierte Gewalt", für „persistierendes Stalking", für „Rückfälle" (des Stalkers) und berück-

---

[4]Vgl. oben Abschn. 4.8, Fn. 63.

sichtigt auch das „Risiko für einen psychosozialen Schaden" beim Täter. Stalking von Persönlichkeiten des öffentlichen Lebens wird in einem eigenen Teil abgehandelt. Die Fachpublikation liegt in einer deutschen Übersetzung vor [3]. Es handelt sich um ein Beurteilungs-Verfahren (*rating*-Verfahren), indem die einzelnen Risikofaktoren (sie werden zunächst kurz erläutert) danach eingeschätzt werden, ob sie gegeben sind, fraglich sind, oder nicht vorliegen. Beispiel *Eigentumsbeschädigung:* Ja: *Der Stalker hat im Rahmen der aktuellen Stalkingepisode...Eigentum in der Absicht zerstört, dem Opfer physisches oder psychologisches Leid oder finanziellen Verlust zuzufügen.* Fraglich: *Eigentum des Opfers wurde während der Stalkingepisode zerstört. Dabei ist nicht zu klären, ob der Stalker dafür verantwortlich ist oder ob der Schaden versehentlich zugefügt wurde.* Nein: *Der Stalker hat im Rahmen der aktuellen Stalkingepisode kein Eigentum des Opfers zerstört* [3, S. 65]. Das SRP ist insofern gut aufgestellt, als es dazu Arbeitsmaterialien (Beurteilungsbögen) gibt, welche per Internet beim Verlag abgerufen werden können. Der Beurteiler – immer eine fachlich ausgebildete Person – nimmt dann abschließend eine Gesamtbeurteilung vor und ordnet den Stalker einer der drei Risikogruppen *niedrig – moderat – hoch* zu. Eine Anleitung dazu gibt es nicht, der Beurteiler drückt lediglich seine „Meinung" aus. Die Beantwortung der Items erfolgt aufgrund der Befragung des Täters (!), nur in Ausnahmefällen kann auch ein gut informiertes Opfer (wahrscheinlich handelt es sich dann um den Ex-Partner) zu den einzelnen Punkten Stellung nehmen. Die Anwendbarkeit wird somit stark eingeschränkt, da in allen Fällen der Stalker nicht nur bekannt, sondern auch zu einer Kooperation bereit sein muss. Die Anwendung dürfte somit auf jene Fälle beschränkt sein, bei denen der Stalker bereits in eine Klinik oder sonstige Facheinrichtung aufgenommen ist. (Das war bei der Forschergruppe auch der Fall).

Das *DyRiAS* ist ein auf kommerzieller Basis vom *Institut für Psychologie & Bedrohungsmanagement (I:P:Bm)* in Darmstadt entwickeltes, online-gestütztes Analyseinstrument zur Einschätzung und Bewertung von schwerer Gewalt in verschiedenen gesellschaftlichen Kontexten, denen entsprechende Module (sog. *Tools*) zugeordnet sind. Derzeit

(2023) gibt es die drei Module *Schule, Arbeitsplatz* und *Intimpartner.*[5] In allen drei Fällen geht es darum, Ansätze im Verhalten einer Person für schwere, zielgerichtete Gewalt frühzeitig zu erkennen bzw. vorherzusagen (etwa Amoklauf eines ehemaligen Schülers, eine Gewalttat im Arbeitskontext, Gewalt mit Todesfolge eines Ex-Intimpartners). Das *DyRiAS-Intimpartner* analysiert das Risikopotential bei einer männlichen Person im Hinblick auf eine schwere Gewalttat gegenüber der aktuellen oder ehemaligen Intimpartnerin. Anhand von 39 Fragen, zu denen es jeweils detailliertere Erläuterungen gibt (auch Videos mit Beiträgen von Experten), wird ein sog. „Risikoreport" erstellt. Die einzelnen Fragen bzw. Items können einer von 5 Risikostufen (kein Risiko bis hohes Risiko) zugeordnet werden (manche Items erstrecken sich auch über zwei Stufen). Das Besondere dabei: jede Risikostufe gleicht einem Schritt hin zu dem *worst case* (Tötung des Intimpartners) oder in Gegenrichtung von diesem weg, wenn das Instrument zu verschiedenen Zeitpunkten wiederholt wird (Die Autoren bezeichnen dies als „Zeitreihenanalyse").[6] Es gibt eine Zusatzskala für leichte bis mittelschwere körperliche Gewalt (ohne schwere Verletzungen). Es ist zu erwähnen, dass das Instrument ausschließlich Gewalt in heterosexuellen Beziehungen erfasst, wobei der (potentielle) Täter männlich und das (potentielle) Opfer weiblich ist. Ein ökonomischer Vorteil besteht darin, dass der potentielle Täter nicht persönlich befragt werden muss; es genügen jene Angaben, die von dem fachkundigen Anwender aufgrund der Kenntnis des Falles (unter Zuhilfenahme einschlägiger Informationsquellen, z. B polizeiliche Protokolle) und der Befragung des potentiellen Opfers (Beispiel: *Die Betroffene berichtet, dass ihr ehemaliger Partner mehrfach in Gesprächen Selbstmord erwähnte*) protokolliert werden. Als ein Beispielitem wird hier die Frage 1 (von 39) angeführt; sie lautet: *Wohnen die Partner zusammen?* (kann mit Ja. Nein oder Keine Information beantwortet werden). Dazu gibt es ein Kurzinfo (hier gekürzt): *dieser Faktor gilt als erfüllt, wenn die Partner zusammen*

---

[5] Quelle: www.dyrias.com.

[6] Die Bezeichnung ist irreführend, da es sich allein um eine grafische Darstellung handelt und nicht um die unter dem Begriff *Zeitreihenanalyse* fallende mathematisch-stochastische Analyse wiederholter Messungen.

*eine Wohnung oder ein Haus bewohnen, dort ihre persönlichen Sachen auf-
bewahren und sich regelmäßig in diesem Wohnraum aufhalten... Dieser
Faktor gilt nicht als erfüllt, wenn die Partner regelmäßig beieinander
übernachten, obwohl sie eigene Wohnungen haben.* Die zu dieser Frage
aufgerufene Maske erlaubt nunmehr zusätzlich, die originären Fall-
daten und die Auswertung (nach Risikostufe) abzurufen. Eine Auswertung wird nur dann präsentiert, wenn mindestens 22 Fragen (55 %)
beantwortet sind. Der Einsatz des Verfahrens erscheint dort sinnvoll,
wo es ausschließlich um schwere Gewalt gegenüber dem (ehemaligen
oder aktuellen) Intimpartner geht. Als Nutzer des Systems kommen
nur Personen infrage, die aufgrund ihrer beruflichen Orientierung mit
Fällen von häuslicher Gewalt und gewaltassoziiertem Stalking zu tun
haben, eine Lizenz des Anbieters erworben und erfolgreich ein Aus-
bildungsseminar oder eine Online-Schulung absolviert haben.

7.3   Eine *Check*-Liste zur Stalking Risikoeinschätzung (CLSR)

Bei den bisherigen Ausführungen stand vor allem das Risiko im Vordergrund der Betrachtung, als Geschädigte einer eventuell zunehmenden
Gewalt ausgesetzt zu sein, welche sich gegen die körperliche Unver-
sehrtheit richtet. Es ist zweifellos wichtig, diesem Aspekt bei der
Betrachtung von Stalking Fällen eine gewisse Priorität einzuräumen.
Dabei darf jedoch nicht übersehen werden, dass eine Schädigung des
Opfers in der Mehrzahl der Fälle eher den psychischen Bereich betrifft
und dementsprechend das Erleben permanenter Bedrohung und Verfolgung zu gravierenden psychischen Schäden mit Krankheitswert führt.
Stalking manifestiert sich im unmittelbaren Erleben der Zielperson als
Einschüchterung, Entwürdigung, Erniedrigung, Angst, Einschränkung
der persönlichen Freiheit, Hilflosigkeit und Verzweiflung, wenn
eigene Bemühungen, der Bedrohung zu entgehen, scheitern. Längerfristige Folgen sind u. a. eine nachhaltig wirksame Traumatisierung
und Depression. Indem Stalking mehr oder weniger stark in die eigene
Lebensgestaltung eingreift (in negativer Weise), professionelle Hilfe

zu zunächst nicht oder gar nicht verfügbar ist oder trotz Verfügbarkeit nicht angefordert werden kann, sind Stalkingopfer häufig darauf angewiesen, sich zunächst selbst zu helfen. In einer solchen Situation ist es hilfreich, einen „Leitfaden" an der Hand zu haben, der es ermöglicht, eine erste Einordnung des Stalkers im Hinblick auf unterschiedliche „Muster" von Stalking mit den entsprechend zuzuordnenden Risikofaktoren zu ermöglichen.

Das nachfolgend näher beschriebene Verfahren folgt einem einfachen Vorgehen: verschiedene Aspekte von Stalking – entsprechend den Vorgaben der in diesem Kapitel in vier Abschnitte aufgegliederten Risikofaktoren (s o. Abb. 7.1, Abschn. 7.1) – werden in einer *Check-Liste* abgefragt und anschließend nach bestimmten inhaltlichen Gesichtspunkten (i. S. einer Klassifikation) drei *prototypischen* Stalkern (A, B, C) zugeordnet, welche unterschiedliche Risikostufen repräsentieren:

- Stalker A – hohes Risiko – entspricht etwa dem rachegetriebenen Ex-Partnerstalker nach der Klassifikation SN 1/M 3/P 2 bzw. dem sadistischen Typ mit sexualisierter Gewalt (SN 1–3/M 4/P 1–2)
- Stalker B – mittleres Risiko – ist vergleichbar mit einem Stalker der Kategorie „obsessive Fixierung – krankhafte Verliebtheit (SN 2-3/M2/P 2) und
- Stalker C – geringes Risiko – ist hier vergleichbar mit dem Typus „Verliebtheit – schwärmerische Verehrung- soziale Hemmung" (SN 2–3/M 1/P1).[7]

Die Anwendung setzt ein gewisses Maß an Wissen zum Stalking-Phänomen und an Einfühlung in das Denken und die Motive von Stalkern voraus, ersetzt jedoch nicht die Analyse des Phänomens durch entsprechend ausgewiesene Fachpersonen. Es wird angenommen, dass Betroffene (Opfer) aufgrund ihrer Erfahrungen mit einem Stalker – wenngleich auch subjektiv – in der Lage sind, zu wesentlichen Aspekten von Stalking Auskunft geben zu können. Wo dies nicht der Fall ist –

---

[7] Klassifikationen A, B. C entsprechend den Ausführungen in Abschn. 4.8 bzw. „Würfelmodell" Abb. 4.1, Abschn. 4.6).

insbesondere wenn der Stalker eine fremde Person bzw. eine „Gelegenheitsbekanntschaft" ist – sollte von einer reinen Spekulation Abstand genommen und eine entsprechende „Vorverurteilung" vermieden werden.

Für die CLSR gilt *inhaltliche Validität*.[8] Eine empirisch-statistische Bearbeitung steht noch aus. Die Auswertung und Interpretation erfolgt aufgrund einer Zusammenfassung der als *zutreffend* signierten Items.

Der „Leitfaden" folgt der Reihenfolge der vier Quadranten Q1 bis Q4 der Übersicht in Abb. 7.1 (Abschn. 7.1).[9] Die einzelnen Risikofaktoren werden durchnummeriert (Spalte1), benannt (Spalte 2) und – soweit erforderlich – kurz erläutert (Spalte 3) Es ist jeweils nur zu entscheiden, ob der Sachverhalt gegeben ist (x). Die vollständige CLSR, Auswertungshinweise und ein Rechenbeispiel sind in diesem Buch im ANHANG I aufgeführt.

7.4   Risikostufen und Klassifikation von Stalkern

Eine Einteilung von Stalking-Fällen nach Risikostufen ist nicht nur für das Opfer von elementarem Interesse, sie ist auch im Hinblick auf die Behandlung des einzelnen Falles mit Blick auf eine Reduzierung des Gewaltrisikos und der entsprechenden Hilfemaßnahmen (das sogenannte *Fallmanagement*) von großer Bedeutung. Die Aufgabe bestünde darin, Kombinationen verschiedener Risikofaktoren zu finden und – im Idealfall – statistisch gut abzusichern, welche zugleich ein Kontinuum zunehmender Bedrohlichkeit und Gefährdung abbilden. Ein solchermaßen verbindliches Schema ist derzeit nur annäherungsweise verfügbar und eventuell am ehesten – für den deutschsprachigen

---

[8] Bei *Validität* (Gültigkeit) handelt es sich um ein Qualitätskriterium psychologischer Tests. Die Validität wird bestimmt durch empirische Untersuchungen. Es müsste sich z. B. zeigen, dass die Risikovorhersage tatsächlich eintrifft und der Stalker gewalttätig oder in anderer Weise auffällig wird.

[9] Nicht berücksichtigt: *spezielle Persönlichkeitsprobleme* (Q4), da angenommen wird, dass deren Einschätzung spezifische fachliche Vorkenntnisse erfordert.

Raum – durch das weiter oben beschriebene Verfahren der „dynamischen Risikoanalyse" (oben Abschn. 7.2) realisiert.[10] Folgt man dem Vorschlag, verschiedene Risikostufen in Anlehnung an die Vorgaben der derzeit geltenden Gesetzesnorm zu Stalking (§ 238 StGB) zu konzipieren – dies würde vor allem auch die Strafverfolgung erleichtern -, so erscheint vor allem das Erfordernis einer „nicht unerheblichen Beeinträchtigung der Lebensgestaltung" bei der Risikobewertung zielführend.[11] Unter *Lebensgestaltung* fallen alle Vorkehrungen und Maßnahmen, welche die Lebensqualität des einzelnen Individuums nachhaltig bestimmen und dessen Anspruch auf psychische und physische Unversehrtheit (Gefahrenabwehr) und auf „Selbstverwirklichung" in der Gemeinschaft mit anderen gerecht werden. Dabei wird man nicht umhinkommen, anzuerkennen, dass eine Analyse des Risikos nur bedingt Aufschluss geben kann über die tatsächliche Gefahrenlage, in welcher sich eine Person befindet, da menschliches Verhalten nicht vollkommen berechenbar ist und somit in jedem Einzelfall ein *Restrisiko* verbleibt. Es kann also nur darum gehen, dieses möglichst klein zu halten. Dabei geht es auch um Vorsorge und Verhinderung durch geeignete Schutzfaktoren wie z. B. ein gut funktionierendes soziales Netzwerk des Opfers (dazu weitere Ausführungen im nachfolgenden Kapitel).

Eine Risikoanalyse setzt vor allem an den beobachtbaren statischen und dynamischen Risikofaktoren an, da diese einen unmittelbaren Bezug zu Stalking und dessen Auswirkungen auf die Befindlichkeit des Opfers herstellen. Diese stehen wiederum in Verbindung mit den „dahinterliegenden", für Stalking relevanten Motiven und Persönlichkeitsstrukturen. So stellt der Besitz von Waffen in Verbindung mit einer schwerwiegenden psychischen Störung (eventuell paranoide Wahnvorstellungen und Verfolgungsideen) bei gleichzeitiger sozialer Isolation und bei Arbeitslosigkeit zweifellos ein erhöhtes Gefahrenrisiko dar,

---

[10] Eine vorsichtige Ausdrucksweise ist hier insofern geboten, indem weitere Untersuchungen zur Validität des Verfahrens noch ausstehen, um entsprechende Risikovorhersagen abzusichern. Es gilt zudem die Einschränkung, dass das Verfahren ausschließlich physische Gewalt beim Intimpartner in den Blick nimmt.

[11] Zu näheren Ausführungen zum § 238 StGB siehe Kap. 10 in diesem Buch.

welches bei isolierter Betrachtung einzelner Faktoren nicht die gleiche Brisanz aufweisen würde. Das Beispiel ist keineswegs allein für Stalking spezifisch, wie auch viele der angeführten Risikofaktoren allgemein für kriminelle Gewaltdelikte bedeutsam sind[12], wie z. B. eine kriminelle Vorgeschichte oder ein exzessiver Drogenmissbrauch.

Insbesondere für das Gewaltrisiko können einige Risikofaktoren genannt werden, welche eine besonders alarmierende Wirkung auf die Beteiligten haben sollten (sog. *Rote-Fahnen-Risikofaktoren*):

- *Gewalt gegen Familienangehörige.* Dazu gehört auch häusliche Gewalt. Betroffene sind vor allem der ehemalige Intimpartner, Kinder und nahe Verwandte (1, 23)[13].
- *Frühere Gewaltdelikte* gegenüber Fremden oder Bekannten (5, 15, 16). Kriminelle Vorgeschichte.
- *„Krankhafte" Eifersucht* (36).
- *Früherer und aktueller Substanzmissbrauch* (3), Alkohol- und andere Drogen.
- *Suiziddrohungen und/oder Tötungsdrohungen* (23). Auch den erweiterten Suizid betreffend (unter Einschluss weiterer Personen, häufig Kinder).
- *Wiederholte Drohungen* (22). Vor allem verbale Bedrohung von „Leib und Leben".

---

[12] Der Amoklauf des 35-jährigen Philipp F. am 10.03.2023 in Hamburg, bei dem sieben Anhänger der Zeugen Jehovas getötet und zahlreiche weitere Personen zum Teil schwer verletzt wurden, zeigt eindringlich die Bedeutung einer fachkundigen Vorermittlung – hier zum Waffenerlaubnisschein des Täters – auf. Philipp F. wurde zwar aufgrund eines anonymen Hinweises, wonach er psychisch auffällig sei und sich geweigert habe, ärztliche Hilfe in Anspruch zu nehmen, durch zwei Beamte der Hamburger Polizei aufgesucht und überprüft – ein Blick in den Webauftritt des Täters, zusammen mit der Information, dass dieser möglicherweise bereits wegen Drogenmissbrauchs aufgefallen war, wie auch der anonyme Hinweis selbst, hätten eigentlich genügen müssen, die Waffe zumindest vorläufig zu entziehen. Im Internet bietet sich der zum Zeitpunkt der Tat erwerbslose Täter als Unternehmensberater mit einem Tagessatz von 250.000 € (!) an und verweist auf sein Buch mit dem Titel *The Truth about God, Jesus Christ and Satan. A new reflected view of epochal dimensions.* Auch für den fachlich *nicht* ausgewiesenen Betrachter dürfte dies ausreichen, um zumindest den Verdacht überwertiger Ideen und narzisstischer Selbstüberschätzung („epochale Dimension", Tageshonorar), – wenn nicht bereits einer psychotischen Störung – zu begründen.

[13] Ziffern in Klammern verweisen auf die entsprechende Ziffer in der CLSR (ANHANG I).

- *Eindringen in die Wohnung des Opfers bei dessen Abwesenheit* (15).
- *Ausgeprägtes Interesse an Waffen oder Waffenbesitz* (26)
- *„Sexuelle Besessenheit" und Neigung zu sadomasochistischen Sexualpraktiken* (25).
- *Paranoid-psychotische Erkrankung mit wahnhaften Zügen.* Bei dieser – äußerst seltenen – Form wird das Opfer als Verkörperung des Bösen gesehen oder als „Feind", den es zu vernichten gilt.

Jeder dieser Faktoren beinhaltet ein erhöhtes Risiko und sollte entsprechende Schutzmaßnahmen nach sich ziehen. Das Risiko wird weiter durch Antriebsfaktoren *(Moderatoren)* erhöht, vor allem wenn diese auf Rache, Vergeltung Macht und Kontrolle abzielen. Wut und extremer Ärger sind häufig die affektiven Begleitreaktionen bei den intrusiven Handlungen des Stalkers.

Abschließend werden zwei Fallbeispiele angeführt, von denen das erste auf eklatante Weise ein hohes Risiko mit fatalen Folgen repräsentiert, das zweite eher einer fantasierten Beziehung mit gütlichem Ausgang entspricht.

Hohes Risiko – von der Polizei negiert

Linda v. d. G., eine 28-jährige Krankenschwester, wurde am 10. August 2015 von ihrem 38-jährigen Ex-Partner John F. auf dem Parkplatz vor dem Krankenhaus, als sie gerade ihre Fahrzeug geparkt hatte, erschossen. Der Täter hatte eine umfängliche Geschichte vorherigen Stalkings und Bedrohung von ehemaligen Freundinnen. Linda hatte drei Wochen vor der Tat Kontakt mit der Polizei aufgenommen und angegeben, dass sie von ihrem Ex-Partner verfolgt und bedroht werde. Dieser hatte ihr gegenüber wiederholt angegeben, dass er Suizid begehen wolle und im Begriff sei, sich eine Waffe zu besorgen. Nach dieser Ankündigung hatte sie offiziell eine Anzeige bei der Polizei erstattet und unter anderem angegeben, dass er sie bedrohe und sie schon verletzt habe, indem er ihr den Hals zugedrückt habe. Er würde sie auch über Facebook und E-Mail stalken. Die Polizei begann mit ihren Ermittlungen, zwischenzeitlich wurde Linda weiter kontinuierlich gestalkt und wandte sich wieder an die Polizei am 2., 7. und 9. August, wobei sie auch angab, dass John offensichtlich im Besitz einer Schusswaffe sei und dass es Anzeichen dafür gebe, dass er während ihrer Abwesenheit in ihre Wohnung eingebrochen sei, dass er sie mit dem Tode bedroht habe und dass er Nacktfotos von ihr online veröffentlicht habe. Linda erklärte, sie sei sehr um ihre Sicherheit besorgt. Sie wurde von der Polizei beruhigt und als Gegenmaßnahme wurde lediglich ein sogenannter codification code mit Bezug auf ihre Wohnungsadresse in das polizeiliche Informationssystem aufgenommen. (Es handelt sich hierbei um einen Vermerk, wonach im Falle neuer Information oder bei einem Notruf eine unmittelbare polizeiliche Reaktion erfolgt). Der Täter wurde des Mordes angeklagt und es folgte eine „Aufarbeitung" des Falles durch eine unabhängige Kommission, welche zu dem Schluss kam, dass in diesem Fall ein hohes Risiko bestand, welches ein unverzügliches Eingreifen der Polizei erfordert hätte [zit.n. 1, S.250].

Das Fallbeispiel zeichnet sich durch eine ganze Reihe hoch-risikohafter Faktoren aus: Ex-Partner (CLSR 1 a); körperlicher Angriff (23); verbale Drohungen einschließlich Todesdrohung (22), Waffenbesitz (26), Verunglimpfungen im Rahmen von Cyberstalking (19, 33), Wohnungseinbruch (15). Die Polizei machte hier keinen guten Eindruck.

Als Gegenpol zu einem hohen Gefahrenrisiko sind minder gefährliche Faktoren zu nennen, welche vor allem den Bereich „Wunsch auf Herstellung einer Liebesbeziehung" betreffen und deren Gefahrenpotenzial sich eventuell mit dem auf das Opfer ausgeübten Druck (erzwungene Liebesbeziehung) erhöht. Der Stalker ist hier häufig ein Fremder oder eine Zufallsbekanntschaft und nicht selten sind Teenager oder junge Erwachsene involviert. Die Zielperson wird nicht als Opfer sondern als „geliebte Person" gesehen und Verfolgung wird eventuell als legitimes Mittel betrachtet, damit die Prophezeiung einer idealen Partnerschaft in Erfüllung geht (CLSR 1 c, 4, 6, 13, 28, 29, 30, 34, 37).

„Vom Schicksal füreinander bestimmt"

Die 25-jährige Monika S. ist wissenschaftliche Assistentin an einer Universität. Zu ihren Aufgaben gehört – neben Lehrveranstaltungen – die Betreuung der Studierenden im Rahmen von Praktika und Semesterarbeiten. Bei der Rückgabe einer von ihr mit einigen lobenden Anmerkungen versehenen Semesterarbeit erregt sie die Aufmerksamkeit des 20-jährigen Studenten Oliver M., welcher sich nun zunehmend zu ihr hingezogen fühlt. Oliver stammt aus eine Familie mit alleinerziehender Mutter, bei welcher er noch wohnt und die ihm alle Annehmlichkeiten gewährt. Es gab ein paar eher oberflächliche, nicht-sexuelle Beziehungen mit Studentinnen seiner Altersgruppe, welche jedoch nur kurze Zeit anhielten, in einem Falle auch, weil seine Mutter dagegen opponierte. Oliver suchte häufiger die Nähe zu Monika, indem er – wie zufällig – in der Mensa sich neben sie setzte (anwesende Kollegen und Kolleginnen von Monika wurden ignoriert), oder nach Lehrveranstaltungen noch mit Fragen an sie herantrat. Monika nahm ihre Arbeit sehr ernst und gab sich relativ „offen", wenn es darum ging, Studierende auch außerhalb der formalen Zusammenkünfte zu betreuen, z. B. im Rahmen der Studienberatung oder sonstiger Veranstaltungen. Sie dachte sich auch nichts Besonderes dabei, als sie am Valentinstag eine Tafel Schokolade an der Türklinke ihres Dienstzimmers vorfand. Erst als Oliver kurz danach mit einem Blumenstrauß erschien und angab, es sei doch erforderlich, dass ihr Dienstzimmer damit „verschönert" werde und er ihr damit eine Freude machen wolle, wurde ihr die Problematik der Situation bewusst. Der Blumenstrauß wurde von ihr zurückgewiesen, Oliver benutzt dennoch die Gelegenheit, sie zu fragen, ob sie nicht Lust hätte, nach Dienstschluss „ein Bierchen" mit ihm trinken zugehen. Dies wurde mit dem Hinweis zurückgewiesen, dass gemeinsame „private" Unternehmungen von Studierenden und dem wissenschaftlichen Personal schon deshalb nicht statthaft sind, weil damit eventuell eine Vorteilsnahme – z. B. bei Prüfungen – angenommen werden könnte. Für Oliver war dies eher ein versteckter Hinweis darauf, dass Monika nicht gänzlich abgeneigt war, seine „Fürsorge" anzunehmen, sondern ihn nur aus formalen Gründen und soweit es seine Anwesenheit am Arbeitsplatz betraf, habe zurückweisen müssen. Er begann nun mit Versuchen, außerhalb der Universität Kontakte mit Monika aufzunehmen, indem er sich in der Nähe ihrer Wohnung aufhielt (die Adresse hatte er im Sekretariat der Abteilung unter einem Vorwand erfragt). Bei einer dieser Gelegenheiten versuchte er, sie zu umarmen, wurde jedoch zurückgestoßen und aufgefordert, zukünftig nicht mehr dergleichen Kontaktversuche zu unternehmen und sich auf Kontakte allein im Rahmen von Studienangelegenheiten innerhalb der Universität zu beschränken, soweit diese unumgänglich seien. Er ging (scheinbar) darauf ein, erschien aber erneut in der Sprechstunde und beteuerte, er wolle nur ein „abschließendes Gespräch" über seine Probleme führen. Monika sah die Chance, dass sich damit die „Affäre" erledigen könnte und willigte ein. Oliver erklärte, er wisse, dass sie ihn möge, es nur nicht zugeben könne, andernfalls hätte sie ihn doch auch nicht für seine Arbeit gelobt. Außerdem stimme es, dass er zu ihren „begabtesten Studenten" gehöre. Er könne ihre Zurückweisung von Einladungen zu privaten Treffen nicht akzeptieren und werde sich weiter um Kontakte bemühen. Das Gespräch wurde von Monika beendet. In der Folge erhielt Monika Briefe, Zettel, welche unter die Tür geschoben wurden, Anrufe, sowie E-Mails, in welcher Oliver seine Zuneigung bekundete und u. a. kundtat, dass „man füreinander bestimmt" sei. Die Situation änderte sich, als Monika einen Telefonanruf von Oliver's Mutter erhielt, in welchem sich diese danach erkundigte, ob es einen besonderen Grund gebe, warum sie ihren Sohn bisher nicht zuhause besucht habe.

> Oliver habe ihr erklärt, er habe eine Freundin in der Uni, die sich aber bisher geweigert habe, ihn zuhause zu besuchen. Er wisse nicht so recht, warum. Die Mutter mache sich Sorgen um die Gesundheit ihres Sohnes. Monika erklärte der Mutter, dass sie weder eine engere Beziehung mit Oliver habe noch jemals wolle, sondern im Gegenteil diesen wiederholt angemahnt habe, er solle sie in Ruhe lassen. Sie berichtete über die Kontaktversuche. Die Mutter zeigte sich bestürzt und versprach Abhilfe. Sie konnte Oliver davon überzeugen, dass seine Versuche nutzlos sind und er seine Zeit besser nutzen solle, um sein Studium voranzubringen. Oliver wechselte zum nächsten Semester zu einer anderen Universität.[14]

Es handelt sich hier um einen eher milden Fall von Stalking mit einer quasi-wahnhaft erotomanischen Komponente in Verbindung mit Elementen einer narzisstischen und dependenten (auch die Person der Mutter betreffend) Persönlichkeitsakzentuierung, indem der Täter einerseits noch wenig vom Elternhaus abgelöst erscheint, zum anderen von seiner eigene „Größe" und Attraktivität überzeugt erscheint. Es führt dies zu einer obsessiven Fixierung auf die Zielperson, welche u. a. ihren Ausdruck in der Überzeugung findet, es gebe eine schicksalhafte Verbundenheit („füreinander bestimmt"). Im Verhalten des Stalkers scheinen anfänglich Merkmale eines sozial eher unbeholfenen, gehemmten Typs zu dominieren mit „heimlichen Geschenken", in der weiteren Entwicklung treten dann die wahnhaften Züge (ohne Bezug zu einer psychotischen Erkrankung) etwa deutlicher hervor.

Literatur

1. Brandt, C., & Voerman, B. (2020). The Dutch model: A new approach to policing stalking. In H. C. Chan & L. Sheridan (Hrsg.), *Psychocriminological approaches to stalking behavior. In international perspective* (S. 247–268). John Wiley & Sons.
2. James, D. V., & Farnham, F. R. (2003). Stalking and serious violence. *Journal oft the American Academy of Psychiatry and Law, 31*, 432–439.

---

[14] Quelle: Archiv Verfasser.

3. MacKenzie, R. D., McEwan, T. E., Pathé, M. T., James, D. V., Ogloff, J. R. P., & Mullen, P. E. (2009). *Stalking Risk Profile: Guidelines for the assessment and management of stalkers* (1. Aufl.). Stalking and Centre for Forensic Behavioural Science, Monash University. [Deutsche Übersetzung und Einführung: H. Dreßing, M. Bumb, & K. Whittaker (2015). *Stalking. Ein Leitfaden zur Risikobewertung von Stalkern – das „Stalking Risk Profile".* Kohlhammer].

8

Was kann ich tun – wo bekomme ich Hilfe?

Zusammenfassung In diesem Kapitel geht es um Selbsthilfemaßnahmen und um Fremdhilfe bei der Bewältigung von Stalking.
Stalkingopfer sind gerade zu Beginn des Stalkings, wenn noch
Unsicherheit über den weiteren Verlauf besteht, darauf angewiesen,
eigene Maßnahmen zu treffen. Die Schwierigkeit besteht dabei darin,
die Besonderheiten des jeweiligen Stalkingfalles zu berücksichtigen,
da nicht alle Empfehlungen für jeden Stalkertyp im gleichen Maße
geeignet sind. Zudem gibt es Hemmnisse aufseiten des Opfers, welche
ein konsequentes Vorgehen behindern können. Insbesondere dann,
wenn zwischen Täter und Opfer eine mehr oder weniger enge Vorbeziehung bestanden hat, können Gefühle wie Mitleid und Mitgefühl,
Schuld oder Scham oder auch Ängste, die den Täter noch weiter zu
Gewalttaten provozieren, dabei eine Rolle spielen. Manche Täter ziehen
auch die „romantische Karte" und bringen damit das Opfer zum Einlenken. Es ist deshalb wichtig, dass das Opfer über eine Reihe von
Handlungsmöglichkeiten verfügt, um zumindest in der ersten Phase
des Stalkings bereits gegenüber einer fortschreitenden Viktimisierung
gewappnet zu sein. Darüber hinaus ist Unterstützung und Hilfe von
dritter Seite (polizeiliche Maßnahmen, Beratung) erforderlich. Eine

© Der/die Autor(en), exklusiv lizenziert an Springer Fachmedien Wiesbaden GmbH,
ein Teil von Springer Nature 2023
H.-G. W. Voß, *Stalking*, https://doi.org/10.1007/978-3-658-41937-0_8

Liste der Internetadressen von überregionalen Beratungs- und Hilfeeinrichtungen in Deutschland und in den Bundesländern findet sich im
Anhang zu diesem Buch.

> In diesem Kapitel geht es um Selbsthilfemaßnahmen und um Fremd-
> hilfe bei der Bewältigung von Stalking. Stalkingopfer sind gerade zu
> Beginn des Stalkings, wenn noch Unsicherheit über den weiteren Ver-
> lauf besteht, darauf angewiesen, eigene Maßnahmen zu treffen. Die
> Schwierigkeit besteht dabei darin, die Besonderheiten des jeweiligen
> Stalkingfalles zu berücksichtigen, da nicht alle Empfehlungen für jeden
> Stalkertyp im gleichen Maße geeignet sind. Zudem gibt es Hemmnisse auf-
> seiten des Opfers, welche ein konsequentes Vorgehen behindern können.
> Insbesondere dann, wenn zwischen Täter und Opfer eine mehr oder
> weniger enge Vorbeziehung bestanden hat, können Gefühle wie Mit-
> leid und Mitgefühl, Schuld oder Scham oder auch Ängste, die den Täter
> noch weiter zu Gewalttaten provozieren, dabei eine Rolle spielen. Manche
> Täter ziehen auch die „romantische Karte" und bringen damit das Opfer
> zum Einlenken. Es ist deshalb wichtig, dass das Opfer über eine Reihe
> von Handlungsmöglichkeiten verfügt, um zumindest in der ersten Phase
> des Stalkings bereits gegenüber einer fortschreitenden Viktimisierung
> gewappnet zu sein. Darüber hinaus ist Unterstützung und Hilfe von dritter
> Seite (polizeiliche Maßnahmen, Beratung) erforderlich. Eine Liste der
> Internetadressen von überregionalen Beratungs- und Hilfeeinrichtungen
> in Deutschland und in den Bundesländern findet sich im Anhang zu
> diesem Buch.

Hilf Dir selbst, und der Himmel wird Dir helfen![1] Im Falle von Stalking
dürfte ein alleiniges Vorgehen nach diesem Ratschlag bald an seine
Grenzen stoßen, besonders in jenen Fällen, mit denen ein erhöhtes
Gefahrenrisiko einhergeht. Auch bei eher mildem oder moderatem
Stalking empfiehlt es sich, eigene Vorsorge- und Abwehrmaßnahmen
durch die Inanspruchnahme von externen Hilfen (Beratungsstellen) zu
ergänzen und eventuell polizeiliche Maßnahmen anzufordern. Seitdem
mit der Jahrhundertwende Stalking zunehmend öffentliche Beachtung
erfahren hat (nicht allein aufgrund einer „emotionalisierenden" Presse-
berichterstattung zu spektakulären Tötungsfällen) und damit die

---

[1] Hier die Übersetzung aus dem Französischen: *Aide-toi, le ciel t'aidera.*

Nachfrage nach geeigneten Instrumenten zur Gefahrenabwehr stark angestiegen ist, wurde zum einen die Gesetzgebung zu Stalking und Nachstellung entsprechend angepasst, zum anderen gibt es inzwischen eine ganze Reihe von Beratungs- und Unterstützungseinrichtungen, welche sich auf Stalking spezialisiert haben. In diesem Kapitel geht es darum, *Selbsthilfemaßnahmen* vorzustellen und zu bewerten, sowie verschiedene Formen der *Fremdhilfe* aufzuzeigen. Fremdhilfe: das bedeutet den Einsatz von Beratung und rechtlichen Mitteln, aber auch die Therapie des geschädigten Opfers selbst.[2]

8.1   Hemmnisse auf dem Weg zur Bewältigung von Stalking

Es gibt zahlreiche Kataloge mit Verhaltensanweisungen und Vorschlägen zur Eindämmung und Beendigung von Stalking, welche im Internet abgerufen werden können. Sie weisen inhaltlich eine hohe Übereinstimmung auf, angefangen mit der Aufforderung zu einer konsequenten Kontaktvermeidung bis hin zur Anzeige bei der Polizei. Das Problem: Stalkingfälle sind sehr unterschiedlich und manche Maßnahmen sind für bestimmte Fälle eher ungeeignet oder können sogar zu einer Verschärfung der Situation bzw. zu einer Gefahrenerhöhung führen. Nicht immer ist beispielsweise die Beantragung einer *Wegweisungsverfügung* (nach Gewaltschutzgesetz) zu empfehlen, zumal diese – bei hartnäckigen Stalkern – nicht eingehalten wird und andere Stalkinghandlungen – auch ohne persönliche Kontakte – vermehrt und intensiviert werden. Eine konsequente Kontaktvermeidung (auch über Medien) ist auch in vielen Fällen nicht möglich, bei denen berufliche Kontakte nicht vermieden werden können (oder nur mit schwerwiegenden Maßnahmen wie eine Kündigung des Arbeitsvertrages), oder bei denen persönliche Kontakte im Rahmen von familiengerichtlichen Maßnahmen nicht gänzlich zu vermeiden sind (etwa wenn nach

---

[2] Hilfsmaßnahmen im Falle von *Cyberstalking* werden im Folgekapitel 9 dargestellt und kommentiert.

Trennung das gemeinsame Sorgerecht weiterbesteht und der nicht-
betreuende Partner sein Umgangsrecht für die Kinder ausübt) [6].

Die „Behandlung" von Stalkingfällen erfordert somit als ersten
Schritt die Analyse des Einzelfalles, wobei es zunächst um eine möglichst realistische Einschätzung des Gewaltrisikos und um eine Prognose
der zu erwartenden Belastungen und Bedrohungen, wie auch der
Gefahr einer weiteren Eskalation des Geschehens geht. Dabei können
die vorgegebenen Typologien oder Klassifikationen von Stalking hilfreich sein; sie erlauben eine erste Orientierung. In einem zweiten
Schritt ist – je nach dem Ergebnis des ersten – die Ausarbeitung einer
„Strategie des aktiven Handelns" im Stalkinggeschehen festzulegen und
eventuell im weiteren Verlauf neu anzupassen. Die Faustregel lautet: je
früher damit begonnen wird, umso höher die Wahrscheinlichkeit für
die Lösung des Problems. Eine solchermaßen *offensive Strategie* erscheint
in den meisten Fällen angemessen, es bedarf dazu jedoch bestimmter
Voraussetzungen,   wozu   u. a.   die   Verfügbarkeit   entsprechender
Ressourcen (z. B. Hilfsangebote, Beratung, eine „aufgeschlossene"
und kompetente Polizei) gehören, aber auch eine den Erfordernissen
des Einzelfalles angepasste Verhaltensstrategie der betroffenen Person.
Soweit dabei Selbsthilfemaßnahmen infrage kommen – vor allem in der
Frühphase des Stalkings -, können diese einem zunehmenden Kontrollverlust vorbeugen. Dennoch: die Grenzen eigenen Handelns sind dort
erreicht, wo ein aggressives Stalking die Handlungsmöglichkeiten und
Handlungsreserven des Opfers weitgehend aufgebraucht und zu einer
„Lähmung" der Eigeninitiative geführt hat. Es gehört somit auch zu
einer angemessenen Strategie, die eigene Überforderung rechtzeitig zu
erkennen und, vor allem, eine solche zu akzeptieren. Das ist besonders
dann regelmäßig der Fall, wenn keinerlei oder nur sehr geringe
Hoffnung auf eine Vermittlung von „Einsicht" aufseiten des Stalkers
besteht, wie dies im Falle krankhafter Eifersucht oder den wahnhaften
Formen von Stalking der Fall ist. Es helfen dann nur massive Schutzvorkehrungen unter Einsatz behördlicher Verfolgungsorgane mit entsprechendem Gewaltmonopol und als letzte Maßnahme ein Wegsperren
des Täters.

Stalkingopfer haben Anspruch auf ungeteilte Zuwendung und Hilfe. Sie haben aber auch Anspruch auf ein Verständnis für eigene Schwächen bei der Bekämpfung von Stalking, soweit sich diese aus unmittelbarer Betroffenheit ergeben bzw. bereits Folgen der Belastungen und Bedrohungen sind. Es ist nur allzu verständlich, wenn Stalking-opfer – wie auch andere Kriminalitätsopfer – mit einem Mix aus unterschiedlichen Gefühlen und Vorstellungen zu kämpfen haben, zumindest anfänglich. Angst, Ratlosigkeit, Zweifel an der getroffenen Entscheidung, eventuell noch vorhandene Zuneigung zum Verfolger oder die Überzeugung, diesen noch vor Strafe schützen zu müssen, Unsicherheit gegenüber Verfolgungsbehörden und die Verpflichtung, unterschiedlichen Erwartungen von Gruppen (Familie, Freunde, Arbeitskollegen, Polizei) entsprechen zu müssen (darunter der Zwang, sich als Opfer entsprechend öffentlich-rechtlicher Vorgaben ausweisen zu müssen): sie alle zusammengenommen bestimmen die Gefühlslage des Opfers und zugleich auch dessen Bereitschaft und „Kraft", selbst eine aktive Rolle bei der Bewältigung der Belastungen einzunehmen. Im Einzelnen sind als solche *sekundären Risikofaktoren* zu nennen:

- *Schuldgefühle.* Sie entstehen zumeist nach der Trennung von einem Partner, wenn das Opfer sich nicht frei fühlt von eigenen Anteilen am Scheitern der Beziehung. Auch im Verlaufe von Versuchen des Stalkers, eine Beziehung anzubahnen, kommt es zu Schuld-gefühlen, wenn dem Opfer bewusst wird, dass es nicht frühzeitig und konsequent genug darauf mit Zurückweisung reagiert hat – auch vielleicht, weil das „Umwerben" zunächst als nicht unan-genehm empfunden wurde oder schlichtweg weil es an der nötigen „Kraft" dazu gefehlt hat. Im Verhalten kommen Schuldgefühle dadurch zum Ausdruck, dass Kontaktversuchen des Stalkers wieder-holt entsprochen wird. Das Verhalten des Opfers hat hierbei eine Entlastungsfunktion und dient vor allem der Wiederherstellung und Aufrechterhaltung eines (leider nur vorübergehenden) „psychischen Gleichgewichts."
- *Mitleid und Mitgefühl.* Ähnlich wie Schuldgefühle greifen Mitleid und Mitgefühl unmittelbar in das Geschehen zur Bewältigung von

Stalking ein. Es mag etwas paradox erscheinen, wenn ein Stalking-opfer „soziale Gefühle" für den Täter aufbringt. Eventuell beruhen diese auf den Resten einer einstmals emotional befriedigenden Beziehung oder sogar auf deren Fortbestehen (s. u.); auch ein habituelles (verfestigtes) Fürsorgeverhalten oder eine dependente Persönlichkeitsakzentuierung mögen hierbei eine Rolle spielen. Ein Opfer erklärte einmal: „Er tat mir so leid, weil er doch sosehr gebettelt hat. Da hab ich halt klein beigegeben und bin auf seine Einladung noch einmal eingegangen."[3] Mitleid und Mitgefühl stellen sich auch ein, wenn beispielsweise der Täter eine Strafe zu erwarten hat und das Opfer diese für unangemessen hält; häufig wird dann ein Antrag auf Wegweisungsverfügung (Abstandseinhaltung) zurück-gezogen.[4]

- *Scham.* Im Kontext von Stalking kommt es beim Opfer (wohl eher selten beim Täter!) zu Scham, wenn dieses sich des eigenen Unvermögens, die Situation zu bewältigen, bewusst wird und fürchten muss, dafür von anderen Personen als unfähig, schwach oder minderwertig gesehen zu werden. Das Schamgefühl – oftmals im Gefolge von Schuld – schützt somit davor, das Ansehen in der Gruppe zu verlieren. Bei einstmals intimen Beziehungen wird nach der Trennung das „Schmutzige-Wäsche-Waschen" oftmals vom Täter dazu genutzt, das Opfer bloßzustellen und zu demütigen. Indem Intimität nach außen getragen wird, kann es zu heftigen Schamgefühlen kommen, welche letztlich die Aktivitäten des Opfers hemmen, oder auch hier eine Verweigerung der Zustimmung *(compliance)* zu Abwehrmaßnahmen veranlassen.[5]
- *Furcht/Angst.* Furcht oder Angst (hier einmal synonym verwendet) gehören zu den Basiserfahrungen aller Individuen, welche zu

---

[3] Persönliche Mitteilung.
[4] Nur im privatrechtlichen Bereich, hier nach GewSchG.
[5] Auf die zahlreichen Beiträge und Deutungen des Schamgefühls kann hier nicht eingegangen werden. Es sei z. B. auf das Buch von Stephan Marks *Scham, die tabuisierte Emotion* verwiesen [4].

Affekten in der Lage sind. Für das Überleben vieler subhumaner Spezies ist Furcht elementar und löst beim einzelnen Individuum entweder Flucht (vor dem „Fressfeind") oder, falls diese blockiert ist, Widerstand aus, in manchen Fällen auch extreme Passivität („Todstellreflex"). Während anfängliche Belästigung beim Menschen noch wenig Furcht auslöst (Stalking ist häufig noch nicht „thematisch"), ist Furcht/Angst bei kumulierter Bedrohung und Verletzung die am stärksten hervortretende Emotion. In Abhängigkeit von der jeweiligen Situation, dem Ausmaß an real gefühlter Bedrohung (Gefährlichkeit) und den Charakteristika der Person (Ängstlichkeit als Persönlichkeitsmerkmal) führt eine „Überflutung" mit Angst häufig zu dysfunktionalen Reaktionen bzw. Bewältigungsstrategien (hierfür wird häufig der englische Begriff *Coping* verwendet), im Falle von Stalking zu einer Vermeidung oder, in Verbindung mit Panikattacken, zu einer „Lähmung" proaktiven Verhaltens wie u. a. die Etablierung von Schutzmechanismen im Alltagsleben (Sicherheitsvorkehrungen an der Wohnung, Änderung der Telefonnummer, Informieren von Nachbarn, Freunden und Arbeitskollegen) oder die Nutzung von Hilfs- und Unterstützungsangeboten. Die Frage ist hier weniger, wie und ob Furcht/Angst überhaupt zu vermeiden ist, sondern eher, mit welchen Reaktionen (Verhaltensstrategien) der betroffenen Person ein Gefühl der Kontrolle über die Situation vermittelt werden kann.

- *Die „romantische Karte."* Sie wird gezogen, wenn sich der Stalker noch Hoffnung darauf machen kann, dass ihm verziehen wird und die Beziehung vielleicht wiederherzustellen ist. Die am häufigsten eingesetzten „Beweisstücke" einer „romantischen" Haltung zum Opfer sind Blumensträuße und Geschenke. Sie sind geeignet, „romantische Gefühle" bei der Empfängerin zu aktivieren und Zweifel an der einstmals getroffenen Entscheidung hervorzurufen. Die folgenden Beispiele sind Zeugnisse dieser *Ambivalenz.* Sie sind einem Buch mit dem Titel *Courtship Disasters* (etwa „Partnerwerbungs-Katastrophen") der amerikanischen Stalking-Forscherin Judy Dunn entnommen [1].

„Blumen erobern das Herz eines Mädchens"

- Er war definitiv betäubend – er rief mich nachts zweimal an, schickte mir Blumen zur Arbeitsstelle…Ich verstand sein Verhalten als würde er mir zeigen, dass er für mich sorgen will – etwas, was ich zuvor niemals erlebt habe. Sein Verhalten brachte mich tatsächlich zu der Einsicht, dass wir wieder zusammenkommen sollten (S. 142).
- Du fühlst Dich gut, wenn jemand dich so sehr mag, aber es nervt, weil Du ihn gebeten hast aufzuhören (S. 140).
- Er versucht süß zu sein und mich zurückzugewinnen – aber es ist auch ärgerlich, denn ich habe mich klar ausgedrückt (S. 140).
- Blumen sind irgendwie romantisch und erobern das Herz eines Mädchens. Es ist sehr romantisch und etwas Besondere. Es lässt mich dahinschmelzen (S. 142).
- Er brachte mir Blumen und für einen Jungen, der seinen Stolz zu bezwingen hat, ist das viel…Das ist sehr schmeichelhaft, denn er strengt sich so sehr an, mir zu zeigen, wie er fühlt – nicht leicht für die meisten Jungs. Das ermutigt mich dazu, es mir noch einmal zu überlegen (S. 158).[6]

Die Interviews mit betroffenen Frauen haben gezeigt, dass das Gefühl, mit dem Täter noch emotional verbunden zu sein, nicht im Widerspruch zu negativen Erfahrungen steht und selbst bei schwereren Formen von Stalking zumindest einige Zeit noch „überlebt." Die Erklärungen sind Ausdruck von kulturellen Überzeugungsmustern in mehr traditionellen, durch *gender*-Rollen geprägte Schichten der Gesellschaft, wonach Männer generell als weniger expressiv beschrieben werden als Frauen, Männer eher dazu bestimmt sind, Frauen nachzustellen, welche wiederum gerade dadurch als begehrt wahrgenommen werden. Die Paradoxie besteht darin, dass Männer, die „romantische Strategien" verfolgen, besonders dann attraktiv sind, wenn sie der Erwartung *nicht* entsprechen und sich als emotional expressiv und „romantisch" darstellen. Die Wirkung „romantischer" Strategien reicht von Ambivalenz und/oder Schuldgefühlen beim Opfer, über ein Infragestellen der Trennungsentscheidung und Zulassen weiterer Inter-

---

[6] Aus dem Englischen, übersetzt vom Verfasser.

aktionen - bis hin zu einer Rückkehr zu der eigentlich unerwünschten Beziehung [1, S. 136].

Die genannten „sekundären" Risikofaktoren sind oftmals nicht minder oder sogar belastender als das Stalking selbst – man denke etwa an peinliche Befragungen bei der Polizei oder, als sogenannter Opferzeuge, vor Gericht. Sie bestimmen, neben der „primären" Bedrohung durch Stalking, nicht nur die komplexe Situation, in welcher sich das Opfer befindet – sie sind auch im Hinblick auf eine Bewältigung von Stalking und bei der Ausarbeitung eines Maßnahmenkataloges und vor allem bei dessen Durchsetzung (ggf. in Kooperation mit Hilfeeinrichtungen) von elementarer Bedeutung. Insbesondere im Falle von Stalking durch Intimpartner (längerfristige und kurzfristige) erfordert ein Maßnahmenkatalog die Berücksichtigung des Beziehungsaspektes auf dem Hintergrund der bestehenden Normenvorstellungen bzw. der kulturell vorgeprägten Verhaltensmuster in Beziehungen mit Personen beiderlei oder gleichen Geschlechts. Für die Anwendung konkreter Maßnahmen, z. B. die konsequente Einhaltung des Kontaktverbotes, bedeutet dies auch, dass Hemmnisse der hier genannten Art zuvor weitgehend abgebaut sind und etwa an Stelle von lähmender Angst Zuversicht und mutiges Handeln tritt, Zweifel und Schuldgefühle durch eine realistische Einschätzung der Lage überwunden sind und die „romantische Karte" diesmal nicht sticht.

8.2   Was kann ich tun?

Es ist dies eine der ersten Fragen, welche sich ein Stalkingopfer stellt. Sie ist nicht leicht zu beantworten. Denn wenn wir Stalking als ein komplexes Phänomen betrachten und Stalkingfälle sowohl nach der Art der Beziehung zwischen Täter und Opfer (soziale Nähe), Persönlichkeitscharakteristika des Täters (Pathologie) und den jeweiligen, das Verhalten bestimmenden Antriebsfaktoren (Moderatoren) variieren, erscheint es fast unmöglich, allgemeingültige Verhaltensempfehlungen für das Opfer festzulegen. Das ist besonders auch dann der Fall, wenn die verfolgte Person noch zusätzlich durch die im vorangegangenen Abschnitt beschriebenen Hemmnisse belastet oder ihr aktuelles

Verhältnis zum Stalker aufgrund der Vorbeziehung noch weitgehend ungeklärt ist. In vielen Publikationen zu Stalking, welche sich der Frage eines *Managements*[7] von Stalking annehmen, wird die Notwendigkeit einer Kooperation zwischen verschiedenen Instanzen – Polizei, Staatsanwaltschaft, Beratungs- und Hilfeeinrichtungen, auf Stalking spezialisierte Rechtsanwälte, Opferschutzbeauftragte – und nicht zuletzt dem Stalkingopfer selbst, betont. Ein solchermaßen *multipler Ansatz* zur Bewältigung von Stalking erscheint einerseits sehr plausibel, entspricht aber andererseits nur selten dem Bedürfnis des Opfers, eine rasche effektive Linderung seiner Leiden herbeizuführen. Denn zwischenzeitlich geht Stalking weiter. Zudem werden insbesondere Maßnahmen seitens der Polizei von Fachleuten kritisch sehen, wenn in der Frühphase des Stalkings noch die Chance besteht, mit eigenen Mitteln eine Änderung herbeizuführen. Dabei spielt auch eine Rolle, dass das Opfer in der Regel gezwungen ist, seinen Opferstatus erst ausreichend und überzeugend und glaubhaft nachweisen zu müssen, um entsprechende Maßnahmen in Gang zu bringen. Bereits diese Aufgabe stellt in manchen Fällen eine Überforderung dar. Die Problematik wird dadurch verschärft, dass Beratungsstellen entweder nicht in ausreichendem Maße verfügbar sind oder aufgrund von Überbeanspruchung längere Wartezeiten für eine Beratung und Hilfe entstehen.[8] Dennoch ergeht hier der Rat an das Opfer, sich möglichst frühzeitig um eine Beratung zu bemühen.

Die allgemeinen Empfehlungen zur Bewältigung von Stalking folgen in der Regel der „inneren Logik" einer vermeintlichen (oder günstigenfalls tatsächlichen) Effizienz von Anti- Stalking-Maßnahmen mit zugleich zunehmender Einschränkung einer freien Lebensgestaltung des Opfers. Die Paradoxie, wonach Stalking einerseits mit einer „nicht

---

[7] In der Fachliteratur wird häufig von einem *Management* von Stalking gesprochen (z. B. [3]). Ich ziehe den Ausdruck *Bewältigung* vor, da „Management" in anderen Zusammenhängen doch eher mit dem Begriff *Verwaltung* gleichzusetzt und damit der *Interventions*-Charakter von Antistalking-Maßnahmen zu wenig betont wird.

[8] Eine Liste von Beratungs – und Hilfeeinrichtungen (Webadressen) findet sich im Anhang II dieses Buches.

unerheblichen" oder schwerwiegenden Beeinträchtigung der Lebensgestaltung des Opfers einhergeht, andererseits Maßnahmen wie zum Beispiel ein Wechsel der Arbeitsstelle, der Wohnung oder der Region geradezu selbst Ausdruck einer solchen Beeinträchtigung sind, lässt sich nur schwer auflösen. Das Übel wird hier quasi mit seinen eigenen Symptomen bekämpft. Das Opfer steht dann vor der Entscheidung, zwischen den negativen Auswirkungen von Stalking auf sein Leben und seine Befindlichkeit einerseits und den gleichermaßen negativen Folgen einer Veränderung seiner Lebensumstände abzuwägen und sich für die weniger belastende Alternative zu entscheiden. Das Dilemma lässt sich nur so bewältigen, indem in die Dynamik von Stalking zu einem möglichst frühen Zeitpunkt eingegriffen wird und zwar durch möglichst erfolgversprechende Maßnahmen mit geringer oder noch tolerierbarer Belastung für das Opfer selbst. Dem kommt entgegen, dass es nach der neueren Rechtsprechung für die behördliche Verfolgung von Stalking ausreicht, wenn die Nachstellungen durch den Täter „geeignet" sind, die Lebensgestaltung „nicht unerheblich zu beeinträchtigen" (§ 238 StGB). Damit ist gewährleistet (oder sollte es sein), dass Bekämpfungsmaßnahmen zu einem geeigneten Zeitpunkt der Polizei überantwortet werden können und das Opfer entlastet wird.[9]

Die Bewältigung von Stalking umfasst in der Regel ein mehrstufiges Vorgehen, bei welchem die einzelnen Schritte den jeweiligen Besonderheiten des Einzelfalles anzupassen sind. Nicht alle Stalker sind unerreichbar für Argumente und nur bei wenigen hilft allein ein unfreiwilliges Wegsperren (zum Beispiel in die geschlossene Abteilung einer psychiatrischen Einrichtung). Im Idealfall geht ein Stalkingopfer gut beraten und unterstützt, persönlich gestärkt und in Kenntnis wirksamer Interventionen in die Auseinandersetzung mit dem Stalker. Da Idealfälle bekanntlich äußerst selten sind, bleibt hier nur der Weg, sich diesen anzunähern. Dazu erscheinen die folgenden Vorbereitungen und Maßnahmen geeignet:

---

[9] Zur Problematik eines Umgangs mit der Polizei siehe Kap. 11.

1. *Vorbereitungsphase und Prävention.* Trennungs- und Scheidungsprozesse haben ihre eigene Dynamik mit Phasen der Unsicherheit, des Zweifels, der Rücknahme von Entscheidungen und, nicht selten, mit dramatischen Situationen. Falls Sie erwarten können, nach der Trennung von Ihrem Partner verfolgt zu werden, ist es sinnvoll, rechtzeitig Vorsorge zu treffen. Wahrscheinlich können Sie Stalking selbst nicht verhindern, sie können jedoch einige Vorkehrungen treffen, die es dem dann zum Stalker gewordenen Ex-Partner erschweren, bestimmte Dinge als Druckmittel bzw. zu ihrem Nachteil einzusetzen. Prävention dient hier der psychischen Entlastung im Hinblick auf ein zu erwartendes Stalking. Es betrifft dies vor allem Angelegenheiten, von denen die Partner (unabhängig davon, ob verheiratet oder nicht) gemeinsam betroffen waren oder Rechte, welche von jedem Partner nicht ohne Zustimmung des anderen ausgeübt werden konnten. Am häufigsten handelt es sich dabei um Geldangelegenheiten und – falls Kinder vorhanden – um die Regelung des Sorge– und Umgangsrechts nach Trennung und Scheidung. Liegt beispielsweise ein gemeinsames Bankkonto vor (meist handelt es sich um ein sogenanntes *Oder-Konto,* d. h. beide Kontoinhaber können über das Konto verfügen), gibt es verschiedene Möglichkeiten, dieses auch gegen den Willen des Partners abzuändern (z. B. durch Widerruf der Einzelverfügungsberechtigung des Partners gegenüber der Bank oder, falls vorhanden, durch Widerruf einer Bevollmächtigung), bzw. dafür Sorge zu tragen, dass ihnen infolge eines vom Partner veranlassten Abzugs von Geldbeträgen keine Nachteile entstehen. Sinnvoll ist auch, eventuell ein eigenes Konto zu eröffnen und die vormals auf das Gemeinschaftskonto eingehenden Zahlungen (insbesondere Gehaltszahlungen) auf dieses neue Konto umzuleiten.

Was die Anwesenheit gemeinsamer Kinder betrifft, so sind spätere Umgangsregelungen für den dann nicht betreuenden Elternteil (d.h. die Kinder haben dort *nicht* ihren Lebensmittelpunkt; das können Sie selbst sein oder der Ex-Partner) in besonderer Weise geeignet, den Intentionen des Stalkers (z. B. Kontaktaufnahme, Erpressung, Abwertung, von den Kindern entfremden usw.) zu entsprechen. So merkwürdig es klingt: gemeinsame Kinder sind ein Risiko für

Stalking [5]. Gerichtsverfahren, bei denen es um Fragen des Sorge- und Umgangsrechts geht, werden vom eigentlichen Scheidungsverfahren oftmals abgetrennt und als selbstständige Verfahren (Verfahren in sog. *Kindschaftssachen*) geführt, wenn Eltern sich nicht einig sind. Im Hinblick auf Stalking, welches eine Instrumentalisierung der Kinder zum Zwecke der Verfolgung beinhaltet, ist es somit sinnvoll, bereits im familiengerichtlichen Verfahren einem Missbrauch der Umgangsregelung durch den Stalker vorzubeugen. Von diesem am häufigsten genutzt: die Situationen, in denen die Kinder abgeholt und zurückgebracht werden. Dagegen hilft eine Umgangsregelung, wonach die Kinder freitags vom Kindergarten oder von der Schule abgeholt und erst Montagsmorgens dort wieder hingebracht werden. Ist dies nicht möglich, oder auch in Ferienzeiten, kann – bei anhaltender Konfliktlage zwischen den Eltern – auch ein sogenannter *Umgangsbegleiter* eingesetzt werden, welcher einen störungsfreien Umgang gewährleistet [6].

Personen ihres Bekanntenkreises, Gelegenheitsbekanntschaften und fremde Personen, deren Beziehungswunsch von Ihnen wiederholt zurückgewiesen wurde und die aufgrund ihrer Hartnäckigkeit bereits als Kandidaten für Stalking infrage kommen, lassen sich eventuell dadurch entmutigen, wenn Sie die für eine Kontaktaufnahme infrage kommenden Orte und Plätze vorübergehend vermeiden oder dort nicht ohne Begleitung (am besten mit einem Freund oder einer Freundin) erscheinen. Wird die Schwelle zur Belästigung dennoch permanent überschritten, so bleibt nur der Einsatz der hier nachfolgend aufgeführten Mittel.

2. *Kontaktvermeidung.* Es ist dies die erste, von allen Ratgebern empfohlene Maßnahme, für welche in der Regel „äußerste Konsequenz" angefordert wird. In der Mehrzahl der Stalkingfälle wird man nicht umhin kommen, ein „letztes Gespräch" mit dem Stalker zu führen (möglichst unter Zeugen; hier weniger geeignet: der neue Freund) und diesem unmissverständlich und emotional möglichst unaufgeregt die eigene Haltung darzustellen bzw. dessen Kontaktwünsche zurückzuweisen. Eventuell ist es dabei von Vorteil, dafür nicht den privaten Lebensbereich (ehemalige gemeinsame Wohnung oder neue Wohnung), sondern eine öffentliche Lokation

auszuwählen (Café, Restaurant). Eine konsequente Kontaktvermeidung lässt sich sicherlich leicht fordern, sie ist jedoch zumeist schwer einzuhalten. Zum einen setzt diese die Überwindung „innerer Verpflichtungen, Zwänge und Hemmnisse" voraus, wie sie im vorangegangenen Abschn. 8.1 beschrieben wurden; zum anderen lassen sich Kontakte nicht immer ohne einschneidende Veränderungen des persönlichen Lebensraumes vermeiden, wenn beispielsweise zwischen Täter und Opfer eine Arbeitsbeziehung besteht (ein gemeinsamer Arbeitsplatz reicht aus), wenn im Falle von Ex-Partnern noch gemeinsame Freunde, oder – wie bereits dargelegt – gemeinsame Kinder vorhanden sind.

Darüber hinaus kann man grundsätzlich fragen, ob in allen Fällen eine strikte Kontaktvermeidung sinnvoll ist bzw. zu dem gewünschten Effekt führt. Auch hier sollte je nach den Besonderheiten des Stalkingfalles differenziert werden. Für den obsessiven Verfolger, wie auch für alle anderen argumentativ unerreichbaren Stalker - dazu gehören alle, deren Handeln durch Rache oder durch Macht- und Kontrollfantasien bestimmt wird, wie auch die aus psychiatrischer Sicht gestörten Personen - ist die konsequente Kontaktvermeidung sozusagen obligatorisch. Im Falle des eher gehemmten oder sozial unbeholfenen Stalkers (das Gewaltrisiko ist hier eher gering) führen Versuche, diesem Einsicht zu vermitteln, manchmal zu einem Erfolg. Es erfordert dies eine sensitive Ansprache, mit welcher dem Stalker vor Augen geführt wird, dass die von ihm aufgewendete Energie in keinem Verhältnis zu ihrem Nutzen steht. Dabei ist selbstverständlich zu beachten, dass die eigene Position nicht aufgegeben oder aus „Freundlichkeit" gegenüber dem Stalker aufgeweicht wird. In der *Darmstädter Stalking Studie* gaben immerhin knapp ein Fünftel (19,7%) der befragten Stalker an, ein Rückgang der Verfolgung oder die Beendigung des Stalkings sei erfolgt, nachdem die Geschädigte das Gespräch mit ihnen gesucht habe. Einschränkend ist anzumerken, dass die entsprechende Frage nur von 35 der insgesamt 98 befragten Stalker beantwortet wurde. Es dürfte sich dabei um eher leichte oder moderate Stalkingfälle gehandelt haben [7, S. 128].

3. *Protokolle und Nachweise.* Auch wenn es mühsam ist und Zeit kostet: eine möglichst präzise und lückenlose Dokumentation aller Stalking-handlungen mit Angabe der Zeit, des Ortes, näherer Umstände, eventuell von Zeugen und die beeinträchtigenden Handlungen selbst ist unerlässlich, wenn Sie mit einer Anzeige bei der Polizei oder mit einer gerichtlichen Verfügung Erfolg haben wollen. Neuerdings wird Ihnen diese Arbeit durch eine Applikation auf ihrem Smart-phone erleichtert: die NO STALKApp der Opferschutzorganisation *Der Weisse Ring.*[10] Dabei handelt es sich um ein Stalking-Tagebuch, welches auf einem Server des Weissen Rings angelegt wird und auf das Sie in einem gesicherten Verfahren jederzeit Zugriff haben. Die Daten können von Ihnen auch an die zuständige Polizeidienststelle übermittelt werden. Sie werden dann bei einer Anzeige oder bei Beantragung einer Wegweisungsverfügung oder eines Platzverbotes auf ihre Glaubhaftigkeit hin überprüft und dienen in der Folge als Beweismittel. Abzuraten ist von einer Veröffentlichung eigener Auf-zeichnungen oder von Bildmaterial (z. B. im Internet), welches Sie bei Kontakten mit dem Stalker gemacht haben, da dies vom Stalker angefochten werden kann und Sie sich in der Folge mit diesem in eine Auseinandersetzung begeben, welche wiederum den Intentionen des Stalkers entgegenkommt. Eine Verlagerung von solchen Aus-einandersetzungen auf die private Ebene ist unbedingt zu vermeiden. Zudem könnte ihnen der Vorwurf gemacht werden, den Stalker in verleumderische Absicht vorführen zu wollen, was wiederum straf-rechtliche Konsequenzen (für Sie selbst !) zur Folge haben könnte.

4. *Sicherheitseinrichtungen.* Technische Schutzeinrichtungen und Anpassung der Kommunikationsmittel sind Abwehrmaßnahmen bei allen Formen von Stalking. Dazu gehören: der Austausch von Wohnungsschlössern, die Installation von Bewegungsmeldern mit angeschlossener Außenbeleuchtung, Überwachungskameras mit Fernkontrolle, Sicherung von Balkontüren und weitere technische Einrichtungen zur Überwachung und zum Schutz vor Einbruch. Im Kommunikationsbereich sollte eine neue Telefonnummer unter Bei-

---

[10] Abrufbar unter https://weisser-ring.de/45_Jahre/No_Stalk

behaltung der alten eingerichtet werden; die dem Stalker bekannte Telefonverbindung dient dann – in Verbindung mit einem Aufzeichnungsgerät (Anrufbeantworter) - der Beweissicherung. Bei ausreichender Beweislage, entsprechender Begründung und wenn der Stalker unbekannt ist oder seine Identität (noch) nicht preisgeben will, kann beim Telefonanbieter eine sogenannte *Fangschaltung* beantragt werden. Dazu gibt es nähere Vorschriften, wie sie im § 14 des *Telekommunikation-Telemedien-Datenschutz-Gesetzes* festgelegt sind. Vergleichen Sie die Angebote der verschiedenen Telefonanbieter hinsichtlich der Einzelheiten und vor allem auch der Kosten, welche bei manchen Anbietern dieses Dienstes auch mal an die 200 € pro Woche betragen können. Für eine eher geringe monatliche Gebühr oder auch kostenfrei gibt es die Möglichkeit, eine *Blacklist* zu erstellen, mittels derer unerwünschte Telefonnummern gesperrt sind. Praktisch ist auch die Einrichtung, mittels derer eine im Display des Handys oder des Festnetztelefons unerwünschte Rufnummer per Knopfdruck abgewiesen werden kann; die Nummer wird dann automatisch in die Blacklist aufgenommen. Zu den *defensiven* Maßnahmen gehören auch eine neue E-Maildresse und weitere Maßnahmen zur Abwehr von *Cyberstalking* (dazu Kap. 9).

5. *Soziales Umfeld informieren.* Dazu ist es nötig, die Privatsphäre zu verlassen und sich gegenüber Personen des näheren sozialen Umfeldes zu öffnen. Es betrifft dies besonders Nachbarn, Freunde, Arbeitskolleginnen und –kollegen, sowie sonstige Bekannte, mit denen Sie einen Umgang pflegen. Stalking ist kein „Kavaliersdelikt" und heutzutage in der Öffentlich gut bekannt. Da grundsätzlich jede/jeder Stalkingopfer werden kann und viele bereits davon betroffen sind, wird man einer Offenlegung „Ihres Stalkingfalles" mit der erforderlichen Ernsthaftigkeit, Vertraulichkeit und Hilfsbereitschaft begegnen. Die angesprochenen Personen kommen auch als Zeugen infrage, wenn polizeiliche Maßnahmen und Ermittlungen anstehen.

6. *Beratung und Hilfe*[11]. Es gibt derzeit eine ganze Reihe von Beratungs- und Hilfestellen in Deutschland, welche sich auf Stalking spezialisiert

---

[11] Maßnahmen im Rahmen eines Einsatzes polizeilicher und rechtlicher Mittel werden im Kap. 10 dargelegt.

haben, darunter die seit 2008 tätige Berliner Beratungsstelle *STOP STALKING* oder das *Stalking-KIT: Krisen-Interventions-Team-Stalking und Häusliche Gewalt* in Bremen. Auch viele Polizeidienststellen haben inzwischen spezielle Beratungsangebote eingerichtet. (Beratungsangebote [Webadressen] finden sich in diesem Buch im ANHANG II). Eine Beratung ist bei allen Formen von Stalking zu empfehlen und zwar zu einem frühzeitigen Zeitpunkt nach Beginn des Stalkings unter der Voraussetzung, dass bereits konkrete Angaben zum „Stalking-Profil" gemacht werden können (z. B. Schwere und Formen der Bedrohung und Schädigung, Angaben zur Person des Stalkers, zur Vorbeziehung mit dem Stalker, Angaben zur eigenen Befindlichkeit und Belastbarkeit, bereits vorgenommene Schutzmaßnahmen und deren Erfolg). „Beratung" umfasst nicht nur ein paar Tipps zum weiteren Vorgehen – es handelt sich in der Regel um einen mehrstufigen Prozess, in welchem das Geschehen analysiert wird, das Opfer umfänglich informiert wird über rechtliche und über Verfahrensfragen, Handlungsmöglichkeiten erörtert werden und nicht zuletzt die psychische Verfassung des Opfers und die eventuell infrage kommenden therapeutischen Ansätze zur psychischen Stabilisierung der geschädigten Person besprochen werden. Insbesondere auch der zuletzt genannte Gesichtspunkt – therapeutische Interventionen – verdient besondere Beachtung, da die Umsetzung von Handlungsempfehlungen ein gewisses Maß an psychischer Stabilität und Durchsetzungsfähigkeit erfordert. Eine oftmals empfohlene *Traumatherapie* kommt hier zunächst nicht infrage, da das Stalking in dieser Phase einer Bewältigung in der Regel noch anhält. Aus therapeutischer Sicht kommt somit eher eine *Krisenintervention* infrage – die Aufarbeitung traumatischer Erfahrungen erfolgt dann eventuell nach Beendigung des Stalkings. Viele Beratungsstellen arbeiten mit psychotherapeutischen Einrichtungen zusammen und können die geschädigte Person weitervermitteln. Falls dies nicht der Fall ist, können Opfer sich im Internet informieren und dazu die Website der für das jeweilige Bundesland zuständigen *Kassenärztlichen Vereinigung* aufsuchen. Es finden sich dort – nach Fachgebieten geordnet – die Kontaktadressen der kassenärztlich zugelassenen, approbierten psychologischen Therapeutinnen und Therapeuten.

Für Stalking Opfer ist es sicherlich die beste Lösung, wenn Beratung und Therapie sozusagen „aus einer Hand" angeboten werden können, wofür die organisatorischen Voraussetzungen vorhanden sein müssen. Allerdings ist das bisher nur in wenigen Fällen realisiert is (z. B. STOP-Stalking in Berlin).[12]

Literatur

1. Dunn, J. L. (2002). *Courting disaster: Intimate stalking, culture, and criminal justice.* Aldine de Gruiter.
2. Gallas, C., Klein, U., & Dreßing, H. (2010). *Beratung und Therapie von Stalking-Opfern: Ein Leitfaden für die Praxis.* Huber.
3. Hoffmann, J. (2006). *Stalking.* Springer.
4. Marks, St. (2007). *Scham – die tabuisierte Emotion.* Patmos
5. Voß, H.-G. W. (2011). Häusliche Gewalt, Stalking und Familiengerichtsverfahren. *FPR/Familie – Partnerschaft – Recht, 17*(5), 199–203.
6. Voß, H.-G. W. (2022). *Eltern vor dem Familiengericht. Ein Leitfaden zur Regelung von Sorge- und Umgangsrecht.* Springer.
7. Voß, H.-G. W., Hoffmann, J., & Wondrak, I. (2006). *Stalking in Deutschland – Aus Sicht der Betroffenen und Verfolger.* Nomos.

---

[12] Ein weiteres integriertes Gesamtkonzept für Beratung und Therapie wurde – mit Unterstützung des WEISSEN RING's - am *Zentralinstitut für Seelische Gesundheit* in Mannheim ausgearbeitet [2].

9

Prävention und Bewältigung von *Cyberstalking*

Zusammenfassung Cyberstalking ist eine spezielle Form von Cyber-kriminalität und erfordert somit speziell zugeschnittene Ansätze für dessen Bewältigung bzw. zum Schutz des Opfers. Wenn außerhalb des Online-Stalkings vor allem die Person des Täters im Mittelpunkt der Betrachtung steht, liegt der Fokus beim Cyberstalking eher auf der Situation bzw. den Gelegenheiten, durch welche Nachstellung über die Medien (v. a. Internet und private Kommunikationskanäle) ermöglicht wird. Ein Ansatz, welcher sich bei der Prävention von Kriminalität generell bewährt hat, ist die sog. *Situative Kriminalprävention*. Sie kann auch – mit den entsprechenden Anpassungen – bei der Prävention und Bewältigung von Cyberstalking eingesetzt werden. Der Maßnahmenkatalog orientiert sich vor allem an drei grundlegenden Forderungen: erhöhe den Aufwand – erhöhe die Risiken – reduziere den potentiellen Gewinn (Nutzen), jeweils auf die Person des Täters bezogen. Hinzu kommen die Vermeidung unnötiger Provokationen und weitere Vorkehrungen, mit denen Ausreden und Rechtfertigungen des Täters verhindert werden können. Am Schluss dieses Kapitels werden die wichtigsten konkreten Maßnahmen gegen Cyberstalking aufgeführt.

H.-G. W. Voß, *Stalking*, https://doi.org/10.1007/978-3-658-41937-0_9

Cyberstalking ist eine spezielle Form von Cyberkriminalität und erfordert somit speziell zugeschnittene Ansätze für dessen Bewältigung bzw. zum Schutz des Opfers. Wenn außerhalb des Online-Stalkings vor allem die Person des Täters im Mittelpunkt der Betrachtung steht, liegt der Fokus beim Cyberstalking eher auf der Situation bzw. den Gelegenheiten, durch welche Nachstellung über die Medien (v. a. Internet und private Kommunikationskanäle) ermöglicht wird. Ein Ansatz, welcher sich bei der Prävention von Kriminalität generell bewährt hat, ist die sog. *Situative Kriminalprävention.* Sie kann auch – mit den entsprechenden Anpassungen – bei der Prävention und Bewältigung von Cyberstalking eingesetzt werden. Der Maßnahmenkatalog orientiert sich vor allem an drei grundlegenden Forderungen: erhöhe den Aufwand – erhöhe die Risiken – reduziere den potentiellen Gewinn (Nutzen), jeweils auf die Person des Täters bezogen. Hinzu kommen die Vermeidung unnötiger Provokationen und weitere Vorkehrungen, mit denen Ausreden und Rechtfertigungen des Täters vorgebeugt werden kann. Am Schluss dieses Kapitels werden die wichtigsten konkreten Maßnahmen gegen Cyberstalking aufgeführt.

Cyberstalking liegt dann vor, wenn eine Person über Internet, E-Mail, sog. Blogs, soziale Netzwerke, Foren, Online-Partnersuche-Seiten, *instant*-Messengerdienste, Textnachrichten, Video- und Bildübertragung und über sog. *Chatrooms* wiederholt (zweimal oder mehrmals) Nachrichten bzw. Botschaften übermittelt, welche unerwünscht und geeignet sind, den Empfänger zu belästigen, zu bedrohen, zu ängstigen oder sonstwie in seiner körperlichen und psychischen Unversehrtheit zu beeinträchtigen (vgl. oben Abschn. 3.4). Viele weitere Phänomene, die allgemein der *Internetkriminalität* oder eines Missbrauchs von elektronischen Übermittlungsformen zuzurechnen sind (vgl. die Aufzählung in Kap. 3.4), fallen nicht unter Cyberstalking, so auch der tägliche *SPAM* (oder auch *junk*) nicht, welcher über E-Mails den PC zumüllt und zumeist Werbung oder die Nachricht, man sei für eine Millionenspende ausersehen worden, enthält. Dergleichen Nachrichten werden vollautomatisiert tausendfach gesendet, zumeist unter falschen Absenderadressen. Gegen solche und andere „Plagen" kann man sich z. B. mit geeigneten Werkzeugen *(Tools)* schützen, wie etwa ein Spam-Filter bzw. Sicherheitsapplikationen des jeweiligen Internetbetreibers *(Provider)* oder des verwendeten *Browsers.*

Cyberstalking wird häufig gleichgesetzt mit *Cybermobbing* oder *Online-Mobbing*. Damit wird zugleich angenommen, dass der Täter aufgrund einer eher zerstörerischen Motivation handelt. Dagegen lässt sich jedoch kritisch einwenden, dass auch Handlungen, die mit der Absicht begangen werden, eine (physische oder auch nur psychologische bzw. emotionale) Nähe zur Zielperson herzustellen, der klassischen Definition von Stalking entsprechen. Das ist beispielsweise beim obsessiv fixierten („liebeskranken") Stalker der Fall oder bei jenen „sozial inkompetenten" Typen, welche aus dem vermeintlich sicheren „Versteck Internet" heraus agieren. Solange deren Motive nicht umschlagen in Vergeltung und Rache und solange nicht Ärger und Wut ihr intrusives Handeln bestimmen, handelt es sich noch um ein Cyberstalking mit relativ geringem Gefahrenpotenzial, wenngleich auch unerwünscht und sehr belästigend. Handelt es sich zudem dabei um eine bekannte Person wie etwa ein Ex-Partner, ein Arbeitskollege oder ein Bekannter usw., so kommt häufig eine Kombination aus Offline- und Online-Gegenmaßnahmen zum Einsatz. Möglich sind dann beispielsweise eine Gefährderansprache durch die Polizei, technische Schutzvorkehrungen (offline) in Verbindung mit einer Änderung der E-Mail-Adresse oder der Kontaktmöglichkeiten im Internet (z. B. das Verlassen von *Chat-rooms* oder die Verwendung von *Alias*-Namen).

Indem Cyberstalking als eine spezielle Form von Cyberkriminalität allgemein zu verstehen ist, erfordern dementsprechend Ansätze zu dessen Bewältigung bzw. zum Schutz des Opfers bestimmte Anpassungen der präventiven Maßnahmen, wie sie im Falle von kriminellen Delikten allgemein als wirksam erachtet werden. Prävention und Blockierung der Tathandlungen gehen hier Hand-in-Hand. Verbrechensbekämpfung konzentrierte sich lange Zeit hindurch auf die Person des Täters bzw. dessen Persönlichkeit, seine Motive und seine kriminogene Biografie. Ein tieferes Verständnis kriminellen Handelns erfordert jedoch eine Erweiterung der allein auf den Täter fokussierten Perspektive in zweifacher Hinsicht: die Beachtung der jeweiligen Situation (den Gelegenheiten) sowie die vom Täter eingeschätzte „Attraktivität" (Bewertung) des Handlungsziels. Bei „gewöhnlichen" Delikten wie beispielsweise Autodiebstahl, bedeutet dies, dass ein neuwertiges Fahrzeug eher gestohlen wird, als ein nahezu schrottreifes Fahrzeug, wenn gleichzeitig die Gelegenheit für den Diebstahl bei beiden Fahrzeugen im gleichen Maße gegeben ist (z. B. wenn beide unverschlossen und unbewacht sind). Auf Cyberstalking übertragen, wäre etwa der Diebstahl von Daten *privater Natur* für eine Verfolgung des Opfers von höherem Wert, als (öffentlich verfügbare) Informationen mit geringerer Wertigkeit, bei ansonsten gleich ungeschütztem Zugang. Umgekehrt kann man in beiden Fällen erwarten, dass bei gleichbewerteten „Objekten" dasjenige entwendet wird, welches leichter zugänglich ist.

Gelegenheit macht Diebe heißt es im „Volksmund"; aber die Diebe sorgen auch für die Gelegenheit (oder stellen sie selbst her), indem sie solche Situationen auswählen oder manipulieren, welche den höchsten Gewinn bei den niedrigsten Kosten (sprich: das Risiko, entdeckt zu werden) versprechen. Dergleichen Überlegungen basieren auf einer Kosten-Nutzen-Analyse, wobei die jeweilige Situation entscheidend mit dazu beiträgt, wie die Rechnung ausgeht. Nicht unerheblich sind dabei auch die physikalischen Gegebenheiten, d. h. an welchen Orten eine kriminelle Handlung vollzogen wird, ob es sich dem Beispiel um einen öffentlichen Raum handelt (man denke zum Beispiel an Handtaschenraub) oder um eine private Umgebung (Einbruch). Im Falle von Cyberkriminalität entspricht das Internet einem öffentlichen Raum, in welchem sich Täter und Opfer – oder Information über das Opfer – sozusagen virtuell begegnen. Internet und *Websites,* Diskussionsforen, Blogs, Chatrooms, E-Mail-Dienste usw. sind jene „Plätze" auf denen Cyberstalking stattfindet. Als Manager solcher „Umgebungen" liegt es zu einem guten Teil an den Administratoren, Webmastern und Konstrukteuren (Programmierer), wie offen oder geschützt diese Plätze sind und wie effektiv dementsprechend Maßnahmen zur Abwehr von Cyberkriminalität sind. Dabei treten eher die informationstechnologischen Aspekte in den Vordergrund, indem es um die Abwehr von Angriffen auf das Internet selbst, auf Datennetze oder auf andere Informationstechnologien geht, d. h. um die Abwehr von Hacking oder um das Eindringen von zerstörerischer, betrügerischer oder ausspionierender *Malware* nach dem Vorbild jenes hölzernen Pferdes, dem die arglosen Wächter Trojas die Tore öffneten. *Firewalls* und online

Sicherheits- und Anti-Virenprogramme sind hier nützlich, sie sind jedoch wenig effektiv zur Abwehr von Stalking.

Ein Ansatz zur Prävention von Cyberstalking, welcher insbesondere die sich hierfür anbietenden Gelegenheiten oder Situationen in den Blick nimmt, basiert auf Überlegungen, wie sie im Rahmen der *Situativen Kriminalprävention (SKP)* entwickelt worden sind und an deren Anfang drei einfache Ideen standen: *erhöhe den Aufwand – erhöhe die Risiken – reduziere den potentiellen Gewinn* (Nutzen) [2]. Demnach wird ein rational denkender, potentieller Stalker die Gelegenheit zum Nachstellen dann nutzen, wenn der Aufwand und das Risiko eher gering sind – und die „Belohnung" für das Nachstellen im Netz hoch ist. Hinzu kommen zwei weitere Faktoren, welche mehr die Person des Stalkers und die Kommunikation mit diesem betreffen: das Ausmaß an *Provokation* (durch Disput und emotionale „Aufladung") und das Ausmaß, in welchem dem Stalker erlaubt wird, sein Verhalten zu begründen oder unter Hinweis auf nicht vorhandene oder nicht explizite Regeln zu rechtfertigen *(Ausreden nicht ermöglichen)*. Die nachfolgend angeführten Maßnahmen betreffen vor allem jene Fälle, in denen der Stalker bemüht ist, seine Identität nicht preiszugeben und anonym handelt, sie sind aber teilweise auch in Fällen von Online-Expartnerstalking nützlich.

Die folgenden Ausführungen zu den einzelnen Kategorien einer auf die Situation/Gelegenheit bezogenen Strategie orientieren sich an einem Artikel von *B. W. Reyns* [5].

• *Aufwand für den Stalker erhöhen*. Hierunter fallen alle Maßnahmen, welche die „virtuelle Nähe" zum Stalker minimieren. Inwieweit dies möglich ist, hängt auch von den Gewohnheiten und der Erledigung täglicher Routineaufgaben des Internet- oder E-Mail-Nutzers ab, wie z. B. der tägliche Abruf der Mails, Online-Korrespondenz im geschäftlichen und privaten Bereich, Recherchen im Internet, usw. Zu den Möglichkeiten gehören: Online-Präsenz nur, soweit dies unbedingt erforderlich ist (PC „runterfahren" – nicht längere Zeit hindurch im Stand-By-Modus lassen) – Zugangsmöglichkeiten zu persönlichen Daten begrenzen (Passwörter möglichst effektiv gestalten und häufiger wechseln) – Kommunikationsangebote (online) zurückweisen – Barrieren für eingehende Nachrichten durch Installation von *Filtern* erhöhen bzw. eine Zugang nur für vertrauenswürdige Bekannte und Freunde ermöglichen – E-Mail-Adresse nur an Personen des Vertrauens weitergeben und diese bitten, damit gleichfalls vorsichtig umzugehen – in letzter Konsequenz: *Online-Identität* wechseln.

* *Die Risiken erhöhen.* Ein hohes Risiko für den Stalker besteht darin, entdeckt zu werden und seine (relative) Anonymität zu verlieren. Eine Handlungsmöglichkeit besteht darin, den Provider einer E-Mail zu identifizieren. Dazu ist es erforderlich den sog. *Header* der eingegangenen Nachricht auszulesen und die auf dem Internetprotokoll basierende *IP-Adresse* zu identifizieren, welche dem im Netz angebundenen PC zugewiesen ist. Über diese Adresse lässt sich dann der Provider finden und auch die Aufenthaltsregion.[1] Das Herausfinden der eigenen E-Mail-Adresse durch andere kann auch durch entsprechende Sicherheitsvorkehrungen erschwert werden, z. B. wenn sich die Person, welche die Anfrage stellt, zuvor identifizieren muss. Eine erweiterte Form der Überwachung besteht darin, das „Internetverhalten" eines Benutzers auf einem *message board* zu protokollieren (z. B. Häufigkeit, mit der eine bestimmte Adresse aufgerufen wurde) und bei Verdacht auf einen Missbrauch öffentlich zu machen. Ähnlich funktioniert der Schutz vor einem unbefugten Eindringen in einen Account (z. B. bei einer Bank), wenn bei der Anmeldung mehrmals hintereinander falsche Daten eingegeben werden (Benutzer und Passwort).

* *Nutzen („Belohnung") reduzieren.* Alles, was den persönlichen bzw. privaten Bereich betrifft, dient der Befriedigung des Stalkers und stachelt seine Motivation weiter an. Es ist somit unbedingt zu vermeiden, in sozialen Netzwerken, Chatgruppen, Blogs, Foren usw. persönliche Informationen wie Fotos, „richtiger Name" (stattdessen

---

[1] Für die Ip-Adresse den Quelltext der Mail aufrufen. Er findet sich zumeist in der letzten „Receive"-Zeile (from:…). Diese Adresse dann über die Ripe-Datenbasis eingeben und den Server ausfindig machen, von dem die Mail gesendet wurde (https://apps.db.ripe.net/db-web-ui/query).

Aliasname verwenden), Alter, Gender, Kinder, einstige Schule, Fotos vom Haus oder Umgebung etc. zu *posten*. Besonders Jugendliche neigen dazu, ihr „aufstrebendes Selbstbewusstsein" mit Informationen über Aussehen, Vorlieben, Hobbies etc. im Netz zu präsentieren. Das entspricht einer Postkarte, bei welcher jeder und jede mitlesen kann. Jede Rückmeldung an den Täter entspricht einer Belohnung (Verstärkung) in der klassischen Lerntheorie mit dem Effekt, dass das Verhalten widerholt auftritt. Der Effekt ist bei unregelmäßiger (intermittierender) Verstärkung noch größer.

- *Provokationen vermeiden.* Auch wenn es aus Opferseite befriedend sein mag, dem Täter – ob bekannt oder unbekannt – „mal so richtig die Meinung" zu sagen und diesem vielleicht sogar zu drohen: es wird sich nicht auszahlen, sondern nur dessen Verhalten verstärken (siehe „Nutzen") und – wenn sich dieser tatschlich beleidigt fühlt – die negative Qualität der Angriffe steigern. Besonders in Fällen des Onlinestalkings seitens eines Ex-Partners besteht die Gefahr, sich in Diskussionen über Themen einzulassen, welche die gemeinsame Vergangenheit betreffen; solche Dispute steigern die Erregung und erhöhen wiederum die Frequenz der Handlungen. Zudem wird die Gefahr erhöht, dass der Stalker (wieder) Kontrolle über die Beziehung erhält. Auch hier ist es deshalb wichtig, jede Antwort auf Cyberattacken des Täters zu vermeiden.

- *Ausreden zurückweisen oder verhindern.* Ausreden wie z. B. „wenn Du keinen Kontakt haben willst, warum hast Du dann einen E-Mail-Account" oder Rechtfertigungen („jeder ist doch frei, seine Meinung zu sagen") werden erleichtert, wenn es keine klaren Regeln gibt. Hier ist es wichtig, einen potentiellen Stalker auf bestimmte Verhaltensregeln im Netz oder im E-Mail-Verkehr hinzuweisen, indem beispielsweise der Zugang zu Websites im sozialen Netz (Mailadresse, Blog, Chatgruppe, *dating sites*) durch vorgeschaltete „Teilnahmebedingungen", denen zugestimmt werden muss, zu erschweren. Es ist dies eine Aufgabe, welche weniger der Nutzer, sondern bereits der Webdesigner oder Administrator zu erledigen hat. Dabei ist es natürlich entscheidend, ob die Bedingungen auch gelesen werden. Viele von uns Nutzern haben wahrscheinlich schon mal „das Kleingedruckte" (die häufig ermüdend langen und im „Juristendeutsch" abgefassten AGB's) einfach übersprungen und – im Netz – mit dem Cursor einfach nach unten gescrollt und „Einverstanden" o. ä. angeklickt. Auch für den privaten Webauftritt können Hinweise auf die *Netiquette* und auf eventuelle Folgen bei deren Übertretung nützlich sein, wenn es darum geht, Stalker abzuweisen bzw. einem Missbrauch vorzubeugen, beispielsweise mit solchen Hinweisen wie „Drohungen, Hasskommentare und unangemessene Inhalte werden mit rechtlichen Mitteln verfolgt." Die gesamte „Botschaft" kann fraktioniert werden sodass eine Scrollen zum Ende nicht möglich ist, sondern Zwischenschritte (Absätze) eingebaut werden, welche einzelnen per Klick auf einen *button* „abgearbeitet" werden müssen, sodass dann erst der nächste Schritt möglich wird. Von Vorteil ist es natürlich, wenn die Vorgaben insgesamt eher kurz gehalten werden. Eine „virtuelle Unterschrift" am Ende erhöht das individuelle *Committment* bei der betreffenden Person.

Wie oben bereits angemerkt, sind die vorgenannten Techniken eher dann relevant, wenn beide – Opfer und Täter – einander fremd sind. Bestand eine Vorbeziehung im „realen Leben", beinhaltet dies die Möglichkeit, dass Online- und Offlinestalking gemeinsam oder im Wechsel auftritt. In solchen Fällen macht es natürlich keinen Sinn, zu versuchen, den Namen, *gender,* Arbeitsplatz oder die Telefonnummer unsichtbar zu machen und es wäre dann auch eine Kombination von entsprechenden Maßnahmen aus beiden Realitätsbereichen (virtuell und real-physisch) zu verwenden. In ähnlicher Weise ist zu verfahren, wenn beide Seiten bereits persönliche Informationen ausgetauscht haben, beispielsweise über Facebook, WhatsApp, Mail usw. Dennoch können einige der angeführten Vermeidungsstrategien erfolgreich sein, wenn diese beispielsweise zu einer Reduzierung oder Blockierung von Kontakten führen – und selbst wenn dies nicht immer gelingt, so wäre das immer noch die weniger belastende Alternative im Vergleich zu einem Offline-Stalking.

Der situative Ansatz zur Vermeidung oder Beendigung von Cyberstalking setzt eine gewisse Rationalität beim Verfolger voraus, etwa im Hinblick auf eine Kosten-Nutzen-Analyse (i. S. einer *rationalen Entscheidungstheorie).* Leider – in anders gelagerten Fällen vielleicht auch glücklicherweise – verhalten sich Menschen oftmals auch irrational und handeln – sozusagen gegen jegliche Vernunft und unter Inkaufnahme von Bestrafung oder rechtlicher Verfolgung – unverdrossen weiter. Dies lenkt den Blick auf die Motivatoren für Cyberstalking; es gilt der Grundsatz: je stärker die Motivation, beispielsweise Rache oder Eifersucht betreffend, umso weniger ist der Stalker für rationale Argumente empfänglich. Untersuchungen haben Unterschiede in der Motivation zwischen Online- und Offlinestalking aufgewiesen. So zeigte sich beispielsweise, dass Zurückweisung eines Beziehungswunsches die am weitesten verbreitete Motivation bei Cyberstalkern war (75 %) - im Vergleich zu Offline-Stalking (47 %) [1]. Befragt wurden allerdings nur die Opfer. In ähnlicher Weise zeigte eine deutsche Studie, bei welcher Opfer von Cyberstalking danach gefragt worden, was ihrer Vermutung nach den Stalker motiviert habe: am häufigsten wurde Eifersucht genannt (54,9 %), gefolgt von „Interesse an einer romantischen Beziehung (49,4 %) und Rache (40 %) [3]. Andere Untersuchungen wiederum kommen zu abweichenden Ergebnissen, indem beispielsweise Vergeltung und Rache gegenüber Zuneigung und Beziehungswunsch zurücktritt (23 % bzw. 47 %) [4]. Die Gründe für solche Unterschiede dürften eher methodische Natur sein, zum Beispiel die unterschiedliche Zusammensetzung der befragten Gruppen oder Unterschiede in den Befragungsinstrumenten. Ein weiteres Problem ist, dass es so gut wie keine Studien gibt, bei denen Cyberstalker selbst nach ihren Motiven befragt wurden. Vergleicht man bezüglich der angegebenen Motive Opfer und Täter im Offline-Stalking, so differieren die Angaben deutlich: während Opfer (Offline-Stalking) beispielsweise am häufigsten die Aufnahme einer Beziehung bzw. Liebesbeziehung als Grund für das Stalking angeben (um 49 %), gefolgt von Rache (23 %) und Eifersucht (21 %), liegen die Werte für befragte Stalker entsprechend bei 64, 11, und 43 % [6]. Es ist anzunehmen, dass sich bei einer Befragung von Cyberstalkern ähnliche Unterschiede ergeben. Leider fehlen dazu noch entsprechende Untersuchungen.

Die Kenntnis der Motivationslage bei Cyberstalkern ist deshalb von Bedeutung, weil dies auch eine Anpassung der präventiven Maßnahmen erfordert. So wäre etwa für die Kategorie *Provokationen vermeiden* bei dem bereits mit Rache und Vergeltung einhergehendem erhöhtes

Erregungsniveau – eventuell begleitet von extremen Affekten wie Wut – eher Vorsicht geboten, als dies beispielsweise bei einem liebesuchenden Stalker der Fall wäre. In ähnlicher Weise wurde davor gewarnt, Offline-Stalker, welche in die Kategorie obsessive Verfolgung fallen, frühzeitig mit der Polizei zu drohen, da dies eventuell das Gefahrenpotenzial für das Opfer erhöhen würde, wohingegen dieselbe Maßnahme bei den eher gehemmten Typen durchaus zum Erfolg führen kann.

Zusammenfassend werden hier noch einmal die wichtigsten Maßnahmen zur Abwehr von Cyberstalking aufgeführt:

Maßnahmen gegen Cyberstalking

- Vermeiden Sie persönliche und private Informationen in den sozialen Netzwerken.
- Verwenden Sie als Namen ein *gender*-freies Pseudonym.
- Lassen Sie optionale Felder wie beispielsweise die Angabe des Geburtsdatums unausgefüllt.
- „Posten" Sie niemals Fotos von sich, ihrer Familie, ihrer Wohnung und häuslichen Umgebung.
- Sorgen Sie dafür, dass ihre Adresse, Telefonnummer und sonstige private Daten in den sozialen Netzwerken nicht veröffentlicht werden.
- Verwenden Sie nach Möglichkeit eine separate E-Mail-Adresse für soziale Netzwerke.
- Lassen Sie nur Freunde und Vertrauenspersonen ihre Beiträge sehen. Nehmen Sie keine Freundschaftsanfragen von Personen an, die sie nicht kennen.
- Verwenden Sie sog. Spam-Filter und legen Sie fest, welchen Personen ein E-Mail Zugang gewährt wird. Setzen Sie unerwünschte Personen (E-Mailadressen) auf die *Blacklist*.
- Standortbestimmung *(Geolocation)* bzw. Positionsermittlung auf dem Handy abschalten.
- Falls Kontakt mit dem Stalker besteht: deutlich mitteilen, dass Sie keine weiteren Kontakte wünschen. Danach keine Kommunikation mehr.
- Falls die Verfolgung weitergeht: Polizei einschalten. Fragen Sie dort nach einem Spezialisten für Cybercrime. Lassen Sie sich nicht abwimmeln, verweisen Sie eventuell auf den § 238 StGB.
- Ändern Sie alle Passwörter.
- Falls Sie denken, dass jemand Ihren PC oder Ihr Smartphone mit *Spyware* auskundschaftet, lassen Sie das Gerät von einem Spezialisten untersuchen und „säubern". Um diesen anzurufen, benutzen Sie ein anderes Handy.

- Falls Sie den Internet-Provider des Stalkers kennen (z. B. beim Ex-Partner), schicken Sie eine entsprechende Nachricht an diesen. (An: postmaster@[domänenname]; der Domänenname steht zumeist hinter dem @-Zeichen der Mail-Adresse).
- Immer ausloggen aus einem *Account.*
- Bei Stalking über Messenger: alle Informationen im Profil ändern bzw. austauschen.
- PC und Handy „herunterfahren", PC nicht längere Zeit im Stand-by-Modus lassen.
- Sensible Daten nicht auf dem PC oder Handy lassen, sondern separat abspeichern (Datenstick).
- Niemals Ihren Pass scannen und an Personen oder Einrichtungen, Firmen, Datingportalen etc. schicken, es sei denn, Sie vertrauen diesen.
- E-Mails, SMS, MMS, Videos, Fotos, WhatsApp- Instagram-, Facebooknachrichten etc. des Stalkers speichern oder ausdrucken.; es handelt sich um Beweismaterial.

Literatur

1. Cavezza, C. & McEwan, T. E. (2014). Cyberstalking versus offline-stalking in a forensic sample. *Psychology, Crime & Law, 20*(10), 955–970. https://doi.org/https://doi.org/10.1080/1068316X.2014.893334.
2. Clarke, R. V. (1980). Situational crime prevention: Theory and practice. *British Journal of Criminology 20*(2), 136–147.
3. Dreßing, H., Bailer, J., Anders, A., Wagner, H., & Gallas, C. (2014). Cyberstalking in a large sample of social network users: Prevalence, characteristics, and impact upon victims. *Cyberpsychology, Behavior and Social Networking 17*(2), 61–67 (https://doi.org/10.1089/cyber.2012.0231).
4. Fissel, E. R. (2021). Victims' perceptions of cyberstalking: An examination of perceived offender motivation. *American Journal of Crime Justice.* https://doi.org/10.1007/s12103-021-09608-x).
5. Reyns, B. W. (2010) A situational crime prevention approach to cyberstalking victimization: Preventive tactics for internet users and online place managers. *Crime Prevention and Community Safety. 12*(2), 99–118.
6. Voß, H.-G. W., Hoffmann, J., & Wondrak, I. (2006). *Stalking in Deutschland – Zur Psychologie der Betroffenen und Verfolger.* Nomos.

10

Welche Gesetze gibt es?

Zusammenfassung Einen speziellen Anti-Stalking-Paragraphen im Strafgesetzbuch gibt es seit 2007. Da einige der dort aufgeführten Kriterien zur Verfolgung von Stalking aus Sicht der Opfer nur einen unzureichenden Schutz vor Verfolgung gewährten, wurde das Gesetz (§ 238 StGB) noch zweimal in verbesserter Form verabschiedet (2017 und 2021) mit dem Effekt, dass unter anderem jetzt die Strafbarkeitsschwelle für Stalking herabgesetzt ist. So bedarf es, wie in den früheren Fassungen, nicht mehr des Nachweises einer „schwerwiegenden Beeinträchtigung der Lebensgestaltung" aufseiten des Opfers, es genügt nunmehr, dass die Tathandlungen „geeignet sind, die Lebensgestaltung nicht unerheblich zu beeinträchtigen." Stalking ist kein Antragsdelikt, die Verfolgungsorgane wie Polizei und Staatsanwaltschaft sind verpflichtet, im einzelnen Fall tätig zu werden, sobald sie davon Kenntnis erlangen. Der Gesetzestext des § 238 StGB wird in diesem Kapitel aufgeführt und näher erläutert und es wird auch Bezug genommen, auf das bereits seit 2003 bestehende *Gewaltschutzgesetz*.

© Der/die Autor(en), exklusiv lizenziert an Springer Fachmedien Wiesbaden GmbH, **189**
ein Teil von Springer Nature 2023
H.-G. W. Voß, *Stalking*, https://doi.org/10.1007/978-3-658-41937-0_10

Einen speziellen Anti-Stalking-Paragraphen im Strafgesetzbuch gibt es seit 2007. Da einige der dort aufgeführten Kriterien zur Verfolgung von Stalking aus Sicht der Opfer nur einen unzureichenden Schutz vor Verfolgung gewährten, wurde das Gesetz (§ 238 StGB) noch zweimal in verbesserter Form verabschiedet (2017 und 2021) mit dem Effekt, dass unter anderem jetzt die Strafbarkeitsschwelle für Stalking herabgesetzt ist. So bedarf es, wie in den früheren Fassungen, nicht mehr des Nachweises einer „schwerwiegenden Beeinträchtigung der Lebensgestaltung" aufseiten des Opfers, es genügt nunmehr, dass die Tathandlungen „geeignet sind, die Lebensgestaltung nicht unerheblich zu beeinträchtigen." Stalking ist kein Antragsdelikt, die Verfolgungsorgane wie Polizei und Staatsanwaltschaft sind verpflichtet, im einzelnen Fall tätig zu werden, sobald sie davon Kenntnis erlangen. Der Gesetzestext des § 238 StGB wird in diesem Kapitel aufgeführt und näher erläutert und es wird auch Bezug genommen, auf das bereits seit 2003 bestehende *Gewaltschutzgesetz.*

Stalking ist ein *strafbewehrtes* Delikt und damit – seit 2007 – ein sogenanntes *Offizialdelikt.* Es bedeutet dies, dass Stalking bestraft wird, es dafür im Strafgesetzbuch einen eigenen Paragraphen gibt (den § 238 StGB) und Stalking von der Staatsanwaltschaft zunächst verfolgt werden muss, wenn sie davon Kenntnis erlangt (in der Regel nach den vorgeschalteten polizeilichen Ermittlungen). Das bedeutet auch, dass die Polizei verpflichtet ist, einer entsprechenden *Anzeige* (Achtung: Anzeige ist nicht dasselbe wie Antrag) nachzugehen, in der Sache zu ermitteln und eventuell den Täter anzusprechen und zu verwarnen (die sog. *Gefährderansprache,* s. weiter unten Kap. 11). Die Staatsanwaltschaft – nicht aber die Polizei – kann das zunächst eröffnete Verfahren auch einstellen.

Die wichtigsten Gesetzesnormen zur Bekämpfung von Stalking und für stalkingnahe Vergehen sind das *Gesetz zum zivilrechtlichen Schutz vor Gewalttaten und Nachstellungen (Gewaltschutzgesetz – GewSchG)* welches am 1. Januar 2002 in Kraft trat, sowie das Gesetz zur Verfolgung von *Nachstellung* gemäß *§ 238 des Strafgesetzbuches (StGB)* in seiner letzten Fassung vom 1. Oktober 2021. Daneben spielen einzelne Strafrechtsnormen (Paragraphen), wie z. B. Wohnungseinbruch, Beleidigung, Bedrohung etc. eine Rolle.

10.1 Das Gewaltschutzgesetz (GewSchG)

Das GewSchG unterliegt im Hinblick auf Stalking zwei Einschränkungen: im Unterschied zum § 238 StGB ist es im *Zivilrecht* verankert und es betrifft vor allem die Ehepartner oder die nicht verheirateten, zusammenlebenden Partner mit gemeinsamem Hausstand. Die geschädigte Person muss somit einen entsprechenden Antrag stellen und sie trägt auch die Beweislast für die bereits vorhandene oder angedrohte Schädigung. Die Kosten für eventuell anfallende Gerichtsgebühren und für einen Rechtsbeistand (Rechtsanwalt, jedoch nicht verpflichtend) wird demjenigen auferlegt, welcher den Antrag „verursacht" hat, also dem Täter. Ist dieser jedoch nicht zahlungsfähig, wird die Antragstellerin dafür herangezogen. Es kann von dieser allerdings Kostenfreistellung bzw. *Verfahrenskostenhilfe* beantragt werden.

Das GewSchG zielt in erster Linie darauf ab, dass im Falle (auch einmaliger) häuslicher Gewalt oder anderer schwerwiegender Eingriffe (auch eine glaubhaft gemachte Androhung reicht aus) die verletzte Person vor weiteren Zugriffen des Täters wirksam geschützt wird. Ein Schutz wird vor allem dadurch bewirkt, dass dem Täter ein *Näherungsverbot* auferlegt werden kann (in § 1 des GewSchG), welches wiederum strafbewehrt ist und nach § 4 bei Zuwiderhandlung mit bis zu zwei Jahren Freiheitsstrafe oder einer Geldstrafe geahndet werden kann. In diesem, letztgenannten Fall, handelt es sich dann um ein *Offizialdelikt*, d. h. ein Nichtbefolgen der Anordnung nach § 1 Absatz 1 Satz 1 oder 3, jeweils auch in Verbindung mit Absatz 2 Satz 1, wird „von Amts wegen" verfolgt und geahndet (dazu bedarf es dann nicht eines Antrages der geschädigten Person).

Näherungsverbot und *Wegweisungsverfügung* sind sicherlich zunächst durchaus sinnvolle Mittel, um eine akute Gefährdung (im Hinblick auf den Wiederholungsfall oder angesichts einer akuten, ernsthaften Bedrohung) abzuweisen. (Dass ein Näherungsverbot vom Stalker oftmals nicht eingehalten oder umgangen wird, steht auf einem anderen Blatt). Wichtig dabei: ein Wohnungsverweis und ein Rückkehrverbot wie auch ein Kontakt- und Näherungsverbot (kurzfristig bzw. für mehrere Tage) kann von der eventuell telefonisch herbeigerufenen

Polizei unmittelbar nach Ankunft in der Wohnung bzw. am Ort des Geschehens (falls der Täter noch anwesend ist) ausgesprochen werden. Das kann dann als Vorbeugemaßnahme für Stalking gesehen werden, indem der Wiederholungsfall bereits unter Strafe gestellt ist. Die Maßnahme ist vorläufig und muss in kürzester Zeit vom zuständigen Familiengericht (eine Unterabteilung des örtlichen Amtsgerichts) per *Einstweiliger Anordnung* bestätigt bzw. befestigt werden (es ist wiederum ein entsprechender Antrag der geschädigten Person erforderlich). Eine Einstweilige Anordnung wird befristet (in der Regel auf 6 Monate) und kann verlängert werden. Die Befristung ist problematisch, denn es ist kaum anzunehmen, dass ein Stalker seine Ziele in dieser Zeitspanne aufgibt – selbst, wenn er sich zunächst an ein Näherungsverbot hält.

Im Titel des GewSchG kommt zwar der Ausdruck „Nachstellung" vor, die Schutzbestimmungen setzen jedoch voraus, dass eine Schädigung oder Bedrohung bereits vorliegt. Ist eine ernsthafte Bedrohung nicht festzustellen, muss es bereits zu einem Eingriff des Täters in die psychische und körperliche Unversehrtheit des Opfers gekommen sein – ein Tatbestand, dessen Abschaffung gerade für die Neufassung des § 238 StGB mitausschlaggebend war. Die Privatklage nach GewSchG bedeutet für das Opfer eine zusätzliche Belastung und birgt die Gefahr in sich, dass bei nicht ausreichender Begründung bzw. als nicht ausreichend erachteter Beweislage, das Opfer infolge einer *Gegenklage* des Täters zusätzlich geschädigt werden kann. Gerade das Argument, dass einem Opfer nicht noch zusätzlich die Beweislast auferlegt werden kann, war bei den Beratungen vor Verabschiedung des § 238 StGB ausschlaggebend dafür, dass *Nachstellung* (Stalking) schließlich im Strafrecht verankert worden ist (bis 2007 galt gleichfalls das Zivilrecht).[1] Überhaupt unverständlich ist der Passus im Text des GewSchG, wonach die „Wahrnehmung berechtigter Interessen" das Verbot, ein Zusammentreffen mit der geschädigten Person herbeizuführen, aufhebt; und ebenso soll es – bei berechtigtem Interesse – keine „unzumutbare Belästigung" sein (es gibt somit zumutbare Belästigungen!), wenn der Täter der Person gegen ihren „ausdrücklich

---

[1] Hierzu auch [2].

erklärten Willen wiederholt nachstellt oder sie unter Verwendung von Fernkommunikationsmitteln verfolgt" (§ 1 Abs. 2 Satz 2 GewSchG). Es ist dies mit einem Ausschluss einer Verfolgung von Stalking („wiederholt nachstellt") gleichzusetzen. Im Übrigen wird nirgendwo spezifiziert, was unter „berechtigten Interessen" zu verstehen ist. Die meisten Stalker werden das für sich beanspruchen.

Schließlich ist zu bemängeln, dass in Absatz 3 des GewSchG die Schutzmaßnahmen aufgrund einer „krankhaften Störung der Geistestätigkeit" nur dann angeordnet werden können, wenn diese Folge einer Einnahme von „geistigen Getränken oder ähnlichen Mitteln" ist. Man wollte hier offensichtlich die vielen Fälle von häuslicher Gewalt, bei welcher Alkohol oder andere Drogen eine tragende Rolle spielen, berücksichtigen. Für den anderweitig psychisch kranken Täter wäre somit selbst bei schwerwiegender psychotischer Störung die Vorschrift nicht anwendbar.

In der nachfolgenden Textwiedergabe des GewSchG sind die §§ 2 und 3 aus Platzgründen weggelassen. § 2 betrifft die Überlassung der gemeinsam genutzten Wohnung (häufig auch zum Schutz der Kinder) und § 3 betrifft u. a. verletzte oder bedrohte minderjährige Personen, bei denen dann die für das Sorgerechts-, Vormundschafts- oder Pflegschaftsverhältnis geltenden Vorschriften anzuwenden sind. Nachfolgend ist auch der § 214 FamFG zur Regelung einer einstweiligen Anordnung aufgeführt.

Gesetz zum zivilrechtlichen Schutz vor Gewalttaten und Nachstellungen (GewSchG Gewaltschutzgesetz, §§ 1 und 4)

§ 1 Gerichtliche Maßnahmen zum Schutz vor Gewalt und Nachstellungen

(1) Hat eine Person vorsätzlich den Körper, die Gesundheit, die Freiheit oder die sexuelle Selbstbestimmung einer anderen Person widerrechtlich verletzt, hat das Gericht auf Antrag der verletzten Person die zur Abwendung weiterer Verletzungen erforderlichen Maßnahmen zu treffen. Die Anordnungen sollen befristet werden; die Frist kann verlängert werden. Das Gericht kann insbesondere anordnen, dass der Täter es unterlässt,

1. die Wohnung der verletzten Person zu betreten,
2. sich in einem bestimmten Umkreis der Wohnung der verletzten Person aufzuhalten,

3. zu bestimmende andere Orte aufzusuchen, an denen sich die verletzte Person regelmäßig aufhält,
4. Verbindung zur verletzten Person, auch unter Verwendung von Fernkommunikationsmitteln, aufzunehmen,
5. Zusammentreffen mit der verletzten Person herbeizuführen, soweit dies nicht zur Wahrnehmung berechtigter Interessen erforderlich ist.

(2) Absatz 1 gilt entsprechend, wenn
1. eine Person einer anderen mit einer Verletzung des Lebens, des Körpers, der Gesundheit, der Freiheit oder der sexuellen Selbstbestimmung widerrechtlich gedroht hat oder
2. eine Person widerrechtlich und vorsätzlich
   a. in die Wohnung einer anderen Person oder deren befriedetes Besitztum eindringt oder
   b. eine andere Person dadurch unzumutbar belästigt, dass sie ihr gegen den ausdrücklich erklärten Willen wiederholt nachstellt oder sie unter Verwendung von Fernkommunikationsmitteln verfolgt.

   Im Falle des Satzes 1 Nr. 2 Buchstabe b liegt eine unzumutbare Belästigung nicht vor, wenn die Handlung der Wahrnehmung berechtigter Interessen dient.

(3) In den Fällen des Absatzes 1 Satz 1 oder des Absatzes 2 kann das Gericht die Maßnahmen nach Absatz 1 auch dann anordnen, wenn eine Person die Tat in einem die freie Willensbestimmung ausschließenden Zustand krankhafter Störung der Geistestätigkeit begangen hat, in den sie sich durch geistige Getränke oder ähnliche Mittel vorübergehend versetzt hat.

§ 4 Strafvorschriften
Mit Freiheitsstrafe bis zu zwei Jahren oder mit Geldstrafe wird bestraft, wer einer bestimmten vollstreckbaren

1. Anordnung nach § 1 Absatz 1 Satz 1 oder 3, jeweils auch in Verbindung mit Absatz 2 Satz 1, zuwiderhandelt oder
2. Verpflichtung aus einem Vergleich zuwiderhandelt, soweit der Vergleich nach § 214a Satz 1 des Gesetzes über das Verfahren in Familiensachen und in den Angelegenheiten der freiwilligen Gerichtsbarkeit in Verbindung mit § 1 Absatz 1 Satz 1 oder 3 dieses Gesetzes, jeweils auch in Verbindung mit § 1 Absatz 2 Satz 1 dieses Gesetzes, bestätigt worden ist.

Die Strafbarkeit nach anderen Vorschriften bleibt unberührt.

Gesetz über das Verfahren in Familiensachen und in den Angelegenheiten der freiwilligen Gerichtsbarkeit (FamFG)

§ 214 Einstweilige Anordnung

1. Auf Antrag kann das Gericht durch einstweilige Anordnung eine vorläufige Regelung nach § 1 oder § 2 des Gewaltschutzgesetzes treffen. Ein dringendes Bedürfnis für ein sofortiges Tätigwerden liegt in der Regel vor, wenn eine Tat nach § 1 des Gewaltschutzgesetzes begangen wurde oder auf Grund konkreter Umstände mit einer Begehung zu rechnen ist.
2. Der Beschluss nach Absatz 1 ist von Amts wegen zuzustellen. Die Geschäftsstelle beauftragt den Gerichtsvollzieher mit der Zustellung. Der Antrag auf Erlass der einstweiligen Anordnung gilt im Fall des Erlasses ohne mündliche Erörterung zugleich als Auftrag zur Vollstreckung; auf Verlangen des Antragstellers darf die Zustellung nicht vor der Vollstreckung erfolgen.

10.2 Der Anti-Stalking Paragraf 238 im Strafgesetzbuch (§ 238 StGB)

Die aktuelle Fassung des § 238 StGB trat am 1. Oktober 2021 in Kraft. Es handelt sich um die insgesamt dritte Fassung der Gesetzesnorm seit 2007. Die „Geschichte" des Paragraphen ist eng mit einer zunehmenden Beachtung der Bedürfnisse und Nöte von Stalkingopfern, sowie mit der öffentlichen Wahrnehmung des Phänomens verbunden. So ist die heutige Fassung ein gutes Beispiel für die Anpassung einer Gesetzesnorm an ein realitätskonformes Erleben von Einschränkung, Bedrohung und Gefährdung individueller Freiheit und Lebensgestaltung. Dabei wurden einzelne inhaltliche Festlegungen und deren begriffliche Darstellung bereits bei den Beratungen zu den verschiedenen Gesetzesentwürfen auf Bundeseben (Rechtsauschuss) sehr kontrovers diskutiert.[2] Das Hauptproblem – und für Opfer sicherlich am folgenreichsten (in der Tendenz positiv) – war und ist, mit welchen Modalitäten Nachstellung/Stalking in der Realität in Zusammenhang zu bringen ist.

Nachfolgend sind Teile der „Kopftexte" der jeweiligen Gesetzesvorlagen sowie der Passus zur „Lebensgestaltung" (jeweils gekürzt) wiedergegeben. Der Entwurf zu einem damals nicht weiter verfolgten § 241b StGB ist beigefügt.[3]

Überblick

§ 241b StGB Entwurf Bundesregierung 15.April.2005[4]	Gesetz zur Strafbarkeit beharrlicher Nachstellungen (§ 238 STGB Nachstellung) 22.März.2007	Gesetz zur Verbesserung des Schutzes gegen Nachstellungen (§ 238 StGB Nachstellung) 1. März 2017	Gesetz zur effektiveren Bekämpfung von Nachstellungen und bessere Erfassung des Cyberstalkings 1. Oktober 2021
...wer einem Menschen unbefugt nachstellt, indem er beharrlich... ...und dadurch seine **Lebensgestaltung schwerwiegend und unzumutbar beeinträchtigt...**	...wer einem Menschen **unbefugt** nachstellt, indem er **beharrlich...** ...und dadurch seine **Lebensgestaltung schwerwiegend beeinträchtigt...**	...wer einer anderen Person in einer Weise **unbefugt** nachstellt, die **geeignet** ist, deren **Lebensgestaltung schwerwiegend zu beeinträchtigen,** indem er beharrlich...	...wer einer anderen Person in einer Weise **unbefugt** nachstellt, die **geeignet** ist, deren Lebensgestaltung **nicht unerheblich zu beeinträchtigen,** indem er **wiederholt...**

---

[2] Das begann bereits damit, dass auf Wunsch einiger Landesregierungen (u. a. Bayern) der Ausdruck „Stalking" im Titel des Gesetzes unter Hinweis auf den „Amerikanismus" vermieden werden sollte und schließlich der Begriff *Nachstellung* konsensfähig wurde [2].

[3] Hervorhebungen vom Verfasser.

[4] Nicht weiter verfolgt.

Zwei Neuerungen sind besonders beachtenswert: zum einen wandelte sich Stalking bereits zur Fassung vom 01.03.2017 von einem *Erfolgsdelikt*[5] zu einem *Gefährdungsdelikt*, zum anderen entfällt in der aktuell gültigen Fassung die Bestimmung als *Antragsdelikt*. Es ist damit nicht mehr erforderlich, dass das Opfer tatsächlich geschädigt ist, und indem Stalking nun „von Amts wegen" zu verfolgen ist, wird das Opfer damit entlastet. Es reicht damit aus, dass die Handlungen des Täters objektiv dazu *geeignet* sind, bei der Betroffenen eine nicht unerhebliche Beeinträchtigung der Lebensgestaltung herbeizuführen. Beurteilungskriterien können dabei der Grad des psychischen Drucks auf das Opfer sowie das quantitative und qualitative Ausmaß der Tathandlung, etwa Häufigkeit, Intensität, oder Kontinuität sein. Darüber hinaus sind tatsächlich eingetretene Folgen, insbesondere psychische und physische Schäden oder Veränderungen in der Lebensgestaltung weiterhin zu berücksichtigen.

In allen Versionen bleibt der Hinweis auf ein *unbefugtes* Nachstellen erhalten. Damit wollte man verhindern, dass Angehörige bestimmter Organisationen oder Ämter wie Verfassungsschutz, Geheimdienste, aber auch ein (investigativer) Journalist bei Recherchen unter Strafe gestellt werden. (Semantisch unklar bleibt dabei allerdings, ob damit eine „schwerwiegenden Beeinträchtigung der Lebensgestaltung" straffrei bleibt, auch wenn diese von einer „befugten" Person ausgeübt wird). Durch das Merkmal „unbefugt" wird somit der Tatbestand auf strafwürdige Fälle beschränkt. Eine Strafbarkeit kommt danach nur in Betracht, wenn der Täter gegen den Willen oder ohne Einverständnis des Opfers handelt.[6] Ansonsten kann eine „Befugnis" durch andere Vorschriften vorliegen.

---

[5] Der Ausdruck mag etwas seltsam klingen angesichts schädigender Handlungen; gemeint ist hier, dass in allen Fällen ein Nachweis („Erfolg") der Tathandlungen erbracht werden muss, bevor die Strafrechtsnorm greift.

[6] Dem ließe sich entgegenhalten, dass auch in solchen Fällen, bei denen – *bei vernünftiger Betrachtung (!)* – von einem Einverständnis der Zielperson nicht ausgegangen werden kann und eine entsprechende Willenserklärung somit auch nach Offenlegung der Schädigung erfolgen kann, gleichfalls die Kriterien für das Vorliegen für Stalking gegeben sind. Das wäre z. B. bei den in diesem Buch in Kap. 3 aufgeführten Phänomenen *Gaslighting* und *Verfolgung durch staatliche Organe* der Fall (vgl. oben Abschn. 3.5.5 und 3.5.7).

Eine weitere wesentliche und für die strafrechtliche Verfolgung von Stalking bedeutsame Änderung betrifft die Beeinträchtigung der *Lebensgestaltung*: hier genügt es nun (entsprechend der aktuell gültigen Fassung), dass diese *nicht unerheblich* ist. Damit wurde die Forderung, dass die Beeinträchtigung der Lebensgestaltung „schwerwiegend" sein müsse zugunsten einer aus Sicht des Opfers voraussetzungsärmeren Version aufgegeben bzw. entsprechend abgeändert (gegenüber der Version 2017). Was nun „nicht unerheblich" im konkreten Einzelfall aus rechtlicher Sicht bedeutet, bleibt künftigen Auslegungen durch Gerichte oberhalb der Amtsgerichtsebene – insbesondere Oberlandesgerichte – vorbehalten.[7]

Das Problem wird sein, entsprechende Vorstellungen des Opfers mit jenen rechtlicher Instanzen in Einklang zu bringen und anhand von konkreten Tathandlungen zu bestimmen. Stalking ist eben eine *unbestimmter Rechtsbegriff* (vergleichbar „Fahrtauglichkeit") und so wie „Lebensgestaltung" ein Konstrukt. Aus psychologischer Sicht könnte man eventuell von einer „nicht unerheblichen Beeinträchtigung der Lebensgestaltung" sprechen, wenn das Opfer – zwecks Vermeidung einer (weiteren) Schädigung – Vorkehren treffen muss, welche seine freie Beweglichkeit im privaten Bereich (ungehinderte Nutzung der Wohnung, von Kommunikationsmitteln, von Transportmitteln usw.) sowie in Bezug auf eine freie und ungehinderte Ausübung und Pflege von sozialen Kontakten (Freunde, Besuch öffentlicher Einrichtungen usw.) unzumutbar einschränken und dies letztlich auch mit zusätzlichen Kosten verbunden ist.

Auch das Merkmal *wiederholt* wird in der Umsetzung Schwierigkeiten bereiten, denn es bleibt unklar, ob eine *einmalige Wiederholung* des Tatgeschehens – so wäre es semantisch korrekt – künftig genügt (zusätzlich zu den anderen Merkmalen), um den Tatbestand Stalking zu erfüllen. Das frühere Merkmal „Beharrlichkeit" setzte auch ein wiederholtes Handeln voraus und erforderte, dass die Handlung den entgegengesetzten Willen des Opfers missachtete bzw. im Rahmen einer

---

[7] Recherchen des Verfassers bei den Datenbanken JURIS und Beck-Online haben dazu noch keine verwertbaren Ergebnisse zutage gefördert.

Gleichgültigkeit gegenüber dessen Wünschen und Belangen wiederholt vorgenommen wurde. So genügten beispielsweise bereits zwei Drohanrufe im Abstand von fünf Monaten mit der Ankündigung, das Opfer umbringen zu wollen. Auch wiederholte massive Drohungen, Beleidigungen und Belästigungen während der Nacht an insgesamt fünf Tagen über einen Zeitraum von mehr als drei Monaten mit jeweils sechs Wochen Abstand, obwohl das Opfer bereits eine einstweilige Verfügung erwirkt hatte, reichten aus, Beharrlichkeit zu bejahen. In anderen höchstrichterlichen Urteilen wurde ein Verhalten als „beharrlich" ausgelegt, wenn der Täter tägliche Anrufe bei dem Opfer über einen Zeitraum von drei Monaten tätigte und anschließend die Wohnung des Opfers aufsuchte, welches beim Verlassen der Wohnung auch angesprochen wurde und zu Fuß oder per Fahrrad verfolgt wurde. Mit der neueren Änderung sollte vor allem auch einem Anpassungsbedarf an den technischen Fortschritt und an die steigende Zahl an Möglichkeiten für *Cyberstalking* entsprochen werden. Die Anzahl der notwendigen Wiederholungen sei im Einzelfall zu bestimmen, wobei bei schwerwiegenden Einzelhandlungen schon eine geringe einstellige Anzahl hinreichend sein soll. Nicht erforderlich sei die Wiederholung derselben Tatbestandsalternative.[8]

Die Praxis der Anwendung der seit 2021 geltenden Rechtsnorm wird noch zeigen müssen, was darunter von den Gerichten verstanden wird. Von Opferschutzverbänden wurden die Änderungen begrüßt, da damit der in vorhergehenden Versionen als hoch eingeschätzte Aufwand zum Nachweis einer „schwerwiegenden Beeinträchtigung" nunmehr zugunsten einer „nicht unerheblichen Beeinträchtigung" vermindert bzw. die Strafbarkeitsschwelle herabgesetzt wurde.

Nachfolgend der Gesetzestext in der gültigen Fassung vom 1.Oktober 2021:

---

[8] Darstellungen in diesem Abschnitt stützen sich auf die Ausführungen in [1].

§ 238 StGB Nachstellung

(1) Mit Freiheitsstrafe bis zu drei Jahren oder mit Geldstrafe wird bestraft, wer einer anderen Person in einer Weise unbefugt nachstellt, die geeignet ist, deren Lebensgestaltung nicht unerheblich zu beeinträchtigen, indem er wiederholt

1. die räumliche Nähe dieser Person aufsucht,
2. unter Verwendung von Telekommunikationsmitteln oder sonstigen Mitteln der Kommunikation oder über Dritte Kontakt zu dieser Person herzustellen versucht,
3. unter missbräuchlicher Verwendung von personenbezogenen Daten dieser Person
   a. Bestellungen von Waren oder Dienstleistungen für sie aufgibt oder
   b. Dritte veranlasst, Kontakt mit ihr aufzunehmen,
4. diese Person mit der Verletzung von Leben, körperlicher Unversehrtheit, Gesundheit oder Freiheit ihrer selbst, eines ihrer Angehörigen oder einer anderen ihr nahestehenden Person bedroht,
5. zulasten dieser Person, eines ihrer Angehörigen oder einer anderen ihr nahestehenden Person eine Tat nach § 202a, § 202b oder § 202c begeht,
6. eine Abbildung dieser Person, eines ihrer Angehörigen oder einer anderen ihr nahestehenden Person verbreitet oder der Öffentlichkeit zugänglich macht,
7. einen Inhalt (§ 11 Absatz 3), der geeignet ist, diese Person verächtlich zu machen oder in der öffentlichen Meinung herabzuwürdigen, unter Vortäuschung der Urheberschaft der Person verbreitet oder der Öffentlichkeit zugänglich macht oder
8. eine mit den Nummern 1 bis 7 vergleichbare Handlung vornimmt.

(2) In besonders schweren Fällen des Absatzes 1 Nummer 1 bis 7 wird die Nachstellung mit Freiheitsstrafe von drei Monaten bis zu fünf Jahren bestraft. Ein besonders schwerer Fall liegt in der Regel vor, wenn der Täter

1. durch die Tat eine Gesundheitsschädigung des Opfers, eines Angehörigen des Opfers oder einer anderen dem Opfer nahestehenden Person verursacht,
2. das Opfer, einen Angehörigen des Opfers oder eine andere dem Opfer nahestehende Person durch die Tat in die Gefahr des Todes oder einer schweren Gesundheitsschädigung bringt,
3. dem Opfer durch eine Vielzahl von Tathandlungen über einen Zeitraum von mindestens sechs Monaten nachstellt,
4. bei einer Tathandlung nach Absatz 1 Nummer 5 ein Computerprogramm einsetzt, dessen Zweck das digitale Ausspähen anderer Personen ist,

5. eine durch eine Tathandlung nach Absatz 1 Nummer 5 erlangte Abbildung bei einer Tathandlung nach Absatz 1 Nummer 6 verwendet,

6. einen durch eine Tathandlung nach Absatz 1 Nummer 5 erlangten Inhalt (§ 11 Absatz 3) bei einer Tathandlung nach Absatz 1 Nummer 7 verwendet oder

7. über einundzwanzig Jahre ist und das Opfer unter sechzehn Jahre ist.

(3) Verursacht der Täter durch die Tat den Tod des Opfers, eines Angehörigen des Opfers oder einer anderen dem Opfer nahestehenden Person, so ist die Strafe Freiheitsstrafe von einem Jahr bis zu zehn Jahren.

Die im Gesetzestext angeführten §§ 202a, 202b und 202c beziehen sich auf einzelne Handlungen, welche dem Bereich *Cyberkriminalität* zuzuordnen sind, nämlich das Ausspähen und Abfangen von Daten und Vorbereitungen dazu (Passwörter ausspähen, Computerprogramme zum Ausspähen, sog. Trojaner usw.). § 11 Absatz 3 bezieht sich auf Inhalte von Schriften, Ton- oder Bildträgern, Inhalte in Datenspeichern, Abbildungen usw.

Der Katalog von strafwürdigen Tathandlungen ist hier gegenüber der Vorgängerversion deutlich erweitert worden, insbesondere um die Tatmerkmale entsprechend der Positionen 5 bis 7 in Abschnitt (1) und 3 bis 7 in Abschnitt (2). Einer Strafwürdigkeit von Verfolgung und Nachstellung im Internet oder das Eindringen in den Computer des Opfers wird nunmehr durch mehrere Tatmerkmale Rechnung getragen.

Unverändert beibehalten wurde die sogenannte „Öffnungsklausel" unter Absatz (1) Nr. 8, wonach auch eine „mit den Nummern 1 bis 7 vergleichbare Handlung" ausreicht, um eine Strafwürdigkeit zu bejahen. Hier sind natürlich der Fantasie Tür und Tor geöffnet, was darunter zu verstehen ist. Vielleicht bieten sich ja Ansatzpunkte dafür bei einer Inspektion der in diesem Buch in Kapitel drei aufgeführten „stalkingähnlichen" Phänomene (*Münchhausen-Stellvertreter-Syndrom, Gaslighting-* oder gar *Verfolgung durch eine staatliche Organisation?*, vgl. Kap. 3). Problematisch ist hier auch, dass entsprechend Absatz (2) Satz 1 nur in besonders schweren Fällen des Absatzes (1) Nummer 1 bis 7, jedoch eben nicht bei einer „vergleichbaren Handlung"(Nummer 8) ein „besonders schwerer Fall" vorliegen kann. Offensichtlich heißt „vergleichbar" hier nicht „gleichgewichtig", eine semantische „Finesse", welche es rechtlich und inhaltlich noch auszuloten gilt.

Dem Opferschutz dient auch die Feststellung des *besonders schweren Falls,* bei welchem eine Geldstrafe nicht mehr in Betracht kommt; er wird mit einer Mindeststrafe von drei Monaten bis maximal fünf Jahren Freiheitsentzug geahndet. Ein besonders schwerer Fall liegt auch vor, wenn sich eine „Vielzahl von Tathandlungen über einen Zeitraum von mindestens sechs Monaten" erstreckt. Man mag die Festlegung eines Zeitintervalls kritisch sehen: schließlich reicht ja aus, dass sich eine Tathandlung „wiederholt" und das bedeutet *einmalige Wiederholung* (ggf. nach entsprechender Abmahnung durch das Opfer oder durch die Verfolgungsbehörde); aber immerhin hat der Gesetzgeber hier in Absatz (2) Nr. 3 einmal konkret einen Schwellenwert genannt, dessen Überschreitung ein „schweres Stalking" begründet.

Stalking ist seit 2007 kein *Privatklagedelikt* mehr. Zuvor wurde von den Gerichten dieser Weg häufig gewählt bzw. dem Opfer auferlegt, wobei in der Regel die Einstellung des Verfahrens nach § 170 StPO (Ermittlungsergebnisse reichen nicht aus, um öffentlich Klage zu erheben) oder nach § 153 StPO (Absehen von der Verfolgung bei Geringfügigkeit) bereits von der Staatsanwaltschaft veranlasst wurde. Nicht selten dürfte dabei auch ein gewisses Unbehagen im Umgang mit dem komplexen Phänomen Stalking eine Rolle gespielt haben. Eine Privatklage im Falle von Stalking war – aus Sicht des Opfers – auch deshalb kaum zu empfehlen, weil bei jeder Privatklage zuvor ein sogenanntes *Sühneverfahren* vor einem Sühnegericht (beim örtlich zuständigen Amtsgericht) erfolgen musste – und das bedeutete i. d. R. eine Konfrontation mit dem Stalker „von Angesicht zu Angesicht" (*stalking-by-proxy?* Vgl. oben Abschn. 3.3).

Ist im Falle von Stalking der Verweis auf den Privatklageweg durch die Staatsanwaltschaft nun nicht mehr möglich – aus Sicht des Opfers zu begrüßen –, so lauert dennoch „Ungemach" in anderer Weise: bereits auf der Polizeistation werden viele Stalkingopfer auf die Möglichkeit hingewiesen, Anzeige entsprechend eines (oder mehrerer) Einzeldelikte zu stellen (z. B. Hausfriedensbruch, Beleidigung, Nötigung). Das ist besonders dann der Fall, wenn der Eindruck entstanden ist, dass die Angaben zu Stalking gemäß § 238 StGB nicht ausreichen, um eine öffentliche Anklage zu erheben (natürlich ist es nicht Sache der Polizei, das zu entscheiden). Es hängt somit oftmals von der Situation auf der Polizeiwache ab – wie einfühlsam geht der Beamte/die Beamtin mit der geschädigten Person um, wie gut gelingt es dieser, sich als Opfer „darzustellen" –, welche „Empfehlung" letztlich den Ausschlag gibt für ein weiteres Vorgehen des Opfers. Ist die Beweislage für Stalking unsicher und entscheidet sich das Opfer für die Anzeige von Einzeldelikten, so leuchtet am Horizont wiederum der Privatklageweg auf, denn auch hier wird auf eine mögliche Einstellung des Verfahrens hin geprüft. Die für eine Privatklage „qualifizierten" Einzelvergehen, welche ohne vorgängige Anrufung der Staatsanwaltschaft verfolgt werden können, sind im § 274 StPO (Zulässigkeit, Privatklageberechtigte) aufgeführt. Es handelt sich u.a. um *Hausfriedensbruch* (§ 123 StGB), *Beleidigung* (§§ 185 bis 189 StGB), *Verletzung des höchstpersönlichen Lebensbereiches und von Persönlichkeitsrechten durch Bildaufnahmen* (§ 201a Abs. 1 und 2 StGB), *Körperverletzung* (§§223 und 229 StGB), *Nötigung* (§ 240 Abs. 1 bis 3 StGB), *Bedrohung* (§ 241 Abs. 1 bis 3 StGB) und *Sachbeschädigung* (§ 303 StGB). Allen diesen Vergehen sind Stalkinghandlungen zuzuordnen und insofern stellen sie für die Verfolgungsorgane „attraktive" Alternativen zu dem aufwändigeren Verfahrens nach § 238 StGB dar. Für die geschädigte Person ist oftmals eine Überschaubarkeit der rechtlichen Situation eingeschränkt und umso mehr mag hier weiterhelfen, eine fachkompetente Beratung in Anspruch zu nehmen (Beratungsstelle, Rechtsanwälte, welche auf Stalking spezialisiert sind).

Literatur

1. Heckmann, D., & Paschke, M. (2021). *Juris-Internetrecht* (7. Aufl., Rn. 428–429) (Stand: 20.12.2022). JURIS-Online.
2. Voß, H.-G. W. (2006). Stellungnahme zur öffentlichen Anhörung des Rechtausschusses des Deutschen Bundestags am 18.10.06 betreffend den Gesetzentwurf der Bundesregierung. BT-Drs. 16/575 und 16/1030.

11

Wie verhalte ich mich am besten gegenüber der Polizei?

Zusammenfassung Die Polizei ist zweifellos die wichtigste Anlaufstelle bei der Bewältigung von Stalking und sie allein verfügt über bestimmte Mittel der Gefahrenabwehr (z. B. die sog. *Gefährderansprache*). Kostete es einem Opfer noch vor einigen Jahren einige Überwindung, sich der Polizei anzuvertrauen, so hat sich die Lage hier weiter verbessert, indem Stalking zunehmend ernst genommen wird und in den Katalog polizeilicher Maßnahmen Eingang gefunden hat. Allerdings ist das Amt eines speziellen Stalkingbeauftragten an Polizeidienststellen noch wenig verbreitet. Für das Opfer stellt sich häufig die Frage, ab wann es im Verlaufe der Nachstellung opportun ist, die Polizei einzuschalten. Während viele „Ratgeber" im Internet empfehlen, diesen Zeitpunkt nicht allzu früh anzusetzen, wird in diesem Buch die Auffassung vertreten, dass ein möglichst frühzeitiger Einsatz der Polizei – mit wenigen Ausnahmen – angezeigt ist. Am Schluss des Kapitels finden sich einige Tipps zum Umgang mit der Polizei.

H.-G. W. Voß, *Stalking*, https://doi.org/10.1007/978-3-658-41937-0_11

Die Polizei ist zweifellos die wichtigste und in der Regel die erste Anlaufstelle bei der Bewältigung von Stalking und sie allein verfügt über bestimmte Mittel der Gefahrenabwehr (z. B. die sog. *Gefährderansprache*). Kostete es einem Opfer noch vor einigen Jahren einige Überwindung, sich der Polizei anzuvertrauen, so hat sich die Lage hier weiter verbessert, indem Stalking zunehmend ernst genommen wird und in den Katalog polizeilicher Maßnahmen Eingang gefunden hat. Allerdings ist das Amt eines speziellen Stalkingbeauftragten an Polizeidienststellen noch wenig verbreitet. Für das Opfer stellt sich häufig die Frage, ab wann es im Verlaufe der Nachstellung opportun ist, die Polizei einzuschalten. Während viele „Ratgeber" im Internet empfehlen, diesen Zeitpunkt nicht allzu früh anzusetzen, wird in diesem Buch die Auffassung vertreten, dass ein möglichst frühzeitiger Einsatz der Polizei – mit wenigen Ausnahmen – angezeigt ist. Am Schluss des Kapitels finden sich einige Tipps zum Umgang mit der Polizei.

Der Polizei steht bei der Einforderung von Rechten des Opfers und bei der Verfolgung von Stalking in besonderer Verantwortlichkeit. Sie ist für das Opfer – nach leidvollen Erfahrungen und häufig nicht ohne Hemmnisse – die erste externe Anlaufstation, wenn es konkret um die Verfolgung und Durchsetzung von Schutzmaßnahmen geht. Parallel zur Weiterentwicklung der Stalking-Rechtsprechung und einer zunehmend sensitivierten Öffentlichkeit, ist das Phänomen Stalking in seiner ganzen Breite inzwischen auch bei der Polizei „angekommen." Davon zeugen u.a. die Stalking-Broschüren und Informationsblätter; sie sind im Internet unter den Adressen der Landeskriminalämter, der Polizeipräsidien oder – zentralisiert – bei der *Polizeilichen Kriminalprävention der Länder und des Bundes* (Leitspruch: *„Wir wollen, dass Sie sicher leben"*) abzurufen.[1]

Es bleibt dennoch die Frage, ob eine zunehmende Aufgeschlossenheit gegenüber den Bedürfnissen von Stalkingopfern bei der Polizei auch aus Sicht der Betroffenen selbst zu entsprechenden positiven Änderungen geführt hat. In der Befragung von Stalkingopfern in den Jahren 2003–2005 *(Darmstädter Stalking Studie)* hatten mehr als Zweidrittel der

---

[1] https://www.polizei-beratung.de/opferinformationen/stalking/.

Befragten (69,2%) Schwierigkeiten, der Polizei den Ernst ihrer Lage zu vermitteln. Als Gründe wurden vorgebracht: Bagatellisierung des Problems, man habe erst etwas unternehmen können, wenn etwas passiert sei, man wolle sich nicht in ein Beziehungsdrama einmischen, man könne nichts tun, weil kein Straftatbestand vorläge[2]; auch habe die Polizei dem Opfer Schuldzuweisungen gemacht und zum Teil die Angaben der geschädigten Person mit ironischen Bemerkungen kommentiert (*„freuen Sie sich doch über ihren Verehrer"*). In etwa einem Drittel der Fälle wurde die Anzeige aufgenommen bzw. an die Staatsanwaltschaft weitergeleitet, konkrete Ermittlungen gegen den Stalker gab es nur in 17,5% der Fälle [3].

In einer erneuten Befragung von insgesamt 168 geschädigten Personen nach Einführung der zweiten Version des § 238 StGB im Jahre 2017[3] lag der Anteil an Opfern, welche sich von der Polizei nicht ernst genommen gefühlt hatten bei 57 %. Eine wesentliche Verbesserung hinsichtlich der Bemühungen von Geschädigten, ihren Opferstatus ausreichend glaubhaft gegenüber der Polizei zu vermitteln, ist hierbei nicht ersichtlich. Die Gründe dafür mögen vielfältig und zum Teil auch – aufgrund der nunmehr strafrechtlichen Relevanz von Stalking – mit einer erhöhten Anspruchshaltung bei den Opfern zu finden sein; zudem ist nicht auszuschließen, dass bei anonymisierten Befragungen selektive Mechanismen eine Rolle spielen, indem Personen, die unzufrieden sind mit der Bearbeitung „ihres Stalking-falles" sich eher dazu bereit erklären, an der Befragung teilzunehmen. Muss man der Polizei somit ein schlechtes Zeugnis bei der Behandlung von Stalking Opfern ausstellen? Der Verfasser dieses Buches rät davon ab. In Anlehnung an die „Wasserglas-Metapher" (halbvoll oder halb leer) kann man davon ausgehen, dass sich nach Einführung der Strafrechtsnorm § 238 StGB immerhin 40 % der Stalking Opfer von der Polizei ernst genommen gefühlt haben. Auch vor dem Gang zur Polizei hatten sich gut ein Drittel der Befragten (34 %) bei der Polizei

---

[2] Die Befragung erfolgte vor der Verabschiedung der ersten Version des § 238 StGB im Jahre 2007.

[3] Autor, unveröffentlicht.

Rat eingeholt. Diese Befunde ermutigen zu der Annahme, dass mit den weiteren Verbesserungen der Situation von Stalkingopfern nach Einführung des derzeit gültigen § 238 StGB im Jahre 2021 auch die polizeiliche Arbeit hierbei eine positivere Einschätzung erfährt.[4]

Eine besondere Einrichtung, welche für den Schutz von Kriminalitätsopfern generell verantwortlich ist und auch Stalking miteinbezieht, sind die *Opferschutzbeauftragten*. Sie informieren über die Möglichkeiten, im Falle einer Bedrohung oder einer bereits eingetretenen Schädigung, Hilfe und eventuell auch Entschädigung nach dem *Opferentschädigungsgesetz* zu bekommen. Das Amt des Opferschutzbeauftragten ist zumeist bei den Polizeipräsidien verankert, die namentlich aufgeführten Ansprechpartner und Kontaktdaten können über Internet abgefragt werden.

> „Eine der Kernaufgaben der Opferschutzbeauftragten ist es, Kriminalitätsopfern den ersten Zugang zu den unterschiedlichen bestehenden Hilfeangeboten zu erleichtern. Sie informiert Opfer und nimmt eine Lotsenfunktion hin zu den verschiedenen Angeboten der Opferhilfe wahr. Damit ermöglicht sie einen niedrigschwelligen und unbürokratischen Zugang zu Unterstützungsleistungen. Da sie überregional agiert, kann sie im Bedarfsfall für eine Kooperation der verschiedenen Opferhilfeeinrichtungen untereinander und die Bündelung der Hilfsangebote sorgen.“[5]

Opferschutzbeauftragte sind für alle Kriminalitätsopfer zuständig, Stalking betrifft dabei nur einen geringen Teil der Aufgabenbewältigung und die Arbeit der Opferschutzbeauftragten konzentriert sich zudem eher auf eine Betreuung des Opfers *nach* der Schädigung; der operative Umgang mit Stalking (Prävention und Bekämpfung) bleibt weiterhin der Polizei vorbehalten. Angesichts dieses Umstandes steht die Forderung im Raum, spezielle *Stalkingbeauftragte* an Polizeidienststellen

---

[4] Vergleichszahlen zu einer derzeit noch laufenden Untersuchung für die Situation nach 2021 liegen noch nicht vor. Der Fragebogen kann unter der Internetadresse www.afpg-online.de abgerufen bzw. bearbeitet werden werden.

[5] Quelle: https://www.justiz.nrw.de/JM/schwerpunkte/opferschutzbeauftragte/index.php.

zu etablieren. Ein solches Vorhaben ist bisher – nach Kenntnis des Verfassers dieses Buches – nur im Bundesland Bremen realisiert worden, wo insgesamt zehn Sachbearbeiter bzw. Sachbearbeiterinnen als Stalkingbeauftragte mit spezieller Ausbildung an den regionalen Kriminalkommissariaten tätig sind. Zudem besteht eine enge Kooperation mit den jeweils zuständigen Staatsanwaltschaften. Soweit hier zugleich eine Kooperation mit der Institution „Täter-Opfer-Ausgleich" besteht, ist dies nicht unproblematisch, da hierbei letztlich wiederum den Intentionen des Täters entsprochen wird, weiterhin Kontakte mit der geschädigten Person aufrechtzuerhalten. Ein Täter-Opfer-Ausgleich dürfte deshalb allenfalls bei milden Formen von Stalking infrage kommen (z. B. bei sozial gehemmten Tätern).

Das bisher offensichtlich noch wenig verbreitete Amt des Stalkingbeauftragten an Polizeidienststellen führt zu der Einsicht, dass ein operativer und wirksamer polizeilicher Umgang mit Stalkingopfern in Deutschland noch ausbaufähig ist. Eine gewisse Abhilfe wäre schon dadurch erreicht, wenn spezielle Fortbildungsveranstaltungen zu Stalking verpflichtend eingerichtet werden[6]. Eine Anhebung des Kompetenzniveaus für Stalking beim einzelnen Polizeibeamten würde sich zugleich auch auf das Anzeigeverhalten von Stalkingopfern positiv auswirken. (Es betrug vor 2006 36,8 %, 2017–2021 51,4 %, wobei zwei Drittel der Fälle auf „Nachstellung", ein Drittel auf das GewSchG entfielen [4]).[7]

Zu den Schutzmaßnahmen der Polizei gehört auch die sogenannte *Gefährderansprache*. Sie erfolgt fast standardmäßig bei einer ernst zu nehmenden (und ernst genommenen) Bedrohung und Belästigung, wie dies bei Stalking fast immer der Fall ist. Ihre Funktion besteht darin, einer drohenden Straftat vorzubeugen. Sie ist selbst noch nicht

---

[6] Das Thema *Stalking* ist offensichtlich in den Ausbildungsprogrammen zum Erwerb der Befähigung für die Laufbahn des gehobenen Polizeivollzugsdienstes (Bachelorstudiengang) noch wenig präsent. Im *Amtlichen Mitteilungsblatt der Hochschule der Polizei des Landes Brandenburg* (28.09.2020) taucht der Begriff „Stalking" einmal im Zusammenhang mit der Präsentation von Beispielfällen auf (6. Studiensemester, Modul *Kriminalistik/Kriminologie*, https://hpolbb.de/sites/default/files/amtliches_mitteilungsblatt_05_2020_spo_-_b.a.pdf).

[7] S. o. Fn. 2.

Bestandteil konkreter Ermittlungen und soll „dem potentiellen Täter vor Augen führen, dass die Gefährdungslage bei der Polizei bekannt ist, ernst genommen wird und dass alle notwendigen Maßnahmen zur Verhinderung einer gegebenenfalls angedrohten Tatausführung durchgeführt werden" [1, S. 90].[8] Nicht zu unterschätzen ist auch die Wirkung auf solche Täter, welche ihr Verhalten als eine Art „Privatsache" ansehen, was mit der persönlichen Ansprache durch die Polizei dann nicht mehr möglich ist. Eine Gefährderansprache des Täters kann vom Opfer nicht verlangt werden, sie liegt im Ermessen des jeweiligen Polizeibeamten. Immerhin erfolgte die Maßnahme in 50% aller zur Anzeige gebrachten Fälle.[9] Vielleicht drückt sich darin auch aus, dass Anzeigen zu Stalking von der Polizei ernst genommen werden bzw. es sich hierbei um die ernst zu nehmenden Fälle handelt.

Zur Wirkung polizeilicher Maßnahmen auf eine Beendigung der Stalkings (darunter auch Gefährderansprachen) gibt es derzeit noch keine verlässlichen Informationen. Frühere Untersuchungen in den USA ergaben, dass nur etwa 25 % der Opfer zu der Einschätzung gelangten, Stalking sei infolge einer Verwarnung des Täters durch die Polizei beendet worden [2]. In England, wo bereits relativ früh eine speziell auf Stalking zugeschnittene Fortbildung der Polizeibeamten eingerichtet wurde – dort gibt es ein Anti- Stalking Gesetz seit 1997 – führte der Einsatz der Polizei in 52 % der Fälle zu einer Beendigung des Stalkings. Für Deutschland beträgt der entsprechende Wert für eine Beendigung oder einer Abnahme von Stalking lediglich knapp 20 %, allerdings betrifft dies die Situation vor dem Inkrafttreten des ersten Stalking- Paragrafen im Jahre 2007 [3, S. 93].

In diesem Zusammenhang ist auf ein weiteres Problem hinzuweisen, welches für polizeiliche Interventionen bei Stalking von grundsätzlicher Bedeutung ist und welches die Frage betrifft: „Ist in allen Fällen von Stalking zu empfehlen, dass die Polizei frühzeitig eingesetzt wird?" In vielen, auch im Internet abzurufenden Empfehlungen, wird davor gewarnt, in allen Fällen von Stalking polizeiliche Interventionen

---

[8] Gloss, zit. n. [1].
[9] Laut Umfrage Verfasser (unveröffentlicht).

zumindest zu einem frühen Zeitpunkt einzusetzen. Eine dermaßen pauschale Warnung bedarf jedoch einer differenzierteren Betrachtungsweise. So lässt sich vermuten, wie oben bereits angeführt, dass eine Gefährderansprache wie auch andere polizeiliche Interventionen dort, wo es sich um einen Stalker vom Typus „gehemmt, sozial unbeholfen" handelt, durchaus Erfolg haben kann, indem dieser die Aussichtslosigkeit seines Handelns einsieht und vor weiteren angedrohten negativen Konsequenzen zurückweicht (häufig dann aber ein neues Opfer aussucht). Für die nach Rache und Vergeltung strebenden Ex-Partner-Stalker und im Falle der obsessiv fixierten Stalker sowie gänzlich für den wahnhaften Typ dürften polizeiliche Maßnahmen, soweit sie auf Verwarnungen beschränkt sind, kaum zu einem Erfolg führen.

Einige Tipps zum Umgang mit der Polizei:

1. Nehmen Sie Kontakt mit der Polizei auf, sobald Sie sich verfolgt (gestalkt) fühlen. Sie können eine Anzeige auch brieflich, per Mail oder SMS aufgeben. Es ist aber in allen Fällen wirksamer, wenn Sie persönlich die für Ihr Wohngebiet zuständige Polizeidienststelle aufsuchen.
2. Gibt es einen akuten Anlass (Auseinandersetzung mit dem Stalker)? Versuchen Sie ruhig zu bleiben. Sie können eine Begleitperson (einen sog. Beistand) mitnehmen.
3. Gehen Sie nicht unvorbereitet zur Polizei. Nehmen Sie Aufzeichnungen und möglichst genaue Protokolle der Belästigungen mit.
4. Lassen Sie sich nicht abweisen oder auf einen späteren Termin verweisen.
5. Falls Sie noch sehr aufgeregt sind (s. Nr. 2), erklären Sie das dem Beamten/der Beamtin und versuchen Sie ruhig zu bleiben und Ihr Anliegen in freundlichem Ton, doch mit Bestimmtheit vorzutragen.
6. Machen Sie sich vorher kundig, was den § 238StGB anbetrifft und weisen Sie ggf. den Beamten/die Beamtin darauf hin.
7. Wird Ihnen eine Maßnahme nach GewSchG vorgeschlagen (z. B. Näherungsverbot, Betretungsverbot der Wohnung) können Sie diese als vorerst akute Maßnahme akzeptieren. Bleiben Sie aber bei der Anzeige nach § 238 StGB.
8. Lassen Sie sich auf eine Anzeige nach einem Einzeldelikt (Hausfriedensbruch, Beleidigung, Nötigung, Bedrohung etc.) nur dann ein, wenn es auch aus Ihrer Sicht nicht für Stalking reicht.

9. Achten Sie darauf, dass ein Protokoll angefertigt wird und kontrollieren Sie die Eintragungen.
10. Sprechen Sie den Beamten/die Beamtin auf eine Gefährderansprache an.
11. Falls Sie sich zuhause unsicher fühlen und die Gefahr besteht, dass der Stalker Ihre Nähe sucht (auch draußen Herumstehen): verlangen Sie Kontrollfahrten der Polizei vor Ihrer Wohnung.
12. Verabreden Sie die Möglichkeit, telefonisch einen persönlichen Kontakt mit dem Beamten/der Beamtin (oder Vertreter) aufzunehmen.
13. Bitten Sie darum, dass Ihnen die Ergebnisse der polizeilichen Maßnahmen mitgeteilt werden.

Literatur

1. Niemann, T. (2017). Die Gefährderansprache der Berliner Polizei. In W. Ortiz-Müller (Hrsg.), *Stalking – das Praxishandbuch. Opferhilfe, Täterintervention, Strafverfolgung* (S. 88–94). Kohlhammer.
2. Tjaden, P., & Thoennes, N. (1998). *Stalking in America: Findings from the national violence against women survey.* National Institute of Justice and Centers for Disease Control and Prevention.
3. Voß, H.-G. W., Hoffmann. J., & Wondrak, I. (2006). *Stalking in Deutschland. Aus Sicht der Betroffenen und Verfolger.* Nomos.
4. Voß, H.-G. W. (2011). Zur Wirksamkeit des Gewaltschutzgesetzes und des § 238 StGB. *Praxis der Rechtspsychologie, 21*(2), 322–338 (Dezember 2011).

12

Hilfe für Stalker

Zusammenfassung Stalker sind für ihr Handeln voll verantwortlich, ausgenommen die wenigen Fälle, in denen eine krankhafte psychische Störung vorliegt. Auch Stalker berichten über seelische Auswirkungen und über Konsequenzen ihres Handelns wie Depression, innere Unruhe, Schlafstörungen, Ängste, Suizidgedanken und erhöhte Krankschreibungen. Es ist deshalb auch im Interesse des Opfers, wenn Stalking durch geeignete Hilfemaßnahmen für den Täter beendet werden kann, im günstigsten Fall auch ohne die für das Opfer zumeist zusätzlich belastenden Gegenmaßnahmen. Entsprechende Hilfemaßnahmen sind an bestimmte Voraussetzungen gebunden, unter denen eine „Erreichbarkeit" des Täters und die Herstellung eines Einvernehmens *(compliance)* zwischen Täter und Hilfeperson (z. B. im Rahmen einer Beratung oder psychotherapeutischen Intervention) hervortreten. Auf der personalen Ebene bestehen die Ziele einer Intervention u. a. in der Bewusstmachung und Selbstreflexion (mit Bezug auf die Beweggründe eigenen Handelns), einem Nachvollzug der Leiden des Opfers (Einübung von Empathie), im Aufbau eines sozialen Netzwerkes (viele Stalker sind sozial isoliert), sowie in der Aufhebung der bei vielen Stalkern vorhandenen obsessiven Fixierung auf die Person des Opfers *(Defokussierung)*. Im Kapitel werden einige der hier infrage kommenden therapeutischen Ansätze aufgeführt und näher erläutert, und es werden einige „Tipps" für solche Stalker angeführt, welche noch „umkehren" können und wollen.

Stalker sind für ihr Handeln voll verantwortlich, ausgenommen die wenigen Fälle, in denen eine krankhafte psychische Störung vorliegt. Auch Stalker berichten über seelische Auswirkungen und über Konsequenzen ihres Handelns wie Depression, innere Unruhe, Schlafstörungen, Ängste, Suizidgedanken und erhöhte Krankschreibungen. Es ist deshalb auch im Interesse des Opfers, wenn Stalking durch geeignete Hilfemaßnahmen für den Täter beendet werden kann, im günstigsten Fall auch ohne die für das Opfer zumeist zusätzlich belastenden Gegenmaßnahmen. Entsprechende Hilfemaßnahmen sind an bestimmte Voraussetzungen gebunden, unter denen eine „Erreichbarkeit" des Täters und die Herstellung eines Einvernehmens *(compliance)* zwischen Täter und Hilfeperson z. B. im Rahmen einer Beratung oder psychotherapeutischen Intervention) hervortreten. Auf der personalen Ebene bestehen die Ziele einer Intervention u. a. in der Bewusstmachung und Selbstreflexion (mit Bezug auf die Beweggründe eigenen Handelns), einem Nachvollzug der Leiden des Opfers (Einübung von Empathie), im Aufbau eines sozialen Netzwerkes (vieles Stalker sind sozial isoliert), sowie in der Aufhebung der bei vielen Stalkern vorhandenen obsessiven Fixierung auf die Person des Opfers *(Defokussierung)*. Im Kapitel werden einige der hier infrage kommenden therapeutischen Ansätze aufgeführt und näher erläutert, und es werden einige „Tipps" für solche Stalker angeführt, welche noch „umkehren" können und wollen.

Aus Sicht eines Stalkingopfer mag es befremdlich sein, über Hilfen für Stalker zu sprechen –handelt es sich doch um ein strafbewehrtes Verhalten, für welches in den allermeisten Fällen der Verfolger voll verantwortlich ist (ausgenommen die wahnhaft-psychotischen Fälle). Dieses Kapitel richtet sich an Menschen, die stalken und die für Argumente (noch) offen und erreichbar sind.

Den typischen Stalker gibt es nicht und dementsprechend orientieren sich Hilfsangebote und Programme mit dem Ziel einer Aufgabe der Nachstellungshandlungen – bei entsprechender Aufgeschlossenheit und Kooperationsbereitschaft – an den Besonderheiten des einzelnen Falles.

Diese sind wiederum aufzufächern nach den jeweiligen Verhaltensmerk-
malen und Bedrohungsszenarien (z. B. Gefährlichkeit), den Antriebsfaktoren (Motivatoren) und Zielsetzungen (z. B. Erzwingen einer
Beziehung, Vergeltung und Rache für vermeintliches Unrecht), den
dispositionellen Besonderheiten auf Persönlichkeitsebene (z. B. Persönlichkeitsstörungen, wahnhaftes Erleben) und nicht zuletzt nach den
Beziehungsaspekten, welche sowohl eine Analyse der Vorgeschichte als
auch eine Berücksichtigung der aktuellen Verhältnisse (z. B. vermeid-
bare und nicht-vermeidbare Kontakte) umfassen.

Interventionen zur Beendigung von Stalking entsprechen in der
Regel einem besonderen Schutzbedürfnis der Personen, die gestalkt
werden. Der Schwerpunkt von Beratung und Hilfestellung liegt dabei
auf der Entwicklung und Implementierung von Schutzmaßnahmen
sowohl auf der individuellen Ebene (z. B. Verhaltensanweisungen,
technische Schutzvorkehrungen, soziale Unterstützung und
Absicherung) als auch auf administrativer Ebene (polizeiliche Intervention, Bestrafungs- und Freiheitsentzugsmaßnahmen). Alle diese
Maßnahmen zusammengenommen zielen darauf ab, eine Art von
„Schutzwall" zu errichten, um Stalkinghandlungen zurückzudrängen,
zu blockieren oder etwa durch Freiheitsentzug (Inhaftierung des Täters)
zumindest für eine gewisse Zeit unmöglich zu machen. Der Erfolg hält
sich in Grenzen: lag die Erfolgsquote für eine Beendigung von Stalking
vor Einführung strafrechtlicher Konsequenzen bei etwa 20 % [11], so
haben sich die Erwartungen hinsichtlich der Wirksamkeit einer Strafandrohung eher in bescheidenem Umfange erfüllt. Entsprechend einer
neueren Umfrage unter Stalkingopfern beträgt die Quote der von
Staatsanwaltschaften und Amtsgerichten „angenommenen" und weiter
verfolgten Anzeigen lediglich 12 %, und im Falle einer Verurteilung
des Täters (zumeist Geldstrafe) erfolgte die Beendigung von Stalking
lediglich in 42 % der Fälle; mehr als ein Viertel der Befragten (28,5 %)
gaben an, Stalking habe sich nach dem Gerichtsurteil eher verschlimmert.[1] Eine nachhaltige abschreckende Wirkung von Bestrafung

---

[1] Umfrage des Verfassers zu $ 238 StGB (2017–2021, unveröffentlicht).

ist somit bei nicht einmal der Hälfte aller Fälle zu verzeichnen. Der Befund entspricht einer erhöhten Rückfallgefahr für Stalking und steht in Einklang mit früheren Untersuchungen, wonach 49 % der Stalker nach einer Bestrafung und/oder Behandlung erneut auffällig wurden und zwar zu 80 % innerhalb eines Jahres [8]. Die sich hierin ausdrückende „Beharrlichkeit" jenseits restriktiver Maßnahmen lässt einen Zusammenhang mit (relativ stabilen) Persönlichkeitsstörungen vermuten, darunter – als besonders risikoreich einzuschätzen – die dissoziale, narzisstische und borderline Persönlichkeitsstörung [2, S. 30]. Daraus ist wiederum die Forderung abzuleiten, künftig die Perspektive der Täter bei der Entwicklung von Anti-Stalking-Maßnahmen stärker zu berücksichtigen. Intensive Bemühungen im Rahmen einer Beratung und Therapie von Stalkern haben gezeigt, dass die Rückfälligkeitsrate noch einmal um die Hälfte reduziert werden kann. Sie beträgt beispielsweise laut Betreibern der Einrichtung Stop-Stalking in Berlin (vgl. oben Abschn. 8.2) „nur" noch 25,8 %, wobei alle der rückfällig Gewordenen angaben, ihr Stalking sei „weniger intensiv" gewesen; positiv zu sehen ist auch, dass knapp zwei Drittel (62,5 %) der bereits einmal betreuten Stalker ein zweites Mal bei der Einrichtung um Hilfe nachsuchten [9, S. 328]. Der hier mitgeteilte Wert für die Rückfallquote liegt nur – trotz vorausgegangener intensiver Beratung und Behandlung – geringfügig unter dem entsprechenden Wert aus einer Täterbefragung aus den Jahren 2003 bis 2005: 27,7 % der Täter gaben an, schon vorher einmal eine andere Person gestalkt zu haben [11, S. 131].

Die Perspektive der Täter ernst zu nehmen heißt nicht, ihr Handeln zu entschuldigen. Es bedeutet vielmehr, anzuerkennen, dass auch sie der Hilfe bedürfen, selbst in solchen Fällen, wo eine solche zunächst nicht gewollt oder zurückgewiesen wird oder aber eine entsprechende Bedürftigkeit noch nicht im Bewusstsein verankert ist. In der *Darmstädter Stalking Studie* berichteten nur 6 der 98 befragten Täter über *keine* Auswirkungen des Stalkings. Die geäußerten Beschwerden sind in der nachfolgenden Übersicht aufgeführt (Mehrfachnennungen möglich) [11, S. 123]:

Körperliche und seelische Auswirkungen von Stalking bei Tätern (in Klammern Prozentwerte)

Depression (60,8) – „innere Unruhe" (58,2) – Schlafstörungen (50) – Unsicherheit (49) – Aufgeregtsein (43,9) - Nervosität (40,8) – Angst (37,8) – Gedankliche Fixierung/Obsession 21,4) – Kopfschmerzen (10,2) - Traurigkeit (6,1) – Suizidgedanken/Suizidversuch (4,1) – Konzentrationsmangel (4,1) – Gefühl der Ohnmacht (3,1) – Appetitlosigkeit (3,1) – Alkoholismus (2)

Berufliche Einschränkungen
„häufiger krankgeschrieben" (20) -
    Durchschnittliche Fehltage: 62,5 Tage mit hoher Streubreite (5 bis 365 Tage)

Behandlung in 37,8% der Fälle durch...
Psychologe (83,8) - Arzt (35,1) – Seelsorger (5,4)

Reaktion des sozialen Umfelds
verständnislos (33,7) – „genervt" (25,8) – „es zeigte sich, wer meine wahren Freunde sind" (25,8) – verurteilend (21,3) – desinteressiert (19,1) – generell abgewandt und Kontakte abbrechend (15,7)

Vergleicht man die entsprechenden Werte für Täter und Opfer in Bezug auf psychische Auswirkungen des Stalkings, so zeigen sich bei den Opfern durchweg höhere Werte, ausgenommen für *Depression* (Täter 60,8 %; Opfer 48,5 %).

Die mitgeteilten Werte wurden hier nicht danach aufgeschlüsselt, um welchen Stalkertyp es sich handelt. Es darf aber angenommen werden, dass sich die Werte gemäß der Beziehungskonstellationen verteilen und Ex-Partner die größte Untergruppe bilden.

Hilfe für Personen, welche stalken, beinhalten unterschiedliche Weisen der Bereitstellung und/oder Wiederherstellung psychologischer Ressourcen zur Bewältigung von Stalking. Gemäß der Einordnung von Stalking als ein sozialpsychologisches und demnach zwischenmenschliches Phänomen [2] sind Hilfsmaßnahmen auf *personaler, interpersoneller* und *kulturell-normativer* Ebene zu organisieren und zu koordinieren. Eine gesonderte Betrachtung dieser Ebenen folgt einem erkenntnistheoretisch begründeten analytischen Vorgehen, ist jedoch insofern künstlich, als Persönlichkeitseigenschaften, Interaktionsmuster auf der Beziehungsebene und verinnerlichte kulturelle Normen und Überzeugungsmuster im Individuum in einer dynamischen Wechselwirkung stehen und diese letztlich das Handeln bestimmt.[2] So verfestigen sich beispielsweise frühkindliche Bindungserfahrungen zu einer Art „Arbeitsmodell" für Beziehungen im Erwachsenenalter, welches wiederum durch befriedigende oder misslungene Interaktionen auf interpersoneller Ebene moduliert oder neu angepasst wird und beides zusammen steht in einer Wechselwirkung mit kulturell oder gesellschaftlich geprägten Überzeugungsmustern (z. B. „Frauen wollen umworben werden").

12.1 Voraussetzungen

Hilfe für Personen, die stalken, welche zugleich auch den Interessen von Personen, die gestalkt werden, entsprechen, sind unterschiedlichen Zielen verpflichtet. Zusammengenommen bestimmen sie die Höhe des Beitrags für eine Bewältigung von Stalking, welcher vonseiten dieser Personengruppe geleistet werden kann. Hilfe für Stalker ist nur möglich, wenn dafür bestimmte *Voraussetzungen* – auf beiden Seiten – gegeben sind. In der nachfolgenden Zusammenstellung werden diese den Ausführungen zu den *Zielsetzungen* vorangestellt.

- *Erreichbarkeit.* Hilfe kann nur gewährt werden, wenn die betreffende Person dazu bereit ist. Es stellt sich damit die Frage einer Erreichbarkeit generell und für Hilfsangebote speziell. Gemeint ist dabei weniger die physische Erreichbarkeit; sie ist selbst bei einem Fremden gegeben, welcher zwar weitgehend unbekannt, doch zumeist identifizierbar ist. Lediglich im Falle des sogenannten „Jagdstalkings" bzw. im Rahmen der Vorbereitung einer schweren Straftat (Tötungs-

---

[2] Bei einer *dynamischen* Wechselwirkung oder Interaktion ist die Wirkung einer Komponente bzw. eines Faktors jeweils von der Wirkung der anderen Komponente abhängig, ohne dass dabei eine eindimensionale, in eine Richtung gehende Kausalität („wenn A, dann B") bestimmt werden kann. Statistisch wird dieser Sachverhalt durch die *Kovarianz* (bzw. Korrelation) zweier oder mehrerer Merkmale abgebildet.

delikt, Vergewaltigung, Kidnapping) bleibt der Täter bis zur Tat – und eventuell auch danach – im Verborgenen. Erreichbarkeit wird wesentlich bestimmt durch die jeweilige Eskalationsstufe auf der Pathologiedimension (vgl. Würfelmodell in 4.6). Personen mit einer schweren Persönlichkeitsstörung sind oftmals schwer erreichbar für Hilfsangebote. Der Grund dafür: Stalking fungiert als Kompensation für Bedrohung oder Verletzung der psychischen Integrität, welche gleichwohl dysfunktional im Hinblick auf ein sozial angepasstes Verhalten ist. Indem der narzisstisch tief gekränkte und sich verletzt fühlende Ex-Partner den ehemaligen Intimpartner verfolgt, bedroht, demütigt, erniedrigt und psychisch oder physisch verletzt, kann die vormalige Selbsteinschätzung von Größe und Besonderheit wiederhergestellt werden. In ähnlicher Weise dient Stalking der Erhaltung und Stabilisierung von Äußerungsformen auf der Handlungsebene bei dissozialen, histrionischen oder borderline Störungen. Bei ausreichendem Leidensdruck (als Ergebnis einer Konfrontation mit der Realität) und bei vorhandenen kognitiven Fähigkeiten (zumeist gegeben) bestehen hier noch Chancen, die betreffende Person argumentativ zu erreichen. Solche Chancen sind in Fällen von wahnhaftem Stalking oder bei psychotischen Verwirrtheitszuständen nicht mehr gegeben. „Hilfe" entspricht hierbei mehr einer Verhinderung von Selbstgefährdung und Gefährdung anderer durch restriktive Maßnahmen, darunter solche sozialpsychiatrische Art: Eingliederung in kommunale Betreuungssysteme – sie sind aus humanitären Gründen zu bevorzugen, oder Unterbringung in eine geschlossene psychiatrische Abteilung. Etwas günstiger sieht es aus bei solchen Stalkern, welche einer anderen Person nachstellen, um damit die eigene soziale Isolierung zu überwinden bzw. auszugleichen (das ist bei vielen Stalkern der Fall). Hier kann ein Training sozialkommunikativer Fähigkeiten die Kompensation aufheben und zu einer Verbesserung des Verhaltens führen.

- *Einwilligung (compliance).* Menschen sind grundsätzlich frei, sich für oder gegen etwas zu entscheiden. In der Psychologie und Medizin ist die *compliance* (Übereinkunft, Einvernehmen) eine unverzichtbare Voraussetzung sowohl für die Anwendung als auch für den Erfolg einer Beratung oder Therapie. Compliance kann, wenn sie wirksam sein soll, nicht erzwungen werden. Das Problem stellt sich vor allem dann, wenn von der Verfolgung einer Straftat nach Erbringung bestimmter Leistungen abgesehen werden kann. Der Sachverhalt wird durch den Paragrafen 153a der Strafprozessordnung (*Absehen von der Verfolgung unter Auflagen und Weisungen*) geregelt. Danach kann das zuständige Gericht vor Eröffnung des Hauptverfahrens der Staatsanwaltschaft die Zustimmung geben, von einer öffentlichen Klage vorerst abzusehen und dem Beschuldigten Auflagen und Weisungen erteilen, wenn diese geeignet sind, das öffentliche Interesse an der Strafverfolgung zu beseitigen und die Schwere der Schuld dem nicht entgegensteht. Solche für Stalking infrage kommenden Auflagen sind: *Sich ernsthaft zu bemühen, einen Ausgleich mit dem Verletzten zu erreichen (Täter-Opfer-Ausgleich) und dabei seine Tat ganz oder zum überwiegenden Teil wieder gutzumachen oder deren Wiedergutmachung zu erstreben* (§ 153a, Absatz 1, Satz 2, Nr. 5 StPO) und *an einem sozialen Trainingskurs teilzunehmen* (gleiche Stelle Nr. 6). Die Maßnahme kann auch noch erteilt werden, wenn die Klage bereits eröffnet ist; das Verfahren wird dann vorläufig eingestellt. Die Vorschrift dürfte allenfalls bei Vergehen nach Absatz 1 des § 238 StGB infrage kommen, da das Erfordernis einer Abwesenheit der „Schwere der Schuld" in den Fällen des Abs. 2 nicht erfüllt sein sollte. Auch ein Täter-Opfer-Ausgleich erscheint wohl nur in den seltensten Fällen sinnvoll, da die hierzu notwendige Kommunikation zwischen den Personen vor allem einem Täterinteresse entspricht und das Opfer eher zusätzlich belastet wird. Es bleibt die Möglichkeit, einen „sozialen Trainingskurs" zu absolvieren, worunter bei großzügiger Auslegung des Begriffes auch eine Beratung in Kombination mit therapeutischen Elementen verstanden werden kann.[3] Obwohl nicht gänzlich auszuschließen ist, dass eine einfühlsame, „klientzentrierte" Beratung und Gesprächsführung den zunächst allein aus pragmatischen Erwägungen (Strafverschonung) heraus beratungswilligen Stalker zu einer Mitarbeit bewegt, bleibt

---

[3] Manche Beratungsinstitutionen sprechen hier von einem „Verhaltenstraining" und weisen den Begriff „Behandlung" zurück, mit der Begründung, dass Stalking keine Krankheit sei.

anzuzweifeln, dass damit eine Compliance „von innen heraus" tatsächlich erreicht werden kann. Eine Einwilligung wird man vor allem dann erwarten können, wenn sich beim Stalker ein entsprechend hoher Leidensdruck aufgebaut hat oder wenn sich rationale Erkenntnisse – etwa ein Missverhältnis zwischen psychischem Aufwand und Erfolgsaussichten – durchgesetzt haben.

• *Betroffenheit, Einsicht, Wissen.* Gemeint ist hier, dass die betroffene Person ihre Täterschaft – im Sinne eigener Verantwortlichkeit – anerkennt und weder auf zwanghaftes, von außen bzw. von anderen Personen auferlegtes Handeln noch auf irgendwelche besonderen Umstände, etwa im Sinne einer „Notmaßnahme", zurückführt. (Im Falle des paranoiden bzw. psychotischen Wahns entspricht dies den „gemachten Gedanken" oder den Wahrnehmungsverzerrungen mit halluzinatorischem Charakter). Eine Einsicht ist auch dann nicht vorhanden, wenn ein Täter sich selbst als Opfer sieht und seine Handlungen als legitime Mittel betrachtet, vermeintlich erlittenem Unrecht entgegenzutreten. Dergleichen Umkehrungen des Opfer-Täter-Verhältnisses finden sich vor allem bei krankhaft eifersüchtigen und obsessiv fixierten Tätern.

Vorauszusetzen ist ein gewisses Maß an Verständnis für Stalking im Sinne eines „Begreifens" des Phänomens als Ausdruck einer hochgradig gestörten und belasteten zwischenmenschlichen Kommunikation. Im folgenden Fallbeispiel scheint das eher nicht der Fall zu sein.[4]

Ausschnitt aus einem Interview mit Herrn K. (45), früher höherer Angestellter, jetzt selbständig (kursiv: Interviewer)

Was bedeutet für Sie Stalking, was sind Ihre Stalking-Verhaltensweisen?
Gegenfrage: Was verstehen Sie unter Stalking, also was meinen Sie mit Stalking, also ich hab da auch so meine … ich unterscheide auch schon zwischen – ich sag mal „normalem Liebeswerben", normaler Kontaktaufnahme und Stalking geht für mich schon mehr ins Zwingende rein. Also ich mache Stalking nur deswegen, um etwas zu erreichen.

---

[4] Quelle: Verfasser.

> *Können Sie mal Verhaltensweisen nennen, die Sie als Stalking-Verhaltens-*
> *weisen zeigen oder anwenden?*
> Stalking - Verhaltensweisen... ? Also was sicherlich... – ich nenn mal'ne
> ganz krasse Geschichte: wenn ich mit jemandem nicht weiter komme,
> dann mache ich folgendes ... dann mache ich - also ich nenne das eher
> so Spionage-Dienst oder Psychoterror – d.h., dann nehme ich mir wirklich
> die Zeit, dann steh ich vor der Haustür oder wo ich sie also regelmäßig
> erwischen kann. Und dann kommt sie raus, wenn sie z.b. zur Arbeit geht.
> Oder sie sieht mich, wenn sie den Mülleimer runter trägt, wenn sie zur
> Post geht, wenn sie Frühstück holt... egal wo es ist, sie muss mich dann
> halt eben immer sehen. Logischerweise muss es dann auch zu einem
> Kontakt kommen. Ganz wichtig ist aber dann – und das baut dann mit
> der Zeit einen unheimlichen psychischen Druck auf – wenn sie, wenn der-
> jenige, sich dann auch verfolgt fühlt – und siehe da, dann ist der andere
> oder die andere dann mit einem Mal gesprächsbereit, ja? Ganz wichtig ist
> auch - so hab ich die Erfahrung gemacht – dass ich nicht gewalttätig werde
> oder dass es kein Verhalten gibt, was strafrechtlich relevant sein könnte.
> Weil, ich hab mich da mal erkundigt bei mehreren Polizeirevieren, und
> sie können also – ja, sie können also neben Jemanden herlaufen in einem
> Abstand zwischen 50 cm und einen Meter - wenn sie demjenigen nichts
> tun, kann die Polizei nicht einschreiten. Aber das baut bei dem anderen
> dann einen dermaßen psychischen Druck auf, das ist... – der tickt bald aus.
>
> *Das heißt also praktisch, vor der Tür stehen und Verfolgen im Sinne von*
> *Hinterherlaufen sind Verhaltensweisen, die Sie gezeigt haben?*
> Ja, und dann halt eben auch mal zwischendrin mal telefonieren. Also Tele-
> fonterror, das kann gefährlich werden, weil... das kann als Belästigung
> ausgelegt werden. Aber gut, wenn dann mal ein oder zwei Telefonate
> kommen, dass ist also gar kein Problem. Aber ganz wichtig: Stalking nur
> dann, wenn derjenige oder diejenige eine Verhaltensweise zeigt, mit der
> man absolut nicht einverstanden ist.

Das Beispiel spricht für sich und bedarf keines weiteren Kommentars.

12.2 Ziele 1: Die personale Ebene

Hilfen auf personaler Ebene sind einerseits auf eine Vermeidung
der mit Stalking einhergehenden Fehlanpassungen im emotionalen,
motivationalen und kognitiven Bereich der Persönlichkeit gerichtet,
andererseits dienen sie dem Aufbau und der Konsolidierung von

„adaptiven" Handlungsstrategien zu einer adäquaten und sozial akzeptierten Bewältigung der Stalking-Situation. Dazu gehören:

- *Bewusstmachung und Selbst-Reflektion.* Menschen sind sich der Beweggründe ihres Handelns nicht immer bewusst oder neigen dazu, diese von sich weg auf andere zu schieben. Der oben angeführte Sachverhalt einer Umkehrung der Opfer-Täter-Konstellation ist ein Beispiel für eine fehlerhafte Ursachenzuschreibung (*Fehlattribution*), welche im Falle der damit verbundenen negativen Verhaltensweisen einer Entlastungsfunktion entspricht. Die Aufdeckung des jeweiligen Zusammenhanges zwischen offenem Verhalten (z. B. Bedrohung, Verletzung) und den „dahinterliegenden" Motiven und Emotionen (Ärger, Angst, Frustration, Aggression) ist eine der Grundlagen für die Einleitung von Verhaltensänderungen; ein weiterer Schritt auf dem Wege zu einem „Verstehen" und Erklären fehlangepassten Handelns besteht in der Bewusstmachung „kritischer" Ereignisse und Erfahrungen auf dem Hintergrund der Lebensgeschichte (*Biographie*) des Individuums. So lässt sich beispielsweise eine Verbindung – über Zwischenstufen – zwischen dem ängstlich-unsicher gebundenen Kind und der Unfähigkeit des Erwachsenen, die Trennung vom einstmals als fürsorglich erlebten Intimpartner adäquat zu verarbeiten, herstellen; oder zwischen dem „Ausleben" zerstörerischer Impulse des sadistischen Stalkers und der eigenen, in der Biographie verwurzelten Gewalterfahrungen. Persönlichkeitsakzentuierungen und –störungen können sowohl auf der semantischen Ebene (Benennung, Erläuterung), als auch hinsichtlich ihrer Genese (Vorfaktoren) transparent gemacht werden. Bewusstmachung und Selbst-Reflektion bedürfen einer fachkundigen Anleitung und Lenkung.[5]
- *Impulskontrolle.* Die Befähigung, negative Affekte zu kontrollieren und damit Schaden für die Person, auf die diese gerichtet sind, abzuwenden, ist vor allem bei der umfangreichen Tätergruppe der zurückgewiesenen Ex-Partner reduziert. Der Sachverhalt betrifft gleichermaßen den krankhaft eifersüchtigen Täter und in allen Fällen

---

[5] Dazu weiter unten.

wird der Effekt durch die enthemmende Wirkung von Alkohol oder anderen Drogen verstärkt. In Bezug auf Gewaltdelikte generell dient das relativ verbreitete Anti-Aggressionstraining zugleich dem Erwerb von Techniken der Impulskontrolle, wobei eine „Entschärfung" von Emotionen wie Ärger und Wut eine zentrale Rolle spielen. Überschießende Affekte werden durch situative Faktoren begünstigt oder ausgelöst und es ist deshalb für eine Bewältigung von Stalking nicht unerheblich, bei den entsprechenden Maßnahmen auf eine Vermeidung derselben hinzuwirken (zum Beispiel die Regelung von Übergabesituationen im Rahmen von Umgangsvereinbarungen, die gemeinsamen Kinder betreffend).

- *Kognitive Stile ändern und anpassen.* Kognitive Stile entsprechen unterschiedlichen Weisen des Wahrnehmens und Denkens. Dabei geht es nicht um die Inhalte (das „Was"), sondern um das „Wie" der Nutzung und Verarbeitung von Informationen. Für Stalking sind solche stilistischen Komponenten relevant wie *„Alles-oder-Nichts-Denken"*, *Schwarz-Weiß-Malerei* und *Denken in engen Kategorien* („nur böse oder nur gut"), oder *Intoleranz gegenüber Ambiguität* (Nicht-Aushalten-Können von Mehrdeutigkeit und Widersprüchen). Alles-oder-Nichts-Denken kann dabei fatale Folgen haben – entsprechend der Handlungsmaxime „Wenn ich sie nicht haben kann, soll sie keiner haben". Indem Stalker auf eine Rechtfertigung ihres Handelns bedacht sind, blenden sie widersprechende Informationen aus, fokussieren allein auf einen begrenzten Ausschnitt aus der Realität oder deuten die Information kurzerhand um (ein „Nein" bedeutet „Ja"). Indem Kategorien für eine differenzierte Wahrnehmung und gedankliche Einordnung eigenen Verhaltens wie auch das anderer Personen nicht zur Verfügung stehen (Wahrnehmungsverzerrungen und „Schubladendenken"), bleiben Versuche, eine Beziehung mit adäquaten Mitteln herzustellen, zumeist erfolglos. Auf ihr Verhalten angesprochen, neigen Stalker dazu, dieses zu bagatellisieren oder rational zu begründen. So sagt der im obigen Beispiel angeführte Stalker, nachdem er seine Stalkinghandlungen aufgezählt hat: „Logischerweise muss es dann auch zu einem Kontakt kommen".
- *Defokussierung.* Wenn die „angebetete" und begehrte Person das Leben des Stalkers nahezu gänzlich ausfüllt, wenn alle Gedanken unablässig

darum kreisen, wie eine intime Beziehung aufgenommen (oder wiederhergestellt), oder zumindest doch räumliche Nähe hergestellt werden kann, dann liegt eine (pathologische) Fixierung vor. Bei etwa 15 % der Verfolger ist der Wunsch nach Nähe so übermächtig, dass er das Alltagsleben maßgeblich bestimmt und zunehmend soziale Isolation (Verlust der Freunde) und Arbeitsunfähigkeit (erhöhte Krankschreibungen) die Folgen sind. Bei vielen dieser Personen kommt es zu einem erheblichen Leidensdruck. Das folgende Beispiel ist einer Rundfunksendung zu Stalking vom 1. Juni 2017 entnommen:

Das waren so richtige Schmerzen...

Der 32-jährige F. erklärt:
„Also so eine Liebe zu meiner Exfreundin habe ich noch nie zu einer anderen Frau gespürt. Deshalb war es ja auch so schwer, von ihr wegzukommen. Ich habe es versucht, ich habe auch darüber nachgedacht, was ich gerade mache. Wie ich mich fühlen würde, wenn mich jemand stalken würde, von dem ich gerade einen Abstand brauche. Aber dieses Verlangen war so groß. Das waren so richtige Schmerzen. So wie Krämpfe. Obwohl ich es wusste, dass, wenn ich sie sehe, sie anfängt zu heulen oder sie mit der Polizei droht. Obwohl ich wusste, dass in dem Moment, wenn ich vor ihr auftauche es nur Probleme gibt oder Streit - es war einfach nur diese Sehnsucht, in ihrer Nähe zu sein... Und dann kamen immer wieder diese Gedanken, diese Sehnsucht. Wo sie ist, was sie macht und dieses Verlangen, sie zu sehen einfach. Und das ist der Grund gewesen, warum ich ihr aufgelauert habe. Ich hatte Herzrasen, schlaflose Nächte, dann hat mein Arbeitgeber gesagt „was ist mit Dir los, Du kannst Dich kaum konzentrieren." Es ging alles bergab, beruflich, finanziell, durch die Konzentrationsschwäche habe ich mehrere Verkehrsunfälle gehabt."
F. nahm Kontakt mit der Opfer-Beratungsstellt *Stop Stalking* in Berlin auf. Er war anfänglich stark suizidgefährdet, kehrte schließlich aber in ein „normales Leben" zurück: „Ich habe angefangen, zu leben wieder und habe mich mit meinen Freunden getroffen, bin in den Urlaub gefahren, habe mein Leben genossen und habe mich auch mit manchen Frauen getroffen. Dann habe ich gemerkt, dass es mir gut tut, dass ich glücklich bin, dass ich nicht mehr zurück will in dieses Stalken, mich selber nicht mehr kaputtmachen will, diese Person nicht kaputtmachen will."[6]

---

[6]Titel der Sendung: *Es war diese Sehnsucht. Aus der Sicht eines Stalkers.* Autor: *Tim Wiese.* Deutschlandfunk Kultur am 01.06.2017. https://www.deutschlandfunkkultur.de/aus-der-sicht-eines-stalkers-es-war-diese-sehnsucht-102.html (abgerufen 02.05.2023). Die Zitate wurden dem Manuskript der Sendung (S. 1, 5, 6 und 8) entnommen.

- *Bilanzieren: das Kosten-Nutzen-Verhältnis umkehren.* Menschen neigen im Allgemeinen dazu, die Kosten für ein Unterfangen zu minimieren und den daraus zu ziehenden Nutzen zu maximieren. Eine Verhaltensweise wird so lange beibehalten, wie sie als lohnend empfunden wird – und aufgegeben, wenn das „Investment" an psychischer Energie einem bestimmten, individuell festgelegten Schwellenwert übersteigt. Soweit die Theorie, wonach sich Menschen wie Handelspartner verhalten und nach Gewinnmaximierung streben. Stalking ist zweifellos mit erheblichen Kosten an Zeit und psychischer Energie und den daraus resultierenden negativen Folgen verbunden. Die Frage ist, warum Menschen, die stalken, dies auf sich nehmen – auch über einen längeren Zeitraum hinweg -,oder sogar nach einer Phase des Untätigseins darauf zurückkommen. Darauf gibt es mehrere Antworten:

a. Zunächst kann man annehmen, dass bei hoch bewerteten Handlungszielen (intime Liebesbeziehung, aber auch Rache und Vergeltung) und bei einer entsprechenden Persönlichkeitskonstellation (Dependenz, „Ich-Schwäche", Dissozialität, narzisstische Kränkung, Erotomanie usw.) ein überstarker Motivationsschub auch über einen längeren Zeitraum hinweg aufrecht erhalten wird. Die Motivationsstärke entspricht dabei einem Produkt aus Erwartung und Wert oder konkret ausgedrückt: solange ich erwarten (hoffen) kann, dass meine Wünsche in Erfüllung gehen – und das mit einer an Sicherheit grenzenden Wahrscheinlichkeit - , und solange das zu erreichende Ziel unverändert von hohem Wert ist (z. B. Befriedigung sexueller oder aggressive Impulse), werde ich mein Verhalten beibehalten und dafür auch Entbehrungen, Rückschläge und gesundheitliche Einbußen in Kauf nehmen. Hier liegt auch der Grund dafür, warum Opfern empfohlen wird, die Erwartungen des Stalkers durch ein definitives und glaubhaftes NEIN zu dämpfen und damit im Idealfall gänzlich zunichte zu machen. Leider passiert häufig das Gegenteil, wenn infolge einer Gewährung von weiteren Kontakten oder Beschwichtigungsversuchen die „Hoffnung auf Erfolg" genährt wird und dadurch das Verhalten des Stalkers immer wieder bekräftigt (belohnt) wird. Aus der Lerntheorie ist bekannt, dass für die Aufrechterhaltung einer Verhaltensweise besonders die *intermittierende Verstärkung* wirksam ist, d.h., dass eine Belohnung eher unregelmäßig und unvorhergesehen erfolgt bzw. wenn das Verhalten nur gelegentlich zum Erfolg führt, indem ein Kontakt zum Opfer hergestellt oder dem Opfer Angst eingejagt werden konnte.

b. Ein anderer Erklärungsansatz bedient sich der Vorstellung, wonach Stalking einer Bewältigungsstrategie (*coping*) basaler Konflikte und „Entbehrungen" (Deprivationen) gleichkommt, welche in der Biographie des Täters – häufig bereits in der frühen Kindheit – aufgetreten sind und die weitgehend ungelöst sind, überdauert haben oder sogar durch zwischenzeitliche „Rückschläge" verstärkt worden sind. Zur Erklärung wird hier häufig der *bindungstheoretische Ansatz* herangezogen, wonach eine vertrauensvolle Beziehung *(Bindung)* des Kindes an die primäre Bezugsperson nicht aufgebaut werden konnte. Das „sicher" gebundene Kind entwickelt ein positives (mentales) Bild von sich selbst und von der Bindungsperson (wichtig hierbei deren Verfügbarkeit in Stress- oder Bedrohungssituationen, sowie deren Fähigkeit, Trost zu spenden), welches im Laufe der weiteren Entwicklung zu einem „Modell" von Beziehung generell (auch „Arbeitsmodell" genannt) verdichtet wird und anhand dessen Beziehungen in späteren Lebensabschnitten aufgebaut und organisiert werden. Der reife Erwachsene verfügt dann über ein positives Selbstbild und über Selbstvertrauen, zugleich aber auch – komplementär dazu – über die Fähigkeit, anderen Personen zu vertrauen und diese als emotional „verfügbar" zu sehen. Unterbleibt der Aufbau einer sicheren Bindung und kann bereits das Kind sich nicht darauf verlassen, durch Herstellung von Nähe zur Bindungsperson „komfortiert" oder getröstet zu werden, oder wird es zurückgewiesen und emotional depriviert, so misslingen auch die weiteren notwendigen Schritte zur Herausbildung eines funktionierenden Beziehungsmodells. Stalking im Erwachsenenalter – soweit es auf die Herstellung einer intimen Liebesbeziehung gerichtet ist - steht dann im Dienste eines Versuches, die aus der fehlgeschlagenen Bindungsentwicklung hervorgegangenen psychischen Verletzungen zu heilen. Der Versuch ist insofern zum Scheitern verurteilt, als die für einen Erfolg nötigen sozial-emotionalen Mittel nicht oder nur unvollkommen zur Verfügung stehen (z. B. Vertrauen in die eigenen Fähigkeiten, Einfühlung in die Gefühle anderer und „Achtung" der Person). Der bindungstheoretische Ansatz, wonach ein Zusammenhang von Stalking mit Defiziten in der Bindungsgenese besteht, wird durch Befunde gestützt, wonach zwei Drittel aller Stalker ihre primären Bezugspersonen während der Kindheit durch Tod eines Elternteils oder durch Trennung der Eltern verloren haben, 42 % infolge Trennungen, Fremdplatzierungen oder wechselnden Bezugspersonen keine ausreichende Beziehungskonstanz gegenüber einer primären Bezugsperson erfahren haben und diese in 55 % der Fälle für körperliche oder sexuelle Missbrauchserfahrungen verantwortlich gemacht wurden [5]. Andere Autoren sprechen von einer ungewöhnlich starken Empfindlichkeit gegenüber Verlassenwerden, Zurückweisung und Verlust [4].

c. Ein weiteres Problem entsteht, wenn aufgrund sich wiederholender Misserfolge oder durch übermächtige Vereitelung (Bedrohung mit schwerer Bestrafung) die „Bewältigungsstrategie Stalking" aufgegeben werden muss und damit negative Impulse extremen Ärgers und zerstörerischer Wut freigesetzt werden. Das Problem einer *Dekompensation* stellt sich auch in therapeutischen Prozessen, wenn eine Behandlung primär auf eine vordergründige Reduzierung oder Beseitigung von Stalkingverhaltensweisen gerichtet ist und dabei gleichzeitig die „tieferliegenden" Ursachen des Verhaltens unberücksichtigt bleiben. Es erscheint deshalb erforderlich, den „Wurzeln" des Phänomens Stalking in der Persönlichkeitsentwicklung des Täters primär Beachtung zukommen zu lassen und hier eventuell auch zuerst mit einer geeigneten Therapie anzusetzen. Zurückkommend auf eine Kosten-Nutzen-Analyse, wäre das Ergebnis hier in der Vermittlung der Einsicht zu sehen, dass bei anhaltendem Stalking die Kosten den Nutzen in unerträglicher Weise übersteigen werden. In dem oben angeführten Fall wäre damit die vom Stalker F. betonte „Sehnsucht" nach einer Wiederherstellung der Liebesbeziehung zur Ex-Freundin aufgehoben und die Leiden dieses hier wohl nicht mehr so „jungen Werthers" (vgl. Kap. 5) zugunsten von in die Zukunft gerichteten positiven Beziehungserwartungen aufgehoben – was offensichtlich auch gelungen ist.

12.3 Ziele 2: Die interpersonelle Ebene

Die vorstehenden, zuletzt erfolgten Ausführungen sind bereits im Überschneidungsbereich von personalen und interpersonellen Faktoren angesiedelt. Erfahrungen mit Beziehungs- und Bindungspersonen – wie auch mit anderen Menschen, unabhängig davon, ob sie als (intime) Beziehungspartner infrage kommen – verdichten sich im Individuum zu mentalen Strukturen, welche auch als *Repräsentanzen* der betreffenden Personen fungieren („die gute Mutter", der „strenge Vater", das verinnerliche Bild von den Eltern als „Eltern-Imago"). Dergleichen mentale Konzepte kommen zum Einsatz, wenn Menschen untereinander kommunizieren und zugleich werden diese durch Kommunikation verändert, erweitert, oder neu angepasst. Soziale Interaktion findet in der Realität statt, indem Menschen Gedanken und Gefühle austauschen (überwiegend durch Gebrauch der Sprache) oder auf der Handlungsebene einander begegnen. Ein Gelingen von Kommunikation beruht im Wesentlichen auf der Fähigkeit, sein eigenes Handeln an den jeweiligen Erwartungen und Bedürfnissen des Kommunikationspartners auszurichten oder im Falle gemeinsamer Ziele sich diesen unterzuordnen. Das Bild, was ich von mir selbst habe, oder anders ausgedrückt das (primäre) Selbstbild, wird somit wesentlich durch *meine* Vorstellung bestimmt, welches Bild von mir der Gegenüber hat. Eine „Verstehen" zwischen den Kommunikationspartnern wird dabei durch die Verwendung gemeinsamer Symbole bewirkt, deren jeweilige Bedeutung entweder durch gesellschaftliche Normierung festgelegt ist oder in der jeweiligen Situation neu ausgehandelt werden muss. Einer der Stammväter der Theorie des *Symbolischen Interaktionismus, G. H. Mead,* bezeichnete das Selbstbild als *personales Selbst* (im Englischen „I"), das vom Anderen übermittelte Bild als *soziales*

Selbst („me") [7]. Letztgenanntes entspricht dem, was man auch als „Fremdbild" bezeichnet.

„Psychische Gesundheit" (Gesundheit umgangssprachlich verstanden und nicht als Gegenpart zu Krankheit), hier weitgehend gleichzusetzen mit Kommunikationsfähigkeit, hängt somit vom „inneren Dialog" zwischen Selbst- und Fremdbild ab, indem ich quasi mit mir selbst aushandele, welchen Kompromiss ich bereit bin, einzugehen, wenn beide divergieren. Psychische Belastung und im Extrem der Zusammenbruch der personalen Integrität (der ausbalancierten Strukturen) wird nach dieser Auffassung durch eine nicht mehr tolerierbare *Inkongruenz* zwischen Selbst- und Fremdbild bedingt. Therapeutische Interventionen sind auf die Wiederherstellung – oder eventuell sogar erstmalige Herausbildung – einer konfliktfreien „Koexistenz" beider Instanzen ausgerichtet.[7]

Bleibt man im Rahmen der vorstehend nur skizzenhaft angedeuteten Konzeption, so lässt sich Stalking als Ausdruck eines Auseinanderklaffens von Selbst- und Fremdbild aufgrund gestörter Kommunikation verstehen, eventuell mit dem Ergebnis, dass der „innere Dialog" zwischen beiden Instanzen nicht auf gleicher Höhe stattfindet oder stattfinden kann. Qualifiziert man vereinfacht und *summa summarum* Selbst- und Fremdbild als „positiv" oder „negativ", so lassen sich in einer 2×2 Matrix vier Fälle unterscheiden und im Hinblick auf Stalking klassifizieren:

a. *Kongruenz und beide positiv:* für Stalking nicht relevant.

b. *Kongruenz und beide negativ:* kontroll- und machtorientiertes Stalking.

c. *Selbstbild positiv – Fremdbild negativ:* narzisstisches Stalking, Vergeltung und Rache.

d. *Selbstbild negativ – Fremdbild positiv bzw. diffus oder unterentwickelt:* gehemmter, schüchterner, sozial unbeholfener (inkompetenter) Stalker.

---

[7] Dies ist vor allem der Anspruch der sog. *Klientzentrierten Psychotherapie* bzw. der *Gesprächstherapie* (dazu weiter unten).

Die Einteilung gewinnt dadurch an Plausibilität, als offensichtlich eine Parallele zu verschiedenen *Bindungsstilen* besteht, welche in gleicher Weise aus der Kombination von Selbst- und Fremdbild abzuleiten sind: demnach entspricht die Kombination *a* einer *sicheren* Bindung, ein kontroll- und machtorientierte Stalking *b* ließe sich mit einem *ängstlichen*, *c* mit einem *abweisenden* und *d* mit einem *besitzergreifenden* Bindungsstil in Verbindung bringen [1].

Aus den vorstehenden Annahmen und Erläuterungen ergeben sich die folgenden *Zielsetzungen:*

- *Einübung von Empathie, Einfühlung und Bezogenheit.* Die angeführten Begriffe bezeichnen grundlegende Erfordernisse einer gelingenden und für beide Seiten befriedigenden Kommunikation. Es meint einen verstehenden und anteilnehmenden Nachvollzug von Gefühlen (wenngleich auch keine „Gefühlsansteckung") und Gedanken der anderen Person und dessen „Spiegelung" durch Ausdruck eigener Gefühle und Gedanken. Als hierfür spezifische Kommunikationstechnik wird häufig „aktives Zuhören" genannt, wenn der Zuhörer im Dialog mit der anderen Person sein Verständnis des Gesagten zurückmeldet, etwa mit „Ich habe das jetzt so verstanden, dass Sie ….". *Einfühlung* ist dem sehr ähnlich, geht aber eventuell einen Schritt weiter, indem die spezifische psychische Situation und die Gedanken und Gefühle auch ohne Rückmeldung möglichst unvoreingenommen und ohne Bewertung wahrgenommen werden. Eventuell lässt sich dies mit dem heute leicht inflationär gebrauchten Begriff der *Achtsamkeit* in Verbindung bringen. *Bezogenheit* (oder Gegenseitigkeit) betrifft die bereits weiter oben angesprochene Fähigkeit, in der Kommunikation die Perspektive des Gegenübers einzunehmen – soweit möglich und ohne dass damit eine Übernahme derselben insinuiert wird – und das eigene kommunikative Handeln sozusagen vorausschauend darauf abzustimmen. Bezogenheit setzt Einfühlung voraus. Was für eine alltägliche „gute" Kommunikation zutrifft, gilt umso mehr für den Berater oder Therapeuten, nämlich die Fähigkeit zur Einnahme einer „exzentrischen" Haltung (d. h. von sich selbst absehen) als die beste Methode, den Gedanken und Gefühlen des Klienten nahe zu kommen. Eine Perspektivenübernahme (im Englischen *to take the role of the other*) muss erworben (gelernt) werden; sie findet sich in der Regel bereits bei vier- bis fünfjährigen Kindern ausgeprägt und der Erwerb wird durch eine klare Rollendifferenzierung in der Familie begünstigt.[3]. Auch hier ergibt sich die Aufgabe für den Berater oder Therapeuten, diesbezüglich vorhandene Defizite beim Stalker im Hinblick auf ihre Entstehungsgeschichte zurückzuverfolgen.

• *Aufbau und Konsolidierung eines sozialen Netzwerkes.* Personen, die stalken, sind im Vergleich zu anderen Deliktgruppen überzufällig häufig ledig, allein lebend oder geschieden. In der *Darmstädter Stalking Studie* waren nur acht von 98 Personen (8,3 %) verheiratet. Hinzu kommt eine soziale Isolierung aufgrund des Stalkings selbst, verbunden mit einem Verlust an Freunden und anderen Gesprächspartnern, sowie dem Verlust des Arbeitsplatzes (bei nahezu der Hälfte aller Stalker) [5]. Es ist somit anzunehmen, dass auch die Gelegenheiten dafür, Interaktionserfahrungen mit anderen Personen zu machen – einzeln oder in Gruppen -, reduziert sind, höchstwahrscheinlich besonders deutlich bei den als sozial inkompetent zu klassifizierende Personen (*Peter Fiedler* spricht hier von einer „fehlenden sozialbezogenen Autonomie"[2]). Besonders bei den sozial isolierten, obsessiven Tätern, die einen zurückgezogenen Lebensstil führen und für die Stalking als eine Art „kompensatorische Handlung für einen Mangel an befriedigenden zwischenmenschlichen Kontakten betrachtet werden kann" dürfte der Aufbau eines funktionierenden sozialen Netzwerkes mit regelmäßigen Kontakten zu anderen Personen zu einer Reduktion oder Beendigung des chronisch belästigenden Verhaltens beitragen [10, S. 183], wenn zugleich die für ein sozial-kommunikativ angemessenes Verhalten erforderlichen Fähigkeiten entwickelt bzw. eingeübt worden sind (beispielsweise durch „Rollenspiele" oder durch Supervision bei der Ausführung entsprechender „Aufträge" in Alltagssituationen, welche einen unmittelbaren Kontakt mit anderen Personen beinhalten).

12.4 Ziele 3: Die kulturell-normative Ebene

Die in diesem Buch im Kap. 5 aufgeführten beiden Fälle von Stalking mit Todesfolge haben den Einfluss kulturell geprägter Verhaltensnormen auf das Handeln des Stalkers aufgezeigt, wobei in beiden Fällen das Prinzip eine „friedlichen Koexistenz" unterschiedlicher Kulturen und Volksgruppen (Ethnien) versagt hatte (*Prosenjit Poddar* war aus Indien in die USA eingewandert, *Ayhan Sürücü* ist Kurde in Deutschland). Beide Fälle haben damals erneut zu der Frage geführt, wie „kulturelle Identität" in einer multikulturellen Gesellschaft erhalten und weiterentwickelt werden kann, ohne mit dem gleichermaßen kulturell herausgeformten Normen- und Wertesystem des Aufnahmelandes (auch aus Generationenperspektive heraus betrachtet) zu konfligieren.[8] Überblickt man die zahlreichen Definitionen von „Kultur", so lässt sich der wesentliche Kern von Kultur in den „traditionellen (d. h. historisch hergeleiteten und ausgewählten) Ideen und den daran geknüpften Werten" sehen [6]. Ideen, Überzeugungen, Einstellungen, „Haltungen" sind eng mit Wertvorstellungen verknüpft. Zusammen bestimmen sie maßgeblich die Handlungen und Kommunikationsabläufe innerhalb der jeweiligen Kultur. Der Ansatz der *Kulturvergleichenden Psychologie* besteht in der Herausarbeitung von Unterschieden zwischen kulturellen Systemen einerseits (kultureller Relativismus) und den kulturellen Invarianten menschlichen Handelns und Kommunizierens andererseits (kulturelle Universalien).

Das Verfolgen/Nachstellen von Personen ist sicherlich ein universelles Phänomen und in allen Kulturen vorzufinden; zugleich aber unterscheiden sich die Formen von Nachstellung, deren Bewertung und deren funktionale Bedeutung für das Zusammenleben von Angehörigen in einer Gesellschaft in hohem Maße. Sie bilden die Grundlage für

---

[8] Auf Ansätze zu einer Lösung des „Integrations-Problems" kann hier nicht eingegangen werden. Es sei nur darauf verwiesen, dass die Vorstellung eines *melting pots* (etwa „Schmelztiegel"), wie in den USA in den 60ger und 70ger Jahren propagiert, erfolglos geblieben ist, da dies weitgehend einer Aufgabe von „kultureller Identität" gleichkam. In Deutschland und anderen Europäischen Ländern lässt sich von einem System des „multikulturellen Nebeneinanders" (oder – besser – Miteinanders) sprechen.

„kulturelle Missverständnisse", wie eindringlich durch den weiter oben beschriebenen „Fall Tarasoff" ausgewiesen (vgl. oben Abschn. 5.1). Er steht zugleich für ein Beispiel für Stalking durch eine Person mit Migrationshintergrund. Es darf damit jedoch keinesfalls übersehen werden, dass innerhalb einer „Kulturgemeinschaft" beträchtliche Unterschiede gerade zwischen Personen ohne Migrationshintergrund bestehen, hier bezogen auf die von diesen geäußerten Ideen und Überzeugungen, soweit diese das konkrete Handeln bestimmen. Stalking macht da keine Ausnahme – im Gegenteil: nicht selten rechtfertigen Stalker ihr Handeln mit dem Hinweis auf (angeblich oder tatsächlich) bestehende Normen, kulturelle Stereotypien und Mythen, wobei der diesen oftmals innewohnende Anachronismus gerne übersehen oder erst gar nicht bewusst gemacht wird. Das betrifft vor allem das Geschlechter(*gender*)-Verhältnis, insbesondere Angehörige mit heterosexueller Orientierung oder solche der inzwischen im Bewusstsein der Öffentlichkeit „angekommenen" LGBTQ-Gemeinschaft.[9] Deren Angehörige werden ja nicht wegen ihrer sexuellen Orientierung gestalkt – meistens zur Vorbereitung eines Angriffs auf die psychische und körperliche Unversehrtheit -, sondern weil sie von dem, was der Stalker als „normal" ansieht und was mit seinen Überzeugungen nicht übereinstimmt, abweichen. (Verlässliche Zahlen zu dieser Gruppe von Stalkern liegen bisher nicht vor). Die am Geschlechterverhältnis ansetzenden Vorurteile, Mythen und Stereotypen gehören zu jenen, welche sich in einer Kulturgemeinschaft/Gesellschaft am hartnäckigsten halten und von Generation zu Generation weitergegeben werden. Konkret handelt es sich um Überzeugungsmuster, welche in besonderer Weise der ursprünglichen Bedeutung von Stalking als ein „Anschleichen an das zu erlegende Wild" nahekommen, wie z. B. „Frauen sind natürlich [!] zuerst einmal zurückhaltend, sie zieren sich gerne, eigentlich erwarten sie, dass man den Widerstand überwindet" oder „Ich versuch's halt immer wieder, sie gibt dann nach" oder „Ich denke, dass alle Frauen, irgendwie …schon biologisch …das ist nicht nur beim Menschen so…

---

[9] Abkürzung für die Gruppe von Personen verschiedener Geschlechtsidentitäten: *Lesbian, Gay, Bisexual, Transgender, Queer.*

in gewisser Weise verfolgt werden wollen oder sogar müssen".[10] Deutlicher kann man wohl eine Argumentation zur Selbstlegitimierung von Stalkingverhalten nicht ausdrücken.

Sieht man auch weltanschauliche, politische und religiöse Überzeugungsmuster und Denkstrukturen als Teil einer „kulturellen Identität" und dienen diese einer Rechtfertigung von Gewalt im sozialen Nahraum, so wird man Stalking eher auf solche Handlungsabfolgen eingrenzen, die der Vorbereitung etwa eines Attentats (besonders betroffen: Politiker) oder eines Terroraktes dienen. Auch bezüglich der aus strafrechtlicher Sicht zu erfüllende Forderung, wonach der Stalker *unbefugt* handelt, gerät man schnell an Grenzen, wenn es um eine Einordnung von Stalking im Rahmen eines politisch bzw. gesellschaftlich sanktionierten Handelns geht. (Vgl. die Ausführungen in Kap. 2 dieses Buches zu stalkingähnlichen Phänomenen wie das „Gruppenstalking" oder die Verfolgung und das Ausspionieren des privaten Lebensraums eines Individuums durch staatliche Organisationen). In solchen Fällen sind „Hilfen" mangels konkreter Ansprechpersonen wohl allein auf das Opfer beschränkt.

12.5 Beratung und Therapie

Angesichts der Tatsache, dass weitaus die meisten Stalker (ca. 90 %) *nicht* „krank" sind – nach klinisch-pathologischer Einordnung und entsprechend psychiatrischer Klassifikationssysteme -, erscheint es angemessen, Beratung und Therapie als ein Gesamtkonzept zu verstehen, bei welchem beratende und therapeutische Interventionen aufeinander abzustimmen sind. Die Übergänge sind hier fließend, da Beratung häufig bereits Elemente eines Therapieprozesses enthält, wenn beispielsweise biografische Erkenntnisse mit aktuellen Konfliktlagen in Zusammenhang gebracht werden. Beratung geht der Therapie voraus, auch in dem Sinne, dass hierbei fachkundig die Möglichkeiten – und eventuell auch Grenzen – von therapeutischen Interventionen

---

[10] Aussagen von drei Stalkern, die zu den Gründen ihres Tuns befragt wurden (Quelle: Verfasser).

angesprochen werden und schließlich im Hinblick auf das Neben-
einanderbestehen verschiedener therapeutischer Ansätze und Methoden
eine dem jeweiligen speziellen Stalkingfall angemessene Empfehlung
ausgesprochen wird. Manche Berater oder auch Therapeuten vermeiden
es, im Falle von Stalking, von „Therapie" zu sprechen und ziehen es
vor, den Begriff eines *Trainingsprogramms* zu verwenden Damit soll
dem Umstand Rechnung getragen werden, dass nur die wenigsten
Stalker krank sind und somit auch keine „Heilung" (im medizinischen
Sinne) anstehe. Vielmehr gehe es darum, eine „kontrollierte Verhaltensänderung" herbeizuführen [10]. Eventuell geht es auch darum,
einer vorschnellen „Etikettierung" oder – noch folgenreicher – einer
ungerechtfertigten Stigmatisierung des Klienten als „krank" vorzubeugen. Ein weiterer Grund ist, dass eine Diagnose von „Krankheit" es dem Patienten ermöglicht, sein eigenes Handeln als Ausdruck
ungewollter, sozusagen von außen wirkender Einflüsse, gegen die man
sich nicht wehren kann (vergleichbar einer Grippe), zu deklarieren
und damit eine eigene Verantwortlichkeit zu leugnen. Möglicherweise
sind auch Berater aus berufsethischen Gründen verpflichtet, hier nicht
von Therapie zu sprechen, wenn sie nicht über eine entsprechende
fachbezogene Ausbildung verfügen. Die Lösung des Problems
könnte darin liegen, dass Psychotherapie sich nicht dem begrifflichen
Instrumentarium der Medizin anschließt (Krankheit, Heilung), sondern
den Begriff „Therapie", wie das bereits auch geschieht, für alle jene
Maßnahmen gelten lässt, welche darauf abzielen, psychisches (z. T.
auch psychosomatisches) Leiden abzumildern oder zu beenden. Das
geschieht eben auch durch eine systematische, kontrollierte Verhaltensänderung. Es dient zudem dem Aufbau des für therapeutische Prozesse
erforderlichen Vertrauensverhältnisses zwischen Klient und Therapeut,
wenn die Dinge klar beim Namen genannt werden und nicht die
Gefahr eines Etikettenschwindels herbeigeführt wird, indem nicht „das
draufsteht, was drin ist."

Erforderlich aufseiten der Berater und Therapeuten ist eine gewisse
Flexibilität hinsichtlich der Anwendung unterschiedlicher Beratungs-
und Therapiekonzeptionen (therapeutische „Schulrichtungen"), wobei
sich ein eklektisch-pragmatischer Ansatz nach dem Prinzip „geeignet ist
dasjenige, was nützt" bewährt hat. Speziell auf Stalking zugeschnittene

Behandlungs- und Therapieprogramme sind bisher eher selten und ein ganzheitlicher Ansatz, welcher auch die biografischen Aspekte und die Beziehungsgeschichte von Täter und Opfer mitberücksichtigt, ist in therapeutischen Praxen bisher wenig präsent.

Therapeutische „Programme", welche speziell Stalking betreffen, folgen in der Regel einem schrittweisen Vorgehen, welches – grob gesehen – dem Übergang von einem „Ist-Zustand" zu einem „Soll-Zustand" und dessen weitere Konsolidierung entspricht. Dabei spielt die Herstellung einer „tragenden Arbeitsbeziehung" zwischen Klient und Therapeut eine große Rolle. Sie erfordert gegenseitiges Vertrauen und „Achtung der Persönlichkeit" auf beiden Seiten.

Für das allgemeine Vorgehen bei Beratungsprozessen und therapeutischen Interventionen im Falle von Stalking lassen sich die folgenden Schritte aufführen:

1. Vor Beginn einer Beratung/Therapie sollten die Erwartungen des Klienten erkundet und besprochen werden. Will sich der Klient „nur" deshalb auf eine Behandlung einlassen, weil er damit seine Chancen auf eine Rückkehr zum Ex-Partner oder auf eine Beziehungsherstellung zur gestalkten Person erhöhen möchte? Oder geht es ihm eher darum, eine persönliche Krise zu überwinden bzw. eigenes Leiden zu beenden? Eine internale Motivation wie bei der zweiten Frage erscheint in allen Fällen von Stalking die bessere Alternative. Ist bezüglich Therapie eine positive Entscheidung seitens des Behandlers erfolgt, sollte ein entsprechender Vertrag in Schriftform abgeschlossen werden. Damit wird die „Arbeitsbeziehung" zwischen Berater und Klienten im Sinne einer verpflichtenden Übereinkunft (das sog. *Committent*) befestigt und einem Nichterscheinen des Klienten zu den Sitzungen wird vorgebeugt (wenngleich auch nicht verhindert). Die ebenfalls erforderliche *Compliance* besteht in der Anerkennung eines Hilfe- und Unterstützungsbedarfs durch den Klienten und dessen Erklärung, sich auf eine Behandlung einlassen zu wollen (vgl. oben Abschn. 12.1). Letztlich ist auch die Kostenfrage zu klären. Die meisten Beratungseinrichtungen arbeiten kostenfrei und werden aus kommunalen und/oder aus Spendenmitteln unterhalten (städtische Einrichtungen wie z. B. die Caritas). Entspricht die

Hilfe eher einem Therapieangebot (i.e.S.), so kommen dafür kassenärztlich zugelassene und approbierte Psychotherapeuten und Psychotherapeutinnen infrage.[11]

2. Ein nächster Schritt besteht im Aufweis differenzierter und
umfassender Informationen (das sog. *Assessment*) auf der Grundlage einer Erfassung biografischer Daten (soziale und ökonomische
Situation, Beziehungsvorgeschichte, eventuell Vorstrafen und vormals behandelte psychopathologische Störungen usw.) und unter
Einschluss der aktuell vorhandenen Stalkingmerkmale (Motivlage, Gefahrenlage, akuter psychopathologischer Status, aktuelle
Beziehung zum Opfer und zu anderen Personen im Umfeld des
Opfers). Bei dem hier entstehenden Gesamtbild, wie auch für das
weitere Vorgehen kann eine klassifizierende Einordnung des Stalkers
bzw. eine Zuordnung zu Typen hilfreich sein.

3. Je nach Ergebnis der vorangegangenen Bestandsaufnahme wird
das weitere Vorgehen mit dem Klienten besprochen. Das betrifft
vor allem die einzusetzende Methode auf der Grundlage einer
bestimmten theoretischen Orientierung. Es ist dies ein Problem,
welches allein der Therapeut/die Therapeutin zu lösen hat – und zwar
deshalb, weil er/sie in der Regel auf eine bestimmte therapeutische
Methode per Ausbildung festgelegt und somit oftmals nicht „frei" ist
in der Wahl einer für den speziellen Fall vielleicht besser passenden
anderen Methode. Sollte letzteres zutreffen, so wäre die Empfehlung,
den Klienten an einen Kollegen/eine Kollegin mit entsprechender
methodischer Ausrichtung abzugeben – was aber eher selten
geschieht, schon aufgrund langer Wartezeiten. Als vorteilhaft haben
sich in solchen Fällen Gemeinschaftspraxen oder enge Kooperations-
absprachen erwiesen – zwischen psychotherapeutischen Praxen einerseits und zwischen diesen und Beratungseinrichtungen andererseits.

---

[11] Zugelassene therapeutische Methoden sind derzeit: *Verhaltenstherapie, Tiefenpsychologisch
Fundierte Psychotherapie, Analytische Psychotherapie („Psychoanalyse"), Systemische Therapie,* sowie
ein spezielles Verfahren zur Behandlung von Posttraumatischen Belastungsstörungen (*EMDR*).
Private Krankenkassen übernehmen eventuell auch die Kosten für weitere Verfahren wie z. B. die
Gesprächspsychotherapie.

4. Eine speziell auf Stalking zugeschnittene Therapie gibt es nicht, wohl aber psychotherapeutische Methoden, welche auch – neben anderen Störungsbildern – für Stalking geeignet erscheinen. Unter den recht zahlreichen „Angeboten" können nachfolgend nur einige wenige angeführt und kurz skizziert werden.

– *Gesprächspsychotherapie (GPT)*. Wie der Name sagt, handelt es sich um Gespräche zwischen Klienten und Therapeuten. Der Klient soll dabei angeleitet werden, sich seiner verborgenen (positiven) Fähigkeiten bewusst zu werden, diese zu stärken und weiterzuentwickeln, um damit besser in der Lage zu sein, seine Probleme zu lösen. In der Gesprächssituation hält sich der Therapeut möglichst zurück, beschränkt sich auf Anregungen („Wollten Sie noch über Ihre Familie sprechen?") oder kurze Kommentare („Man könnte das vielleicht so sehen, dass..."). Im Mittelpunkt steht hier eher die Person des Klienten und nicht das Problem, da eine zu starke Fokussierung auf das Problem oftmals einen Fortschritt bei der Problembewältigung blockiert (daher auch die alternativen Bezeichnungen *Klient-Zentrierte-Psychotherapie* oder *Non-Direktive-Psychotherapie*). Die Gesprächssituation ist insofern besonders für Stalker geeignet, als diese häufig sozial isoliert sind oder einen zurückgezogenen Lebensstil pflegen. Im Gespräch mit dem Therapeuten empfangen sie erstmalig positive Wertschätzung und Achtung ihrer Persönlichkeit und der Therapeut enthält sich jeglicher Bevormundung und Wertung.

– *Tiefenpsychologisch Fundierte Psychotherapie (TFP)*. Es handelt sich um einen „Abkömmling" der heutzutage wesentlich weniger verbreiteten psychoanalytischen Therapie (auch „Psychoanalyse"), wobei die Vorteile im formalen Bereich in einer bedeutend kürzeren und damit auch weniger kostenintensiven Behandlung bestehen. Im inhaltlichen Bereich geht es vor allem darum, die aktuellen Konflikte und Störungen zu bearbeiten, welche wiederum in konflikthaften, weitgehend unbewussten (deshalb „Tiefe") Erfahrungen in der Entwicklungsgeschichte des Individuums verwurzelt sind. Indem (verdrängte) Erfahrungen und bestimmte *Grundkonflikte* sichtbar gemacht oder ins Bewusstsein des Klienten gebracht werden, gelingt es diesem besser, seine

aktuellen Verhaltensprobleme zu lösen. Die TFP zielt weniger
auf eine unmittelbare Beeinflussung des Klienten ab, wie etwa
durch (klassische) verhaltenspsychotherapeutische Methoden
(z. B. kontingente Verstärkung des erwünschten Verhaltens),
sondern versucht eher, die der Verhaltensstörung zugrunde
liegenden Ursachen aufzudecken und dem Klienten bewusst zu
machen, wobei sich quasi als Nebeneffekt auch die Beschwerden
des Klienten verringern. Die hier zentrale Rolle der „Grundkonflikte" kommt dadurch zum Ausdruck, dass die zumeist in der
frühen Kindheit erworbenen konflikthaften Spannungen unaufge-
löst bis in das Erwachsenenalter hinein weiter existieren, wenngleich auch unbewusst, und dass dann, wenn sie dem Klienten
bewusst gemacht werden, dieser ein tieferes Verständnis für seine
momentanen, auf die Störung bezogenen Gefühle, Gedanken und
Vorstellungen entwickelt. Ein Konflikt kann zum Beispiel darin
bestehen, dass jemand durch eine Beziehung zu einer anderen
Person in eine durchaus willkommene (emotionale oder ver-
sorgende) Abhängigkeit gebracht wurde, gleichzeitig aber auch
der Wunsch nach Selbständigkeit und Unabhängigkeit besteht
(welcher verdrängt werden musste). Indem eine solcher Konflikt
bereits früh in der Entwicklung herausgebildet wurde (z. B. im
Rahmen der frühkindlichen Bindungsgenese; man denke etwa
an die „überfürsorgliche Mutter"), wirkt er sich auch auf spätere
Lebensabschnitte und der Bewältigung von diesen zugeordneten
„Entwicklungsaufgaben" negativ aus (beispielsweise wird die
Entwicklungsaufgabe des Jugendalters, Ablösung und Aufrechterhaltung von Verbundenheit, nicht adäquat gelöst); es kommt
dann entweder zu extremer Abhängigkeit oder auf der anderen
Seite zum Beziehungsabbruch.

– *Kognitive Verhaltenstherapie (KTV)*. Dieser liegt die zentrale
Annahme zugrunde, dass die aktuellen Verhaltensprobleme
wesentlich Ausdruck von „Verzerrungen" in sog. Kognitionen
(Gedanken, Vorstellungen, Einstellungen, Überzeugungen
und Bewertungen) sind und damit ein realitätsangepasstes und
konfliktfreies Verhalten verhindert wird. Insofern erscheint
die KVT gerade auch für Stalker geeignet, da – wie im

vorangegangenen Abschn. 12.1 dargelegt – sowohl Realitätsferne als auch inadäquate Einstellungs- und Überzeugungsmuster
das Handeln von Stalkern maßgeblich mitbestimmen. Dementsprechend geht es bei der KVT um eine Bewusstmachung dysfunktionaler Kognitionen (z. B. im Falle einer narzisstischen
Selbstüberhöhung: „Ich bin besser als alle anderen…ich verdiene
mehr Aufmerksamkeit") und um die Mechanismen, die zur Aufrechterhaltung der realitätsfremden Kognition geführt haben.
Ähnlich wie bei einer Diskrepanz zwischen Selbst- und Fremdbild (vgl. oben Abschn. 12.3), ist die selektive, „zurechtgebogene"
Wahrnehmung nur darauf gerichtet, jene Inhalte zur Kenntnis
zu nehmen, welche der verzerrten Kognition entsprechen („Ich
bin unwiderstehlich"). Während somit Kognitionen, die mit der
zentralen und handlungsleitenden These nicht kompatibel sind
(„Ich bin auch manchmal schwach und hilfebedürftig") auf *intrapsychischer* Ebene abgewehrt oder zurückgedrängt werden müssen,
um die „innere Balance" zu erhalten, wird ein Infragestellen oder –
noch gravierender – eine Zurückweisung der selbstbezogenen
Ideen und Vorstellungen als Angriff auf die persönliche Integrität verstanden und entsprechend heftig bekämpft (im Falle des
narzisstisch gekränkten Stalkers eventuell sogar durch körperliche
Angriffe). In der Therapie soll sich der Klient dieser inneren wie
äußeren Widersprüche bewusst werden, die inneren Blockaden
(z. B. „Ich darf nicht schwach sein") sollen erkannt werden und
schließlich sollen die dazu passenden alternativen und realitätsangepassten Sichtweisen entwickelt und gefestigt werden. Die
Therapie erfordert ein schrittweises und eher vorsichtiges Vorgehen, insbesondere bei Stalking, da hier die unangepassten
Kognitionen sehr stark sein können und zuweilen sogar zu einer
Opfer-Täter-Umkehr führen – und auch deshalb, weil viele Stalker
davon überzeigt sind, dass sie ein „Recht" darauf haben, der
Expartnerin, von welcher die Trennung schließlich ausgegangen
sei, nachzustellen.

Abschließend einige Tipps für Stalker, die sich ändern und ihr Verhalten
aufgeben möchten:

Tipps für Stalker, welche noch „umkehren" können und wollen

1. Machen Sie sich bewusst, wie viel Mühe, Zeit und Energie Sie aufwenden, um ihr Ziel zu erreichen, was höchstwahrscheinlich nie passieren wird.
2. Machen Sie sich bewusst, dass Sie der Person, welcher Sie nachstellen, Leid zufügen und versuchen Sie, sich in diese einzufühlen.
3. Nehmen Sie Kontakt mit einer Beratungsstelle auf. Schauen Sie dazu im Internet nach, was für sie infrage kommt. Fragen Sie nach (eventuell telefonisch oder auch anonym per E-Mail, SMS usw.), ob es Berater gibt, welche auf Stalking spezialisiert sind.[12]
4. Die kostenlose Beratung ist zunächst unverbindlich und verpflichtet Sie zu nichts. Sie können dann immer noch entscheiden, wie sie weitergehen wollen.
5. Wird Ihnen eine Therapie oder ein Training empfohlen (zum Beispiel Anti-Aggressionstraining in einer Männergruppe) oder haben Sie selbst schon eine entsprechende Entscheidung getroffen, informieren Sie sich darüber, entweder im Rahmen einer Beratung oder durch Nutzung von Internet und anderen Informationsmedien.
6. Vertrauen Sie darauf, dass Berater und Therapeuten ihre persönlichen Daten und Informationen vertraulich behandeln und nichts ohne Ihre Einwilligung an dritte Personen weitergeben. Beratung kann auch bei einigen Organisationen anonym wahrgenommen werden und (in Grenzen) sogar „online" erfolgen.
7. Eine Therapie in Anspruch nehmen bedeutet nicht, psychisch krank zu sein. Es bedeutet, Unterstützung anzunehmen, wenn es darum geht, sein Verhalten ändern zu wollen. Für sehr viele Menschen ist dies heutzutage ein ziemlich normaler Wunsch und eine Therapie ist nichts Besonderes.
8. Achten Sie darauf, dass sie im Falle einer Therapie „in die richtigen Hände" geraten. Eine gewisse Sicherheit erhalten Sie dadurch, wenn sie die Therapieangebote annehmen, welche bestimmten Richtlinien entsprechen. In der Regel sollten Sie kassenärztlich zugelassene Psychotherapeuten und Psychotherapeutinnen bevorzugen. Sie können dazu Verzeichnisse im Internet aufrufen, zum Beispiel die Website der kassenärztlichen Vereinigung, die es in jedem Bundesland gibt oder andere Informationsquellen (örtliche Verzeichnisse) aufrufen.

---

[12] Hierzu ANHANG II.

Literatur

1. Bartholomew, K., & Horowitz, L. M. (1991). Attachment styles among young adults: A test of a four-category model. *Journal of Personality and Social Psychology, 61,* 226–244.
2. Fiedler, P. (2006). *Stalking: Opfer, Täter, Prävention, Behandlung.* Beltz-PVU.
3. Flavell, J. H. (1977). *Cognitive Development.* Prentice Hall.
4. Kamphuis, J. H., & Emmelkamp, P. M. G.(2002). Psychological distress and vulnerability. In H.-G. W. Voß & J. Hoffmann (Hrsg.), Themenheft Stalking *Polizei & Wissenschaft* (4, S. 26–34). Verlag für Polizeiwissenschaft.
5. Kienlen, K. K. (1998). Developmental and social antecedents of stalking. In J. R. Meloy (Hrsg.), *The psychology of stalking* (S. 51–67). Academic Press.
6. Kroeber, A. L., & Kluckhohn, J. (1952). Culture: A critical review of concepts and definitions. *Papers, Peabody Museum f Archaeology and Etnology. 47 Jg.,* 281.
7. Mead, G. H. (1975). *Geist, Identität und Gesellschaft.* Suhrkamp.
8. Rosenfeld, B. (2003). Recidivism in stalking and obsessional harassment. *Law and Human Behavior, 27*(3), 251–265.
9. Siepelmeyer, O., & Ortiz-Muller, W. (2020). Stop Stalking – But How? In H. C. Chan & L. Sheridan (Hrsg.), *Psycho-criminological approaches to stalking behavior. An international perspective* (S. 309–334). Wiley.
10. Tschan, W. (2006). Deliktfokussierte Behandlung von Stalkern. In J. Hoffmann & H.-G. W. Voß (Hrsg.), *Psychologie des Stalking* (S. 213–234). Verlag für Polizeiwissenschaft.
11. Voß, H.-G. W., Hoffmann, J., & Wondrak, I. (2006). *Stalking in Deutschland – aus Sicht der Betroffenen und Verfolger.* Nomos.

Anhang I

Eine *Check*-Liste zur Stalking Risikoeinschätzung (CLSR)

Die Liste enthält Aussagen und Feststellungen (Items) zu unterschiedlichen Aspekten und Merkmalen von Stalking, wie sie durch entsprechende Forschungsergebnisse belegt sind (vgl. oben Abb. 7.1, Abschn. 7.1; *Anmerkung:* pathologische Faktoren sind hier nicht berücksichtigt).

Die Anwendung setzt ein gewisses Maß an Wissen zum Stalking-Phänomen und an Einfühlung in das Denken und die Motive von Stalkern voraus, ersetzt jedoch nicht die Analyse des Phänomens durch entsprechend ausgewiesene Fachpersonen. Es wird jedoch angenommen, dass Betroffene (Opfer) aufgrund ihrer Erfahrungen mit einem Stalker – wenngleich auch subjektiv – in der Lage sind, zu wesentlichen Aspekten von Stalking Auskunft geben zu können. Wo dies nicht der Fall ist – insbesondere wenn der Stalker eine fremde Person bzw. eine „Gelegenheitsbekanntschaft" ist – sollte von einer reinen Spekulation Abstand genommen und eine entsprechende „Vorverurteilung" vermieden werden.

H.-G. Voß, *Stalking*, https://doi.org/10.1007/978-3-658-41937-0

Die Auswertung und Interpretation erfolgt aufgrund einer Zusammenfassung der als *zutreffend* signierten Items (s. auch Text Abschn. 7.4).

Bitte zutreffende Items bzw. Alternativen in Spalte D ankreuzen

Nr	Item	Erläuterungen/Hinweise	A	B	C	D
1	Der Stalker ist ein... a) Ex-Intimpartner b) Bekannter/Freund c) Gelegenheitskontakt/ Fremder	*Intimpartner* ist gleich- bedeutend mit Sexual- partner *Fremder* kann auch bedeuten, dass die Person gesehen wurde, ansonsten aber keine Kommunikation statt- gefunden hat.	x x	x x	x x	
2	Alter a) Teenager b) 30 und darunter b) über 30		x x	x x	x x	 x
3	Exzessiver Gebrauch von Drogen (Alkohol/sonst. Drogen), bekannte „Drogenkarriere"	vor Beginn des Stalkings und/oder während des Stalkings	x	x		
4	Der Stalker hat keine/kaum Freunde und lebt alleine, erscheint sozial isoliert	es gibt kein „soziales Netz- werk" „Einzelgängertum"				x
5	Ich habe Gewalt in der Beziehung erfahren	auch „häusliche Gewalt"	x			
6	Ich erhalte Telefonate und die Person legt nach kurzer Zeit wieder auf	ohne verbale Äußerungen				x
7	Telefonate mit obszönen Geräuschen bzw. sexuellen Andeutungen	z. B. Stöhnen, Schnalzen mit der Zunge, lautes Atmen			x	

Nr	Item	Erläuterungen/Hinweise	A	B	C	D
8	Ich werde geradezu „bombardiert" mit Anrufen und/oder SMS, Mails, WhatsApp u. dgl.	Gesprächsangebote, Verabredungen zu Treffen usw Ohne Drohungen oder aggressivem Inhalt!			x	
9	Wie 8, mit aggressivem Inhalt	Drohungen beziehen sich auf „Leib und Leben", Kinder und Sorgerecht, Beschimpfungen, erniedrigende Äußerungen	x			
10	Der Stalker… lauert mir auf, steht herum ohne sichtbare Reaktion, beobachtet mich, geht mir nach	Hier auch „wie zufällig" arrangierte Begegnungen, z. B. im Supermarkt, an der Tankstelle, beim Sport usw			x	
11	Ich erhalte unerwünschte „Geschenke", Warensendungen, „Andenken", „Zeichen" Zettel und Briefe	es geht hier eher um Liebesbeteuerungen, keine bedrohlichen Inhalte			x	
12	Wie 11, doch mit aggressiv-angstmachender Note	Die Objekte deuten auf Gewalt und Zerstörung hin, z. T. auf subtile Art (totes Tier oder verwelkte Blumen vor der Haustür, Schriftzüge an Auto, Tür – mit bedrohlichem oder entwürdigendem Inhalt)	x			
13	Der Stalker hält unbeirrt daran fest, dass wir eine Beziehung haben	unempfindlich für Gegenargumente			x	x
14	Es gibt Äußerungen wie *Entweder gehst Du auf mich ein – oder alles geht kaputt"*	Auch sinngemäße Äußerungen: „Alles-oder-Nichts"	x			
15	Es wurde in meine Wohnung eingebrochen und private Dinge wurden verändert und/ oder beschädigt/zerstört	Vandalismus. Alles was darauf hindeutet, dass der Stalker die „Macht" hat, präsent zu sein, wo der will	x			

Nr	Item	Erläuterungen/Hinweise	A	B	C	D
16	Mein geparktes Auto wurde beschädigt und/oder aufgebrochen	Häufig sind zerstochene Reifen, abgebrochene Spiegel oder Scheibenwischer, aufgebrochene Tür und im Auto hinterlassene Zeichen welche signalisieren „ich bin da."	x			
17	Der Stalker ist polizeibekannt" Vorstrafe wegen sexueller Belästigung oder Vergewaltigung, b andere Vorstrafen	Es gibt Hinweise, dass der Stalker mehrfach auch schon früher von der Polizei aufgesucht wurde, eventuell bereits „Gefährderansprache" Delikte jeglicher Art	x	x		
18	Es gibt/gab eine gerichtliche Verfügung nach dem *Gewaltschutzgesetz* Der Stalker hat sich nicht daran gehalten	Wegweisung aus der gemeinsamen Wohnung und/oder Annäherungsverbot	x	x		
19	Ich wurde bei Freunden, Bekannten, Arbeitskollegen „schlecht" gemacht	Verleumdungen, Lügen und Gerüchte verbreiten (durch persönliche Ansprache oder über Internet)	x	x		
20	Der Stalker bezeichnet sich selbst als „Opfer", da ich nicht auf ihn eingehe, er fühlt sich im Recht	wird manchmal mit der „Erklärung" verbunden, dass er „nur Gutes" im Sinn hat, helfen will und für die Zielperson viel getan hat		x		
21	Der Stalker taucht auch an meiner Arbeitsstelle auf		x	x		
22	Der Stalker bedroht mich häufig verbal und massiv	Androhung von körperlicher Gewalt, auch Todesandrohungen	x			
23	Es gibt Suizidankündigungen beim Stalker, auch erweiterter Suizid	erweiterter Suizid kann Opfer und ggf. Kinder betreffen	x			
24	Der Stalker hat mich körperlich attackiert Schläge mit der Hand, Tritte, Schubsen, auf den Boden werfen;		x			

Nr	Item	Erläuterungen/Hinweise	A	B	C	D
25	Der Stalker neigt zu sadistisch-masochistischen sexuellen Praktiken	hier auch entsprechende Fantasien, die eventuell nicht in entsprechende Handlungen umgesetzt werden	x			
26	Der Stalker zeigt/zeigte starkes Interesse an Waffen oder hat auch selbst Waffen	Messer, Schusswaffen, Schlagstöcke etc. eventuell im Schützenverein	x			
27	Mein Freund/Bekannter/ Familienmitglied wird vom Stalker bedroht		x			
28	Der Stalker erklärt, ich sei „der ideale Partner" und wir seien füreinander vom Schicksal bestimmt	die angeblich bestehende Beziehung und der Partner werden idealisiert			x	x
29	Ich bekomme häufig Einladungen zu etwas	z. B. gemeinsames Essen, Kino, Sportveranstaltungen, Konzerte usw				x
30	Der Stalker „weiß", dass ich ihn liebe. Gegenargumente sind zwecklos	die klassische *Erotomanie* häufig auch: Widerstand wird entweder ignoriert, oder rationalisiert (eine andere Person oder ein Umstand sind schuld; s. nächstes Item Nr. 31)			x	
31	Wenn es nicht so geht, wie das der Stalker will, sind andere schuld daran	Freund/Ehemann/ andere Person haben das Opfer beeinflusst oder manipuliert. Das Opfer selbst muss „rein" bleiben			x	x
32	Der Stalker erscheint gefühllos, kalt und berechnend	„emotionale Kälte" und fehlende Empathie		x		
33	Der Stalker versucht, mich von meinen Bekannten und Freunden zu entfremden, zu isolieren	ähnlich wie bei Nr. 19, hier geht es mehr um soziale Isolierung und Kontrolle		x	x	

Nr	Item	Erläuterungen/Hinweise	A	B	C	D
34	Ich habe das Gefühl, dass der Stalker in einer „Phantasiewelt" lebt	alles, was wenig mit der Realität zu tun hat, es wird auch evtl. ignoriert, dass keine (engere) Beziehung besteht	x			
35	Der Stalker ist schnell verärgert, wenn etwas nicht so geht, wie er es will	v. a. bei Zurückweisung, aber auch, wenn nur angedeutet			x	
36	Der Stalker neigt zu extremer Eifersucht	generell, auch bei Kontakten mit Freunden (bei Ex-Partnern evtl. schon vor der Trennung)	x			
37	Der Stalker fühlt sich leicht abgewertet, ist schnell frustriert	geringer Selbstwert, Minderwertigkeitsgefühl			x	
	Anzahl nÜD der Übereinstimmungen von D mit A, B, C eintragen	nÜA= nÜB= nÜC=	**A**	**B**	**C**	**D**

Auswertung: Zu berechnen ist der **Anteil** (in %) der jeweiligen Risikostufe am Gesamtrisiko.

1	2	3	4
Risikostufe	**nX**	**nÜD**	**(nÜD/nX) · 100**
Hohes Risiko (A)	22		
Mittleres Risiko (B)	16		
Geringes Risiko (C)	12		
	Σ 50		

Erläuterungen:

Spalte 1: **Risikostufen** (entsprechen je einem prototypischen Stalker; vgl. Abschn. 4.8).

Spalte 2: **nX** Anzahl der vorgegebenen Signierungen X (*Anmerkung:* Summe entspricht nicht der Zahl der Items (37), da bei einigen Items Doppelsignierungen, bei Items 1 und 2 Dreifachsignierung vorgegeben). Die Anzahl ist fest vorgegeben. Summenwert: Σ (nX) = **50.**

Spalte 3: **nÜD** = Anzahl der Übereinstimmungen für jede Spalte A, B, C mit den Signierungen in Spalte D.

Spalte 4: **(nÜD/nX) · 100** Quotient aus den Werten Sp.3/Sp.2 multipliziert mit 100 = %-Wert.

Beispiel: Die Beurteilung des Stalkers hat die folgenden Summen-
werte für Übereinstimmungen der laut Spalte D
gekennzeichneten Items mit den in Spalten A, B und C
vorgegebenen Signierungen erbracht:
Spalte 3: nÜD(A): 18; nÜD(B): 4; nÜD(C): 1;
daraus werden die Prozentwerte berechnet (nÜD/nX) · 100:
%-Wert (A) (18/22) · 100 = 81,8 %; entsprechend
%-Wert (B): 25%;
%-Wert (C) = 8%.

Interpretation: Die %-Werte geben an, in welchem Ausmaß
der zugrunde gelegte (prototypische) Stalker „realisiert"
ist. Im Beispiel ist es Typ A mit der entsprechenden hohen
Risikostufe, d.h. 81,8% der vorgegebenen „Symptome"
treffen zu (vgl. oben Abschn. 4.8).

Anhang II

Beratungsstellen für Stalking in Deutschland – überregional und in den Bundesländern (Auswahl)

Es handelt sich hier überwiegend um Beratungs- und Hilfestellen für Frauen. Aus der Vielzahl der Angebote wurden nur solche ausgewählt, die explizit auf Beratung- und Hilfe bei Stalking hinweisen, was nicht bedeutet, dass dieser Bereich bei anderen Beratungsstellen – darunter zahlreiche Frauenhäuser – nicht berücksichtigt wird. Aus Platzgründen und in der Annahme, dass Leser dieses Buches über einen Internetanschluss verfügen, sind nur die Webadressen aufgeführt. Über diese lassen sich nähere Informationen, Informationsblätter, Flyer etc. abrufen.

Überregionale Beratung und Hilfe
WEISSER RING e. V. www.weisser-ring.de (Portal für die einzelnen Ländervertretungen/Regionalstellen).

POLIZEI https://polizei-beratung.de/opferinformatione/beratungsstellensuche/

BUNDESAMT FÜR FAMILIE UND ZIVILGESELLSCHAFTLICHE AUFGABEN http://www.bafza.de/ https://www.hilfetelefon.de/gewalt-gegen-frauen/stalking.html

H.-G. Voß, *Stalking*, https://doi.org/10.1007/978-3-658-41937-0

Beratungsstellen in den Bundesländern
Baden-Württemberg   https://stuttgart.beranet.info/start.html   https://
sozialministerium.baden-wuerttemberg.de/de/soziales/gegen-gewalt-an-
frauen/hilfe-und-unterstuetzung?highlight=Stalking
   Bayern https://bayern-gegen-gewalt.de/beratung-und-hilfe/
https://www.ks-husgewalt-bayern.de/einrichtungen/hilfesystem-
bayern/
   Berlin STOP Stalking Berlin www.stop-stalking-berlin.de
https://www.frieda-frauenzentrum.de/anti-stalking-projekt/
   Brandenburg   https://www.opferhilfe-brandenburg.de/hilfe/stalking/
https://www.opferhilfe-brandenburg.de/
   Bremen   https://www.service.bremen.de/dienstleistungen/hilfe-und-
beratung-bei-stalking-13205
   http://www.stalking-kit.de/
   Hamburg   https://www.verikom.de/gewaltschutz/intervento/https://
www.patchwork-hamburg.org/
   Hessen https://www.frauenhelfenfrauen-da-di.de/http://www.frauen-
haus-darmstadt.de/beratung
   Mecklenburg-Vorpommern   https://www.opferhilfe-mv.de/sie-brauchen-
hilfe/stalking
   https://www.cora-mv.de/index.php/hilfenetz
   Niedersachsen   https://www.opferhilfe.niedersachsen.de/nano.cms/
themen/opfer/i/stalking
   Nordrhein-Westfalen https://www.frauenberatungsstellen-nrw.de/der-
dachverband
   Rheinland-Pfalz https://opferschutz.rpl.de/de/spezielle-hilfeangebote/
stalking-mobbing-bedrohung/
   Saarland https://www.frauenbeauftragte.saarland/themen/haeusliche-
gewalt/
   https://www.saarland.de/masfg/DE/portale/familiegleichstellung/
famileleistungenaz/haeuslichegewalt/beratungundhilfe/
beratungundhilfe_node.html
   https://www.frauen-gegen-gewalt.de/organisation/frauennotruf-saar-
land.html
   Sachsen https://www.opferhilfe-sachsen.de/beratung/

Sachsen-Anhalt https://opferhilfe.sachsen-anhalt.de/hilfsangebote-bei-straftaten/gewalt-zu-hause-und-stalking/das-nachstellen-eines-menschen
https://www.gewaltfreies-sachsen-anhalt.de/

Schleswig–Holstein https://www.schleswig-holstein.de/DE/fach-inhalte/O/opferschutz/stalking.html

Thüringen   https://www.gleichstellungsbeauftragte-thueringen.de/netzwerke/nterventionsstellen-gegen-haeusliche-gewalt-und-stalking-in-thueringen

Stichwortverzeichnis

A

Affiliation 84
Angst 22, 26, 37, 49, 50, 60, 92, 95,
   128, 136, 163–165, 167
Anordnung, einstweilige 192, 195
Arbeitsfähigkeit 76

B

Bardo, Robert 8
Bedrohung 203
Beharrlichkeit 18, 19, 40, 84, 102,
   110, 124, 198, 199, 216
Beratung 145, 160–162, 168, 174,
   175, 192, 195, 203, 214–216,
   220, 235–237, 242, 253
Beratungsstelle für Stalkingopfer 23
Bewältigungsstrategie 139, 165, 227,
   228
Bewusstmachung 214, 223, 241

Beziehung 11, 19, 27, 29–32, 46,
   67–71, 79, 80, 82, 86, 92, 97,
   101–104, 114, 116, 122, 123,
   125–127, 129, 130, 142, 143,
   153, 156, 163, 165, 167, 183,
   185, 224, 225, 227, 238, 240,
   246, 247, 249, 250
Beziehungskonstanz 228
Bilanzieren 226
Bildaufnahme 203
Bindung 227
   ängstlich-unsichere 128
Blacklist 174
Bossing 48
Bullying 26, 43, 50–53

C

Celebrities 83
Check-Liste 136, 148, 149
Choleriker 66

© Der/die Herausgeber bzw. der/die Autor(en), exklusiv lizenziert an Springer
Fachmedien Wiesbaden GmbH, ein Teil von Springer Nature 2023
H.-G. Voß, *Stalking*, https://doi.org/10.1007/978-3-658-41937-0

Chronizität 18
Ciccone, Madonna Louise 35
Committment 184
Compliance 164, 214, 219, 221, 237
Computervirus 42
Cyberbullying s. auch Bullying 37,
    51
Cyberstalking 37–39, 41, 42, 51,
    58, 97, 154, 174, 178, 179,
    184–186, 199

D

dark-lady-Sonette 6
Darmstädter-Stalking-Studie 9, 89,
    123, 128, 172, 206, 216
Dating 19, 28, 102, 110, 123, 187
DeClérambault s. auch Erotomanie
    43, 44
Defokussierung 214, 224
Dekompensation 228
Depression 95, 127, 143, 148, 214,
    217
Der Weisse Ring 173
Deutscher Journalisten Verband 58
DOS-Attacke 42
Doxing 41
Dynamisches Risiko-Analyse-System
    (DyRiAS) 145

E

ECHOLON 59
Ehrenmord 7, 110, 112
Eifersucht 45, 72, 91, 125–130, 152,
    162, 185, 250
Eigenschaft 11, 64–66, 98
Empathie 93, 106, 114, 214, 231,
    249

Erkrankung
    paranoid-psychotische 153
Erotomanie 5, 26, 43–45, 47, 78,
    226, 249
Erreichbarkeit 218
Exhibitionismus 73
Ex-Partner 5, 19, 28, 30, 32–34,
    38, 67, 68, 71, 72, 82–84, 97,
    103, 125, 127, 137, 139, 146,
    149, 153, 154, 170, 183, 187,
    211, 217, 219, 223, 237, 250
Expartnerstalking 30, 31, 33, 99,
    181

F

Fallmanagement 150
Fixierung, obsessive 45, 83, 96, 101,
    214
Foster, Jody 8
Fremdenfurcht 130
Fremdhilfe 161
Frotting 73
Frustrations-Aggressions-Hypothese
    102
Furcht 26, 106, 164

G

Gaslighting 10, 26, 54–56, 58, 60,
    74, 201
Gefährderansprache 27, 30, 85, 179,
    190, 206, 209–212
Gefahrenrisiko 11, 151, 154, 160
gender 30, 67, 73, 166, 184, 186,
    234
Genussfähigkeit 76
Gesprächspsychotherapie (GPT) 239

Gewalt 11, 30, 32, 78, 84, 102,
105, 111, 127, 133, 137, 140,
143–145, 147, 148, 150, 193,
235, 246, 248
häusliche 31, 52, 69, 93, 126,
139, 152, 175, 191, 193
Gewaltrisiko 31, 136, 137, 142, 145,
152, 162, 172
Gewaltschutzgesetz 190, 191, 193,
195, 248
Goethe 111
Die Leiden des jungen Werthers
111

H

Hacking 42, 180
Hamilton, Patrick 54
Hausfriedensbruch 80, 202, 203,
211
Hilfe 83, 148, 168, 174, 208, 214,
216–218, 237
Hinkley, John 8
Homizid 144
Hoskins, Robert Dewey 36

I

Impulskontrolle 31, 33, 223
Internetkriminalität 41, 42, 178
Intrusion 19

J

Jagdstalker 60, 74, 130

K

Karte, romantische 160, 165, 167
Katastrophensituation 144

Kinder 31, 33, 51, 56, 70, 84, 129,
143, 152, 162, 170, 172, 193,
232, 247
Klassifikation 6, 11, 64, 66, 67, 77,
79, 88, 97, 98, 100, 149, 150,
162, 235
Kognitive Verhaltenstherapie (KTV)
240
Kontaktvermeidung 34, 86, 142,
161, 171, 172
Körperverletzung 203
Kosten-Nutzen-Verhältnis 226
Kriminalprävention, situative 178
Krisenintervention 175
Kultur 7, 110, 114, 115, 117, 233
kulturelle Identität 233
kulturelles Missverständnis 234

L

Lebensgestaltung 6, 16, 17, 42, 43,
61, 148, 151, 169, 195 198
LGBTQ-Gemeinschaft 234
Liebe, besitzergreifende 82, 128
Liebesfähigkeit 76
Liebeswahn s. auch DeClerambault;
Erotomanie 5, 43, 44
living apart together 33

M

Malware 180
Man-in-the-Middle-Angriff 42
Mitleid und Mitgefühl 160, 163
Mobbing 26
Motivator 84, 88, 141, 185, 215
Münchhausen-Stellvertreter-
Syndrom 10, 56, 58, 201

N

Nachstellung 61, 79, 83, 110, 116,
    124, 161, 178, 190, 192, 201,
    206
Nähe, soziale 64, 68, 69, 80, 102,
    167
Narzissmus 72
Norman, Jonathan 74
NO STALKApp 173
Nötigung 203

O

Offizialdelikt 190, 191
Opferentschädigungsgesetz 208
Opferschutzbeauftragte 168, 208

P

Persönlichkeit 4, 11, 72, 77, 88, 90,
    129, 222, 239
  hysterische 21
Persönlichkeitsakzentuierung 79, 90,
    101, 164
Persönlichkeitsstörung 21, 43,
    77–79, 89, 90, 101–103, 106,
    128, 136, 140, 144, 215, 216,
    219
  antisoziale 75, 92
  Borderline- 94
  dependente 129
  histrionische 21, 91, 96
  narzisstische 72, 93
  oppositionell-streitbare 34
  paranoide 91
  vermeidend-selbstunsichere 92
Pharming 41
Phishing 41
Phlegmatiker 66

Polizei 9, 10, 36, 39, 41, 100, 106,
    115, 116, 131, 153, 154,
    167–169, 173, 186, 190, 191,
    206–211, 222, 225
Prävalenz 37, 47
Prominente 7, 39, 83, 96, 100, 130
Prominentenstalking 93, 96, 122
Protokoll und Nachweis 173
Psychische Gesundheit 230
Psychose 76, 96

R

Rationalisierung 104
Rechtsbegriff, unbestimmter 198
Risikofaktor 136, 137, 140, 143,
    144, 146, 149–151, 163
Rote-Fahnen-Risikofaktor 152

S

Sachbeschädigung 22, 31, 49, 85,
    203
Sadismus 72, 105
Schaeffer, Rebecca 8
Scham 35, 160
Schuldgefühl 142, 163, 166, 167
Schuldunfähigkeit 12
Selbsthilfemaßnahme 160–162
Selbst-Reflektion 223
Sicherheitseinrichtung 173
Situation 14, 44, 50, 64, 68, 86, 88,
    89, 115, 149, 155, 178–180,
    203, 208, 210, 229, 231
Skimming 41
Sorge- und Umgangsregelung 33
Spielberg, St. 74
Stalker 214
  beutelüsterner 145

liebeskranker 179
liebesuchender 145
sozial inkompetenter 71, 145
zurückgewiesener 139, 144, 145
Stalkertypologie 98
Stalking 27
  by-proxy 34, 116
  celebrity stalking 35
  Definition 56
  falsches 20
  Gang-Stalking 53, 60
  klassisches 26
Stalking-KIT 175
Stalking Risk Profile (SRP) 145
Stalkingsyndrom, falsches 92
Stil, kognitiver 224
STOP STALKING 175
Störung
  der Sexualpräferenz 72
  des Sozialverhaltens 34
Substanzmissbrauch 90, 95, 144
Sürücü, Hatun 113
Swatting 41

T

Tarasoff 70, 114, 115, 234
Täter-Opfer-Ausgleich 209, 220
Täterprofil 67
Tathandlung 6
Therapie 78, 145, 161, 176, 216,
  228, 235, 237, 239, 241, 242
Tiefenpsychologisch Fundierte
  Psychotherapie (TFP) 239
Trainingskurs 220

Traumatherapie 175
Trojaner 42, 201
Trolling 41
Typologie 66

V

Vereinigung, narzisstische 93
Verfolgungsangst 18
Verliebtheit 84, 100, 101, 111, 123,
  125
Viktimisierung 31, 37, 58, 160
Voyeurismus 73
Vulnerabilität 19

W

Waffe 17, 105, 142, 143, 151, 153
Wahnvorstellung 76
Watzlawick, Paul 122
Wegweisungsverfügung 85, 86, 98,
  161, 164, 173
Wiederholung 40
Würmer 42

Z

Zivilrecht 191

§

§ 238 StGB 9, 10, 85, 151, 169,
  186, 190–192, 195, 196, 203,
  207, 211, 220